贵州民族大学学术文库资助

社会学学术前沿书系

LAONIAN BAOJIEGONG LAODONG CANYU DE XINGDONG LUOJI YANJIU

老年保洁工劳动参与的行动逻辑研究

陈建璋 著

经济日报出版社

北 京

图书在版编目（CIP）数据

老年保洁工劳动参与的行动逻辑研究 / 陈建璋著 .
北京 ：经济日报出版社，2025. 6
ISBN 978-7-5196-1383-9

Ⅰ. ①老… Ⅱ. ①陈… Ⅲ. ①老年人-劳动力-行为
-研究-中国 Ⅳ. ①F249. 21

中国国家版本馆 CIP 数据核字（2023）第 230738 号

老年保洁工劳动参与的行动逻辑研究
LAONIAN BAOJIEGONG LAODONG CANYU DE XINGDONG LUOJI YANJIU
陈建璋　著

出版发行：经济日报出版社
地　　址：北京市西城区白纸坊东街 2 号院 6 号楼
邮　　编：100054
经　　销：全国各地新华书店
印　　刷：北京天宇星印刷厂
开　　本：710mm×1000mm　1/16
印　　张：19. 25
字　　数：247 千字
版　　次：2025 年 6 月第 1 版
印　　次：2025 年 6 月第 1 次
定　　价：78. 00 元

本社网址：www. edpbook. com. cn，微信公众号：经济日报出版社
请选用正版图书，采购、销售盗版图书属违法行为

前　言

每天清晨，我们出门遇见的第一个人可能就是保洁工，他们在单元楼中从事公共卫生清洁工作。行走在城市的大街小巷，放眼望去到处都是保洁工忙碌的身影。到了工作场所，依然还会遇见保洁工，他们同样在做公共保洁。近年来，在笔者生活的城市中，老年保洁工越来越多。日常生活、工作、休闲、娱乐场所中的保洁工，十有六七都是老年人，他们不在家颐养天年而出来工作，老年劳动参与现象令人深思。

老年劳动参与现象很容易与我国人口老龄化关联起来。我国是一个人口大国，同时又进入了快速人口老龄化的社会阶段。人口老龄化问题是我国未来很长一段时期需要面临的社会问题，如何有效化解人口老龄化问题在学术界讨论非常热烈，研究的成果非常多。虽然老年劳动参与已成为社会事实，但是老年劳动参与实践研究较少。在我国人口老龄化和快速城镇化的双重社会背景下，老年劳动力资源开发与老年劳动力市场规范化发展已成为必然。当前我国老年劳动就业保障相关制度还不够完善，在结构性制度障碍背景下研究老年保洁工的劳动参与行动具有重要理论意义和实践价值。

本书选取G市老年保洁工为调查对象，采用深度访谈法、参与观察法、文献法收集资料，用定性研究方法研究老年保洁工的劳动参与行动。对调查资料进行归纳分析，以深入理解老年保洁工劳动参与行动，总结提炼老年保洁工劳动参与的行动逻辑。运用帕森斯的社会行动理论作为分析框架，从行动者、行动动机、行动策略及行动结构解析老年保洁工的劳动参与行动。用吉登斯“结构二重性”理论来剖析老年保洁工劳动参与行动，重点分析资源、规则与权力几个关键概念在老年保洁工劳动参与行动中的作用。最后从积极人口老龄化视角分析老年保洁工劳动参与的行动再生产，不断建立健全老年劳动就业保障体系，促进老年劳动参与的行动再生产持续健康发展。本书共分为七章来探讨老年保洁工的劳动参与行动。

第一章是绪论。论述了选题背景与研究意义，简要概括了调研点的概况，对论文的研究方法、研究假设进行了详细阐述。

第二章是研究现状与理论基础。先回顾了国内外相关研究，并形成文献综述，简要阐述帕森斯的“单元行动”理论，吉登斯的“结构二重性”理论，马斯洛需求层次理论以及“积极人口老龄化”理论。

第三章是老年保洁工群体的形成机制。本章论述了我国保洁工的历史演化与发展。分析了老年保洁工这个“特殊”行动者的产生，主要从两个方面来探讨老年保洁工群体的产生：一方面是老年保洁工形成的社会背景，即老年保洁工为何劳动参与；另一方面是保洁服务市场为什么需要老年人，从劳动力市场的需求分析为什么要招聘老年人。阐述了G市老年保洁工的基本概况，总结了老年保洁工的主要类型及特点，以及他们最终如何成为中低端保洁服务市场的主要力量。

第四章是老年保洁工劳动参与的行动动机。本章分析了老年保洁工群体劳动参与的行动动机，主要表现在五个方面：一是为了获取劳动报酬的动机；二是锻炼身体的动机；三是“逆向反哺”的动机；四是获取认同的动机；五是自我实现的动机。老年保洁工劳动参与的行动动机各不相同，行动动机并不唯一，动机强弱排序也不相同，但整体符合从物质满足到精神追求的需要层次。

第五章是老年保洁工“进场”前的行动策略。老年保洁工进入保洁劳动场域之前，通常采取四大行动策略：首先是社会支持网络的自我建构；其次是“强关系”与“弱关系”的利用；再次是“资源”的获取，寻找目标劳动场域；最后是规范性规则与支配性规则的利用，劳动契约的达成。

第六章是老年保洁工“进场”后的行动策略。老年保洁工在进入劳动场域以后，通过角色转变与价值认同以适应新环境。他们面临“被外包”的风险自我转移、非正式的雇佣关系、雇佣部门的权责不对等，以及老年劳动参与制度体系还不完善的问题。老年保洁工采取权力制衡的行动策略，与管理人员讨价还价，与同事“友好”相处，同质群体抱团获利和无限期的集体维权，以维护自身劳动权益。尽管老年保洁工流动性大，在不同劳动场域中所采取的行动策略极其相似，但最终以不变的逻辑应对万变的劳动场域。

第七章是老年保洁工劳动参与的行动再生产。本章主要从积极人口老龄化视角探讨老年保洁工劳动参与的行动再生产。老年劳动参与行动利国利民，如何使老年保洁工劳动参与的行动再生产能够持续健康发展值得思考。根据当前老年保洁工劳动参与面临的困境，本章从积极人口老龄化视角提出对策和建议。首先是强化老年劳动参与的社会支持系统；其次是完善老年劳动保障制度体系；最后是提升老年健康水平与劳动参与效能。文后探讨了老年保洁工劳动参与行动再生产的时间延续。

研究表明，老年保洁工的劳动参与行动处在合理与合法之间。从老年保洁工的行动动机与保洁服务市场的需求来看合情合理，但现行制度还未完全涵盖老年人的劳动权益，老年保洁工的劳动参与过程的各项规制还有待完善。老年保洁工劳动参与的主要目的是获取养老资源和实现自我价值。老年保洁工劳动参与行动虽然与我国的人口老龄化有时空重合，但并不是导致其劳动参与的唯一因素，它是由一系列的制度结构相互作用的结果，是老年保洁工自身需要与保洁服务市场需求的耦合。从行动者与社会结构之间的关系来看，进一步印证了吉登斯的“结构二重性”理论。老年保洁工虽然被当前社会结构所制约，但是他们突破了结构性制度障碍创造了新的结构，使其行动再生产得以延续和发展。在中国的社会关系中，传统人伦、关系、人情等规范性规则对老年劳动参与行动起着支配作用，规范性规则在一定程度上替代了制度法规等支配性规则的部分功能，规范性规则的工具性利用就是老年保洁工劳动参与行动的基本运行逻辑。老年劳动参与的行动再生产得以良性运行和协调发展，应该坚持“积极老龄化”的价值理念，构建以“老年人为中心”的老年劳动参与制度体系。

本书从劳动者视角探讨了老年劳动参与行动，选取了看似平凡却不平凡的老年保洁工群体为调查对象，以小见大，从他们劳动参与现象的背后，来探讨人口老龄化所带来的一系列社会问题。其中，最明显的就是城市流动老人的养老问题与部分用工单位的“用工荒”问题开始凸显。从他们劳动参与的行动逻辑来看，我国老龄社会治理还需要加强，老年劳动参与实践需要国家和社会的关照。

目 录

CONTENTS

第一章　绪　论

一、研究缘起

无论社会如何发展，我们的日常生活都离不开保洁工。随着科技的不断进步和人民生活水平的提高，保洁服务已经融入生产生活的方方面面。纵观历史，保洁工群体由来已久，只是各个时代的称谓有所不同。据史料考证，我国保洁工群体的出现可追溯到商周时期，当时的“条狼氏”就是现代意义的保洁工。随着朝代更迭和社会变迁，保洁工群体也在不断发展，保洁服务的社会分工越来越细，保洁工的数量和类别也在不断增多。然而近年来，在日常生活场景中的老年保洁工越来越多，他们已成为保洁服务的重要力量。在我国快速人口老龄化与老年劳动就业保障制度还不完善的社会背景下，探究老年保洁工劳动参与行动有着重要的现实意义。

在人口老龄化背景下老年劳动力资源的开发已成为必然。我国在1999年就进入了人口老龄化社会。第七次全国人口普查数据显示，60岁及以上人口有2.64亿，占总人口的18.7%，其中65岁及以上人口有

1.9亿，占总人口的13.5%，而人口出生率只有8.5‰。[①] 国家统计局公布的数据显示，2022年末我国人口开始负增长，比2021年末减少85万。据预测，2024年我国老年人口将超过3亿，2035年前超过4亿，2051年将达到峰值的4.93亿，60岁及以上的老年人口比例在2034年超过30%，在2055年超过40%。[②] 在快速人口老龄化的背景下，劳动年龄人口在不断减少，老年人口在不断增多，劳动力短缺将是我国在未来一段时期所面临的社会问题。

改革开放以来的40多年里，中国经济高速增长的同时伴随着人口构成由年轻型向老年型的转变，可以说这个时期的经济增长除了政策支持，主要来自于人口红利。“2010年以来，人口年龄结构的变化趋势发生了逆转，出现了劳动力数量短缺和质量改善速度放慢、投资回报率下降和资源重新配置空间缩小的现象，意味着传统意义上的人口红利迅速消失”[③]。在人口老龄化的社会背景下，如何释放第二次人口红利，进一步拉动我国经济增长存在两个方面的争议：一是提高生育率；二是保持高储蓄率。其实，这两种方法都不能快速有效解决我国劳动力短缺的问题，有效缓解劳动力短缺问题应着眼于老年人力资源开发。

为积极应对人口老龄化所带来的一系列问题，党的二十大报告明确提出了“实施积极应对人口老龄化国家战略”。[④] 党中央高度重视人口老龄化问题，从国家发展战略层面提出了构想，相关政策制度体系正在逐步完善。党的二十届三中全会通过了《中共中央关于进一步全面深

① 国务院第七次全国人口普查领导小组办公室.2020中国人口普查年鉴（上册）［M］.北京：中国统计出版社，2022：89-97.

② 汪斌.中国老年人口健康现状、变动趋势及其社会经济影响——基于“七普”数据的分析［J］.云南民族大学学报（哲学社会科学版），2022（05）：68-75.

③ 蔡昉.如何开启第二次人口红利？［J］.国际经济评论，2020（02）：4+9-24.

④ 习近平.高举中国特色社会主义伟大旗帜为全面建设社会主义现代化国家而团结奋斗——在中国共产党第二十次全国代表大会上的报告［M］.北京：人民出版社，2022：5.

化改革、推进中国式现代化的决定》，提出“按照自愿、弹性原则，稳妥有序推进渐进式延迟法定退休年龄改革”。“为了深入贯彻落实党中央关于渐进式延迟法定退休年龄的决策部署，适应我国人口发展新形势，充分开发利用人力资源，根据《宪法》，第十四届全国人民代表大会常务委员会第十一次会议决定：同步启动延迟男、女职工的法定退休年龄，用十五年时间，逐步将男职工的法定退休年龄从原六十周岁延迟至六十三周岁，将女职工的法定退休年龄从原五十周岁、五十五周岁分别延迟至五十五周岁、五十八周岁”。① 当前，全社会都高度关注我国的老年劳动参与制度，但我国老年劳动参与制度还不完善，老年劳动参与面临着结构性制度障碍问题。

在结构性制度障碍背景下老年劳动参与行动面临诸多困境。2010年8月22日《潍坊晚报》报道，一名64岁环卫临时工唐某，在38摄氏度的高温工作条件下去世，当地劳动局认为不符合工伤死亡条件，没有给予正常劳动者所享有的保障权益。2013年8月1日《新民晚报》报道，一名72岁环卫工人因“热射病”去世，当地环卫处劝退7名70岁以上的环卫工人。这些老年环卫工处于“三无”困境中：一是没有签订合同，可被随意辞退；二是没有基本福利；三是没有养老保险。直到现在，老年环卫工的劳动参与问题一直没有得到有效解决。然而，在我们日常生活场景中，从事环境卫生清洁工作的老年人不但没有减少，反而越来越多，这种现象值得深入研究。

虽然我国老年劳动就业保障制度体系还不完善，但老年保洁工的劳动参与行动确实发生了。从传统养老文化视角来看，他们理应在家颐养天年，享受天伦之乐，然而这个群体却还在继续参与社会经济活动，其

① 中华人民共和国中央人民政府. 全国人民代表大会常务委员会关于实施渐进式延迟法定退休年龄的决定［EB/OL］.（2024-9-13）. https：//www. gov. cn/yaowen/liebiao/202409/content_ 6974294. htm.

劳动参与的动机是什么？在结构性制度障碍背景下，老年保洁工采取了哪些行动策略，即老年保洁工如何进入劳动力市场，在劳动力市场如何与雇佣者、管理者互动，如何维护自身劳动权益。雇佣部门是如何将用工风险转移给老年保洁工，政府相关部门如何介入老年劳动力市场。面对这些疑问，本书利用帕森斯的社会行动理论作为分析框架，选取 G 市老年保洁工为调查对象，运用质性研究方法，从行动结构（空间）、行动动机、行动策略、行动再生产等方面探讨老年保洁工的劳动参与行动。最后，从积极人口老龄化的视角提出建立健全老年劳动参与制度体系，促进老年劳动参与行动持续健康发展。

二、研究目的与意义

（一）研究目的

通过调查老年保洁工的劳动参与行动，分析老年保洁工劳动参与行动与结构之间的关系。以帕森斯的社会行动理论作为本书的分析框架，分析老年保洁工群体的形成机理，以及老年保洁工劳动参与的行动动机、行动策略与行动再生产。运用吉登斯的“结构二重性”理论，分析老年保洁工劳动参与行动中社会结构与劳动参与行动之间的关系，从微观视角深入认识老年保洁工的劳动参与行动。通过对老年保洁工劳动参与行动的学理性分析，一是让社会更多地关注老年保洁工群体；二是剖析老年保洁工劳动参与的行动动机，分析老年保洁工群体为什么要参与劳动，准确认识老年保洁工劳动参与现象；三是重点分析老年保洁工劳动参与的结构性影响因素，老年保洁工群体又是如何应对各种困境与挑战，进一步揭示行动与结构之间的关系；四是探讨老年保洁工劳动参与行动再生产的价值及影响因素，分析老年保洁工劳动参与的结构性制度障碍，从积极人口老龄化视角建立健全老年劳动参与制度体系。

（二）研究意义

本书的理论意义在于，目前关于老年群体再就业或老年劳动力资源开发的研究，主要是从宏观视角及运用定量研究的方法探讨老年劳动力资源开发的必要性、可行性及面临的问题，而真正涉及老年劳动参与实践的研究相对较少。本书则从微观视角深入分析老年保洁工的劳动参与行动，探析该群体的产生及其行动动机。探析面对老年劳动参与的结构性制度障碍，老年保洁工如何利用资源、规则和权利与家庭成员、朋辈群体、雇佣者、管理人员、政府相关部门等劳动场域中重要关系群体进行互动。分析其劳动参与行动中面临的困境及采取的行动策略，揭示老年保洁工劳动参与的行动逻辑。在老年劳动参与面临结构性制度障碍的背景下，老年保洁工群体受当前社会结构的制约，但在劳动参与过程中创造了新的结构，使其劳动参与的行动得以延续和发展。该研究将进一步丰富社会行动理论的本土化研究。同时，从劳动者视角研究老年保洁工的劳动参与行为，丰富老年保洁工及老年劳动参与实践研究。

本书的现实意义在于，通过调查老年保洁工劳动参与的行动过程，分析其在劳动过程中所面临的困境及其原因。从劳动者视角提出构建以"老年人为中心"的老年劳动参与制度体系，促进老年劳动参与的行动再生产良性运行和协调发展。在快速人口老龄化与养老资源相对匮乏的社会背景下，老年劳动参与行动不仅有利于化解人口老龄化带来的社会问题，而且还可以发掘老年人的价值以创造社会财富。因此，老年劳动参与行动利国利民，应建立健全老年劳动参与制度体系以更好地维护好老年劳动者的合法权益。

三、调研点概况与调查对象选取

（一）调研点概况

G 市地处我国西南地区，地形以高原山地、丘陵为主，属于亚热带湿润温和型气候。G 市作为西南地区重要的城市之一，旅游资源丰富，经济发展速度较快，是我国近年来经济迅速发展的一个缩影。G 市是一个以汉族为主多民族杂居的城市，下辖六区三县一市，分别是 YY 区、NM 区、HX 区、BY 区、WD 区、GSH 区、XW 县、XF 县、KY 县及 QZ 市。

2000 年第五次全国人口普查数据显示，G 市 65 岁及以上人口占总人口的 5.98%。从统计数据来看，G 市在 2000 年还未进入老龄化社会。由于 G 市是西南地区重要中心城市，城市流动人口较多，在统计过程中存在误差，学界一致认为 G 市在 2000 年已经进入了人口老龄化社会。2010 年第六次全国人口普查数据显示，G 市 65 岁及以上老年人口达到 7.92%。2020 年第七次全国人口普查数据表明，G 市 60 岁及以上老年人口占总人口的 13.30%，65 岁及以上人口占总人口的 9.47%。在 G 市所属的六个区中，HX 区、YY 区人口老龄化相对较高，60 岁及以上人口分别达到了 14.68%和 14.43%，所辖 KY 县、XF 县人口老龄化程度最高，60 岁及以上人口分别达到了 18.37%和 17.98%。人口老龄化程度最低的是 BY 区，60 岁及以上人口占总人口的 9.89%。[①] 从 G 市的人口构成来看，当前 G 市人口老龄化水平略低于全国平均水平的 18.7%。县域人口老龄化程度高于城市地区，与我国老年人口的区域分布基本

① 国务院第七次全国人口普查领导小组.2020 年第七次全国人口普查主要数据［M］. 北京：中国统计出版社，2021：213-224.

一致。

在快速城镇化和人口老龄化的社会背景下，G 市保洁服务业得到快速发展，老年保洁工群体逐渐增多。当前还没有保洁员的官方统计数据，更没有老年保洁工群体的数据。本书调查数据显示，在 G 市的保洁工群体中，年龄在 60 岁以上的保洁人员占 39.7%，在部分企业中老年保洁工群体的比例高达 61.54%。在中低端保洁服务行业中，保洁工群体的老龄化现象比较突出，关于 G 市老年保洁工群体的分布见表 1-1。从老年保洁工群体的分布来看，除了高级酒店、会所、商场等外，其他日常生活场景中都有他们的影子。因为在这些高消费场所中，对保洁员的要求也相对较高，不仅要有专业的保洁服务技能，还需要有良好的个人形象和较高的文化程度。同时，在这些场所从事保洁工作，工资待遇和职业社会声望相对较高，有更多的年轻人选择，老年人不具有竞争力。

从城镇化发展水平来看，G 市城镇化率高于全国平均水平。统计数据显示，2022 年末我国的城镇化率为 65.22%，G 市的城镇化率为 81.1%，由此可以看出 G 市的城镇化率高于全国平均水平。同时，G 市城镇居民人均可支配收入为 46242 元，略低于全国平均水平 49283 元。在快速城镇化的进程中，G 市的经济得以快速发展，是我国改革开放以来经济社会快速发展的典型城市。G 市作为后发型城市，经济发展取得了较大的成效，但在老龄社会治理方面还有较长的路要走。当前 G 市的老年权益保障政策主要围绕中央相关决策部署，根据本地实际做好老年人的基本权益保障工作。积极做好“十四五”时期老龄化事业发展和养老服务体系规划，实现了城乡养老体系并轨发展。

G 市社会经济快速发展与老年人口构成的普遍性，造就了调查对象的典型性。G 市城镇居民收入低于全国平均水平，老年人口分布与我国其他地区基本一致，都主要集中在农村地区，整个社会呈现未富先老的普遍性特征。同时，老年劳动参与的相关制度还不完善，与我国其他地区极其相似，其面临的问题具有普遍性。与我国东部地区相比，G 市人口老龄化程度相对较低，但老年保洁工的劳动参与现象却十分普遍。这种独特现象让人感到疑惑，到底是哪些因素在驱动老年人继续参与劳动？老年保洁工劳动参与的行动动机又是什么？这也是笔者选择 G 市作为调查点的一个重要因素。

表 1-1　G 市老年保洁工的分布比例

序号	公司名称（简写）	所属行政区域	保洁工数量（人）	老年保洁工数量（人）	老年保洁工占保洁工总数的比例（%）
1	CQHB 保洁公司	HX 区	164	86	52.44
2	MD 物业公司	HX 区	48	18	37.50
3	HB 物业公司	HX 区	37	18	48.65
4	DW 物业公司	HX 区	33	15	45.45
5	JW 保洁公司	HX 区	52	7	13.46
6	HDL 物业服务公司	NM 区	189	76	40.21
7	BW 物业服务公司	NM 区	26	11	42.31
8	WK 物业公司	YY 区	17	9	52.94
9	DF 物业服务公司	YY 区	15	8	53.33
10	BTL 保洁公司	XW 县	57	14	24.56
11	YTR 物业公司	XW 县	46	10	21.74
12	HW 公司	GA 新区	19	4	21.05
13	FSK 公司	GA 新区	25	8	32.00
14	DL 保洁公司	DW 镇	26	16	61.54
15	GS 保洁公司	GP 乡	14	8	57.14
	合计		768	305	39.71

注：本数据来源于笔者调查统计。

（二）调查对象选取

本书的调查对象是60岁及以上的老年保洁工群体。采取的抽样方式是目的性抽样，抽样的标准是根据所选择的样本是否具有完成研究任务的特性及功能，是否对理论形成能够增加新的信息，样本包括研究对象的所有类型。具体选取分层目的性抽样，选择在不同行政区域（市、县、乡、村）涵盖不同工作场所中的老年保洁工，使其符合老年保洁工群体的特征。同时要确保在不同场所中调查对象的覆盖率，还要体现出老年保洁工群体内的异质性。

首先，选择不同行政区域中的老年保洁工。在城市生活中需要保洁服务，乡村也需要保洁服务。不同行政区域中的老年保洁工群体受社会结构的影响程度不同，特别是公共服务领域更为明显。在行政村、乡镇政府一级，公共服务资源主要由政府主导和控制，在城市中则以市场为主。市场行为与政府主导的结果完全不同，市场参与度不同，老年保洁工群体所呈现的特征也有所不同。因此，本书的样本选择涵盖了不同行政区域的老年保洁工。第一是村、乡镇的选择。选择了G市HX区所辖DW镇和GP乡两个调研点，GP乡离HX区行政中心30千米，农民的经济收入以务工、农业种植为主，DW镇离HX区行政中心5千米，农民经济收入以务工收入、村集体分红为主。在一般的行政村中并没有保洁服务，只有居住集中、人口密集的行政村才有少量的保洁工。所选两个乡镇都有老年保洁工群体，他们服务的场所主要是行政村、乡镇所在的街道、道路及政务中心，从中选取部分老年保洁工作为访谈对象。第二是县城的选择。选择G市XW县为调研点，该县经济发展处于全省平均水平，略高于全国县域GDP的平均水平，在G市所辖区县中排最后，主要调查该县普通住宅小区中的老年保洁工。第三是经济开发区。GA新区是2014年国家批准设立的国家级新区，2014年之前，所辖大部分区域属于HX区，目前是该省经济核心地带，地势平坦开阔，生态环境优美，交通便利，常住人口30多万人。该区主要以工业为主，大小企业约2.3万家，选择该区域中在公司、工厂的老年保洁工为调查访谈对象。第四是所辖区的选择。选择了G市所辖的三个区为调研点。覆盖了从城市郊区到城市中心所辖区域，分别是HX区、NM区和YY区。HX区在G市南面，以旅游业为主。选择HX区的行政事业单位，选取高校、政府部门、普通住宅、旅游区的老年保洁工为调查对象。NM区与HX区毗邻，该区有全国最大的楼盘HGY，HGY楼盘中常住人口约50万人，占NM区总人口的一半。调查该区域HGY社区物业公司中的老年保洁工，该区中的老年保洁工主要是流动老年人口。YY区是G市所辖的老城区之一，在市中心位置。该区有重要医疗机构，有高端商务区、五星级酒店、高端会所等，主要调查该区中高端商务区、医院中从事保洁工作的老年保洁工。在所选的几个区域中，它们具有不同行政区域的特征，并且这些区域能够涵盖从农村到市区再到城市中心，从城市外缘延伸到城市中心，选取对象代表了不同行政区域中老年保洁工群体的特征。

其次，选择不同服务场所的老年保洁工。在不同的服务场所中，公司选择保洁工的标准不同。例如，在医院中从事保洁工作就需要一定的文化程度和专业技能。在银行、星级酒店、高端会所从事保洁工作的工人，不仅需要懂得专业的卫生清洁知识，还要有较好的个人形象才能满足公司要求。从事专业技能要求较高的其他清洁工作，如精密仪器、交通运输工具、化工清洗等，需要有较高文化程度和专业技能的年轻人才能胜任。家政服务中的保洁工也主要是年轻人，60岁及以上的老年人极少。因此，本书将选择有老年保洁工群体的服务场所进行调查。所选择的服务场所有以下几类：第一类是行政事业单位的老年保洁工，如政府、医院、银行、学校等；第二类是公司、工厂的老年保洁工；第三类是在住宅区从事公共保洁服务的老年保洁工；第四类是高级商务区的老年保洁工；第五类是维护城市道路、街道清洁卫生的老年环卫工人；第六类是公共交通场所的老年保洁工；第七类是文旅区老年保洁工。所选老年保洁工基本涵盖了不同生活场景，包含日常居住、生活、工作、休闲的方方面面，以尝试分析在不同场景中老年保洁工的劳动参与行动。

最后，根据研究需要框定调查对象，在不同行政区域的不同公司中选取 65 位老年保洁工作为调查对象。所选取的公司服务于不同类型的场所，因此，调查对象就由来自不同区域不同场所中的老年保洁工群体构成。这些公司的基本情况见表 1-2。

表 1-2 老年保洁工样本分布

序号	公司名称（简称）	行政区域	服务场所类型	样本
1	CQHB 保洁公司	HX 区	城市郊区住宅、娱乐场所	11
2	MD 物业公司	HX 区	城市住宅小区	7
3	HB 物业公司	HX 区	高校	4
4	DW 物业公司	HX 区	区政府服务中心	4
5	JW 保洁公司	HX 区	城市道路环卫	2
6	HDL 物业公司	NM 区	城市住宅小区	11
7	BW 物业服务公司	NM 区	城市商业广场	3
8	WK 物业公司	YY 区	医院	4
9	DF 物业服务公司	YY 区	城市商务区	3
10	BTL 保洁公司	XW 县	易地搬迁小区、银行	2
11	YTR 物业公司	XW 县	休闲、旅游场所	3
12	HW 公司	GA 新区	公司	2
13	FSK 公司	GA 新区	工厂	2
14	DL 物业公司	HX 区 DW 镇	村、乡镇街道、乡镇政府服务中心	4

续表

序号	公司名称（简称）	行政区域	服务场所类型	样本
15	GS 物业服务公司	HX 区 GP 乡	乡镇街道、 政府公共服务中心	3
	合计			65

注：该数据来源于笔者的调查。

HX 区所抽取的保洁公司、物业公司。第一是 HX 区 DL 保洁公司和 GS 保洁公司，是 HX 区所辖乡镇的保洁公司，属于乡镇政府部门购买服务的乙方公司，负责乡镇街道及政府服务中心的卫生清洁工作，以及村委会所在地街道的清洁卫生，老年保洁工占保洁工总人数的比例最高。调研过程中发现，只有人口密集的行政村或在乡政府所在地的行政村才有保洁工，部分行政村有兼职保洁工，在相对偏远的行政村很少有保洁工。第二是 HX 区 DW 物业公司，该公司为上市公司，直聘老年保洁工，该公司服务于 HX 区某高校。第三是 CQHB 保洁公司，是 HX 区最大的文旅、住宅保洁服务公司。因楼市不景气，该公司在 2022 年 11 月经营不善，最后离开了 HX 区，由其他保洁公司接管，所有保洁工转移到新公司。第四是 MD 物业公司，该公司直聘老年保洁工，负责 HX 区某住宅小区的公共区域环境卫生。第五是 HB 物业公司，主要负责 HX 区区政府公共环境卫生，属于乙方公司。第六是 JW 保洁公司，该公司属于上市公司，主要负责 HX 区市政道路、街道的卫生清洁工作。

NM 区所抽取的物业服务公司。在该区中选择了两个物业公司进行了调查，HDL 物业服务公司是 NM 区 HGY 社区中最大的物业公司，属于乙方公司，该公司规模大，有保洁工 400 多人，主要负责该社区中部分物业环境卫生清洁工作。BW 物业服务公司也是 NM 区商务区的物业公司，保洁工人数相对较少。

YY 区所抽取的保洁、物业公司。DF 物业服务公司是一家位于 YY

区高端商务区的保洁公司，主要负责高端商务区的卫生清洁工作，属于乙方公司。WK 物业公司是 YY 区某医院的保洁服务公司，也属于乙方公司。

XW 县所抽取的保洁、物业公司。BTL 保洁公司是 XW 县较大的保洁公司，该公司负责住宅小区、某银行的保洁服务工作。YTR 物业公司是 XW 县休闲旅游文化公司的物业公司，属于乙方公司，负责该旅游区的环境卫生。

GA 新区所抽取的保洁公司。FSK 公司是 GA 新区某大型加工企业的物业服务公司，主要负责员工宿舍区、生产车间外围的环境卫生。HW 公司是 GA 新区某汽车生产企业的物业公司，负责厂区的环境卫生和员工生活区的环境卫生以及物业管理。

所选择的区域正好覆盖从农村到郊区再到市区，由乡镇到县城再到大城市。选择的调查对象涵盖了不同生活场景和不同区域特征的老年保洁工，所选择的样本能够容纳不同类型的老年保洁工，在同质性群体中体现出这一群体的异质性特征。

四、研究方法

本书采用质性研究方法，“质的研究是以研究者本人作为研究工具，在自然情境下采用多种资料收集方法对社会现象进行整体性探究，使用归纳法分析资料和形成理论，通过与研究对象互动对其行为和意义建构获得解释性理解的一种活动”①。本书主要运用非结构式访谈法、观察法、文献法收集资料。笔者通过对 G 市老年保洁工进行非结构式访谈，对老年保洁工劳动参与行动进行观察，收集老年保洁工劳动参与

① 陈向明．质的研究方法与社会科学研究［M］. 北京：教育科学出版社，2000：7.

的行动动机、面临的困境及采取的行动策略等相关资料，进一步揭示在结构性制度障碍背景下老年保洁工劳动参与的行动逻辑。

本书的研究方法是质性研究方法，其方法论主要是解释主义和拓展个案法。

首先是解释主义。受新康德主义的影响，著名社会学家韦伯将社会行动作为社会学研究的对象。他认为社会学是一门致力于解释的理解社会学，并通过理解社会行动作出解释性说明。解释主义把社会行动作为研究对象，并把社会行动者的主体性充分体现出来，并展现出行动者的主观意向性。行动者会根据自己的理解来认识和看待外部事物进而采取行动。因此，解释主义更多的是关注社会行动如何发生，行动者如何互动，行动过程中如何发挥主观能动性改造现实生活世界。老年保洁工劳动参与行动是一种有意识的集体行动，在行动过程中有不同的行动动机，他们在老年劳动参与结构性制度障碍背景下采取的行动策略并不唯一，只有对他们的行动加以解释和理解，才能正确认识老年保洁工的劳动参与行动。

其次是拓展个案法。在个案研究中，被质疑和批评最多的就是代表性和典型性的问题。王宁认为，“对某一类别现象进行定性认识，因而它常常与描述性、探索性和解释性研究结合在一起”①。本书选题是一种解释性研究，即老年保洁工这一群体为何要参与劳动，其行动的动机和逻辑是什么，因此适合用定性研究的方法。“既然是定性认识，个案研究对象所需要的就不是统计学意义上的代表性，而是质的分析所必需的典型性（在某种意义上也是一种代表性，即普遍性）。把统计性的代表性问题作为排斥和反对个案研究方法的理由，是对个案研究方法的逻辑基础的一种误解。个案研究方法的逻辑基础不是统计性的扩大化推理

① 王宁．代表性还是典型性？——个案的属性与个案研究方法的逻辑基础［J］．社会学研究，2002（5）：123-125.

（从样本推论到总体），而是分析性的扩大化推理（从个案上升到理论）。因此，在个案研究中的个案所要求具备的不是代表性而是典型性。”① 本书的研究对象是老年保洁工，在选取调查对象时注重研究对象的典型性。本书的调查对象分布在G市不同场域中，主要包含人类社会中的生活场域、工作场域、休闲娱乐场域及城市道路、街道等。更具体一点，调查研究对象涵盖社区老年保洁工、清扫城市道路的老年环卫工、行政事业单位老年保洁工、企业老年保洁工等十种不同类型的老年保洁工。调查涵盖了不同行政区域、不同场所的老年保洁工，呈现老年保洁工群体中所存在的普遍现象。

质性研究中的结论是否可以外推？这是其受到质疑的第二个方面。布洛维的个案拓展法有效回应了这个问题。个案研究始终面临如何处理好宏观与微观、普遍与特殊的关系问题，个案拓展就能够有效化解这个问题。“所谓拓展个案法，就是一种通过参与观察，将日常生活置于其超地方和历史性情境中加以考察的研究方法”②。“扩展个案方法旨在建立微观社会学的宏观立场，它试图立足宏观分析微观，通过微观反观宏观，并在实践中处处凸显理论的功能。此外，经由理论重构产生的一般性法则使其较好地处理了特殊性与普遍性的关系问题”③。个案拓展法是从微观到宏观、从特殊到普遍的一种研究逻辑，个案拓展是个案研究过程中最为关键的环节。个案拓展法的关键点在于从个案到宏大结构的方向转移，其目的是理解那些微观处境如何被宏大的权力结构干预。本书的重点也在于分析老年保洁工劳动参与行动与社会结构之间的关系，

---

① 王宁．代表性还是典型性？——个案的属性与个案研究方法的逻辑基础［J］．社会学研究，2002（5）：123-125.

② 麦克·布洛维．公共社会学［M］．沈原，等，译．北京：社会科学文献出版社，2007：77.

③ 卢晖临，李雪．如何走出个案——从个案研究到扩展个案研究［J］．中国社会科学，2007（01）：118-130+207-208.

社会结构如何制约老年保洁工劳动参与行动，老年保洁工又如何重构新的社会结构。

（一）资料搜集方法

本书主要采用以下三种方法进行资料收集。

首先是观察法。通过在现实生活场景中观察老年保洁工的言行举止和所作所为，从中发现其思想观念和行为取向。G 市老年保洁工的工作、生活场景是可以详细观察的。因此，可以运用观察法来收集各种资料。调查者深入到老年保洁工的劳动场域中，观察老年保洁工的劳动场景及工作内容、观察其如何与场域内重要关系人员进行互动，收集更加丰富和真实的材料；与老年保洁工一起劳动，更为深入理解老年保洁工劳动参与行动，作为他者参与劳动，发现老年保洁工在劳动过程中面临的各种问题；观察老年保洁工如何突破结构性制度障碍，他们在劳动过程中采取哪些行动策略来维护自身利益。与老年保洁工保持亲密关系，观察老年保洁工的日常生活场景，分析老年保洁工劳动参与的行动动机，深入理解家庭、社会等外部因素与老年劳动参与行动之间的关系。

其次是非结构式访谈法。老年保洁工群体的文化程度较低，他们年龄偏高、思维反应迟缓，较难在短时间内回答多个问题。同时，老年人总是喜欢围绕某一事件进行反复诉说，正好符合非结构式访谈的特点。通过非结构式访谈可以不受具体问题或者问卷的限制，访谈对象可以自由阐述，可以收集到更多详细的资料。在访谈过程中，老年保洁工围绕具体问题进行自由交流，在交流的过程中可能会收集到一些意想不到的有用信息，有利于研究内容的拓展。通过访谈可进一步了解老年保洁工劳动参与的行动动机，了解他们在劳动参与过程中面临的困境以及对未来的期待。选取的访谈对象主要有四类，分别是老年保洁工及其子女、公司管理人员、政府相关部门的工作人员。

最后是文献法。即通过收集各种文献资料，获得老年保洁工群体、社会行动有关研究的文献资料。主要收集当前国内外关于保洁工或环卫工的研究资料及新闻报道；收集社会行动、劳动参与、积极老龄化等理论研究资料；收集当前国内外关于延迟退休、老年再就业或老年劳动参与的相关政策。同时，通过调查所选取的公司，从公司收集老年保洁工群体的基础性电子数据，包括老年保洁工群体的基本构成与来源，经济收入与养老概况，工作地点的选择偏好，以及签订劳动契约状况等。这些电子资源的呈现，可以进一步勾画出 G 市老年保洁工群体的基本概况，作为理解老年保洁工群体劳动参与行动的背景资料，为全面深入研究老年保洁工劳动参与行动打下基础。

（二）资料分析方法

论文采用的资料分析方法是类属分析法。“类属分析法指的是在资料中寻找反复出现的现象以及可以解释这些现象的重要概念的一个过程”。① 在资料分类过程中，具有相同属性的资料被归入同一类别，并且以一定的概念命名。在分析老年保洁工劳动参与的行动动机过程中，通过分析访谈资料，对他们劳动参与的行动动机进行同类归纳，提炼出几个核心的类别，最终成为老年保洁工的行动动机。根据老年保洁工的类属要素进行分类，可将老年保洁工群体进行类别划分，不同类型的老年保洁工所呈现的特点各异。本书将老年保洁工群体划分为十种类型，不同类型的老年保洁工最终构成了老年保洁工群体。同时，与其他社群相比，老年保洁工有自己的群体特征。

通过对收集的资料进行多种形式的比较，如同类资料的比较、异类比较、横向比较和纵向比较。通过比较设置有关的类属后，对类属之间

① 陈向明．质的研究方法与社会科学研究［M］．北京：教育科学出版社，2000：290.

的关系进行识别，分析其到底是因果关系、时间关系、逻辑关系、包含关系还是下属关系等，并将这些关系建立起来，形成核心类属。在分析老年保洁工劳动参与过程中所面临的困境及采取的行动策略时，对他们采取的行动策略进行归类分析，这些策略之间到底是一种什么关系，分析其为什么会采取这些策略，最终提炼出老年保洁工劳动参与的行动逻辑。在分类过程中注重当事人或调查对象自己对事物的分类设置，即便是看起来不合理、不合逻辑，但这种分类方式就是他们看待世界的方式，就应该被认为是合理的。作为调查者，一定要反思是否“符合逻辑”，需要有足够的理由来说明自己判断的准确性。

（三）研究思路与研究假设

1. 研究思路

本书通过三个阶段来完成：研究准备阶段；研究实施阶段；结论呈现阶段。

第一阶段为研究准备阶段。首先是确定研究主题。通过收集整理目前关于老年劳动参与的相关文献资料，梳理该领域的研究现状。同时深入观察日常生活场景中的老年保洁工群体，提炼并形成研究主题。其次是确定研究内容。围绕研究题目，确定研究内容，即老年保洁工群体的产生及发展，老年保洁工行动的动机，老年保洁工的行动策略，老年保洁工劳动参与的行动再生产。最后是做好研究设计。根据研究内容及框架，做好研究设计，包含研究方法的选择、调研点的选择、访谈提纲的制定等。

第二阶段为研究实施阶段。确定研究主题以后，反复修正研究主要内容和框架。根据研究设计开始田野调查，首先是开展前期的预调查工作，根据预调查情况再次修正研究设计及研究内容。其次是开展正式的田野调查，用观察法和非结构式访谈法收集资料。收集的资料包括访谈资料、图片、电子资源、政府部门相关文件资料等。调查日志是调查资料的重要组成部分，在调查过程中坚持撰写调查日志。记录好调查当日的详细情况，把所看、所听、所想都记录下来，写好每天的调查感想及发现的新问题，反思调查过程中存在的问题并总结经验。最后是补充调查资料，在该领域资深专家的指导下查缺补漏，有针对性地收集资料。

第三阶段为结论呈现阶段。首先，通过对访谈资料的整理和分析，运用类属分析法对资料进行分类整理，对研究内容进行填充。其次，运用理论分析资料，运用帕森斯的社会行动理论进行分析，归纳总结老年保洁工劳动参与行动中面临的各种困境，总结提炼老年保洁工劳动参与的行动逻辑。最后，从政策建构视角提出相应的对策，促进老年保洁工劳动参与的行动再生产良性运行和协调发展，以维护好老年保洁工群体的合法权益。

2. 研究假设

在结构性制度障碍背景下，老年保洁工群体的劳动参与行动依然在进行。老年保洁工劳动参与的行动动机及其劳动参与行动的运作逻辑值得深入研究。通过前期文献资料的收集和初步的调查，提出如下几个基本假设。

假设一：人口老龄化导致了老年劳动参与行动。目前我国人口老龄化程度越来越高，并且开始出现人口负增长的现象，人口老龄化必然导致劳动力资源的短缺。同时，老年保洁工劳动参与行动与人口老龄化有时空的重合，假定老年保洁工劳动参与行动的动因是人口老龄化，即人口老龄化问题导致了老年保洁工的劳动参与行动。

假设二：老年保洁工劳动参与的行动动机是为了获取更多养老资源。我国已经进入小康社会，但是社会发展不平衡不充分的矛盾依然存在。在快速人口老龄化的社会背景下，未富先老致使我国养老资源相对匮乏，特别是生活在社会底层的老年保洁工群体面临更多的养老困境。在老年劳动参与结构性制度障碍背景下，他们还在继续参与劳动，可以看出其强烈的劳动参与动机。因此，可以假定老年保洁工劳动参与的行动动机就是为了获取更多的养老资源。

假设三：规范性规则或非正式制度结构对老年保洁工劳动参与行动起着决定性作用。当前我国老年劳动就业保障政策还不完善，缺乏正式制度（或支配性规则）规制老年保洁工的劳动参与行动。假设老年保洁工劳动参与行动中规范性资源起着支配性作用，即非制度性规则在老年保洁工劳动参与行动中起着决定性作用。

五、研究内容与过程

（一）主要内容

老年保洁工的劳动参与行动研究，是从微观视角探讨老年保洁工的劳动参与行为。“一项行动在逻辑上应该包括行动者、行动的目的、情景（行动者不能控制的条件和行动者能够控制的手段）、行动中的规范与价值观这几大要素”①。想要深入认识老年保洁工劳动参与的行动逻辑，就需要从这几个方面来解析与探讨。同时，促进老年保洁工劳动参与的行动再生产持续健康发展也是本书的意义所在。根据研究主题，用帕森斯的社会行动理论作为分析框架，本书主要从行动者、行动动机、行动策略及行动再生产等方面探讨老年保洁工的劳动参与行动，研究内容主要包括以下几个方面：

① 帕森斯．社会行动的结构［M］．张明德，夏遇南，彭刚，译．南京：译林出版社，2012：50.

首先是老年保洁工群体的产生。自商周时期以来，保洁工群体就一直存在。在唐宋时期，保洁工就已成为一个社会职业，一直到现在，保洁工已成为人类社会中不可或缺的群体。在人口老龄化的社会背景下，老年保洁工群体的产生有其自身原因及结构性社会因素，特别是与我国环卫业的市场化改制有着重要的关系。在老年劳动参与结构性制度障碍背景下，老年保洁工作为劳动力市场中的特殊行动者，有很多影响因素促使其参与劳动，包括老年人自身因素、家庭因素和其他社会因素。同时，保洁工作场所不同，保洁服务内容不同，老年保洁工群体就形成了具有一定特征的亚群体。这个部分主要在本书第三章中呈现，即老年保洁工这个特殊行动者如何成为保洁服务市场中的新兴力量。主要从五个方面来论述，一是保洁工群体的历史演化；二是保洁服务市场的发展；三是老年保洁工群体形成的结构性影响因素；四是老年保洁工群体的形成；五是G市老年保洁工的特点及类型划分，根据其自身的群体特征，可将其划分成十种类型不同的老年保洁工。

其次是老年保洁工劳动参与的行动动机。动机是激发个体行动的动力源泉，是促使老年保洁工劳动参与的内部驱动力。老年保洁工劳动参与的行动动机各不相同，单个个体的行动动机并不唯一。归纳起来，老年保洁工的行动动机主要有五个方面，分别是为获取劳动报酬、锻炼身体、帮助子女、获取认同、自我价值实现。根据马斯洛的需求层次理论，老年保洁工劳动参与的行动动机整体符合从物质到精神层级的需要层次。对于物质相对匮乏的老年保洁工，劳动参与的主要目的就是获取劳动报酬以丰富其物质生活。然而，物质相对富余者，其劳动参与的目的就是为了锻炼身体，或扩大交际圈层以缓解老年孤独感，丰富老年生活。更有人是为了获取他人的认同和实现自我价值。该部分主要在本书的第四章中呈现，从五个方面论述老年保洁工的行动动机：一是获取劳动报酬以弥补养老金不足的动机；二是锻炼身体的动机；三是逆向反哺的动机；四是获取认同的动机；五是自我价值实现的动机。

再次是老年保洁工劳动参与的行动策略。在结构性制度障碍的背景下，老年保洁工采取什么方式来应对各种困境和挑战，面对劳动机会获取困难和劳动权益保障困境，他们分别采取各种行之有效的行动策略来化解困境。主要包括两个方面：一方面是老年保洁工进入老年劳动力市场前的行动策略，主要是如何获取各种资源并利用规则；另一方面是老年保洁工进入劳动场域以后的行动策略，面临雇佣双方权力结构失衡的困境，分析他们如何制衡权力以维护自身利益。在中国本土化情景中的老年劳动参与行动，关系与人情，人伦与道德，在老年保洁工群体的劳动参与行动中起着重要的作用。该部分主要在本书的第五章和第六章中呈现，第五章是老年保洁工“进场”前的行动策略。一是社会支持网络的自我建构；二是“强关系”和“弱关系”的利用；三是找寻目标场域中的“关键人”；四是“规则”的利用。第六章是老年保洁工“进场”后的行动策略。一是角色转变与价值认同；二是“权力”的运用，即面对口头协议、被迫外包、风险自我转移和签订不平等劳务协议，政府监管的真空与缺位，他们所采取的各种行动策略；三是权力的平衡与自我调适。

最后是老年保洁工劳动参与的行动再生产。老年劳动参与行动利国利民，能够有效化解人口老龄化带来的部分问题。在结构性制度障碍背景下，老年保洁工劳动权益维护十分困难，从长期来看，这极不利于老年人的劳动参与。本书从积极人口老龄化的理论视角提出意见和建议，从老年劳动者的健康、保障、参与三个方面重塑老年劳动参与制度体系。通过制度干预老年劳动参与行动，从而实现老年劳动参与的行动再生产良性发展。具体在本书的第七章中呈现，探讨老年保洁工劳动参与的行动再生产。一是劳动参与行动再生产及其价值；二是劳动参与行动再生产的结构性制度障碍；三是积极人口老龄化视域下劳动参与行动再生产的制度嵌入；四是老年劳动参与行动再生产的延续。

通过前面几个部分的论述，回应研究假设，总结提炼老年保洁工劳动参与的行动逻辑。同时反思论文的不足，在未来的研究中还需要继续跟踪和深化研究方向。

（二）研究过程

老年保洁工是一个特殊群体，存在两个重要特点，首先是年龄普遍较高；其次是从事保洁服务工作。本书的研究目的是探讨结构性制度障碍背景下老年保洁工劳动参与的行动逻辑，即老年人为什么要参与劳动？在行动过程中采取哪些策略？为什么有那么多老年保洁工群体？即老年人为什么选择保洁服务，是一种解释性研究。因此选择了定性研究方法，这样收集资料更为方便和有效。根据研究设计，选择 G 市老年保洁工作为调查对象，主要用观察法、非结构式访谈法收集资料，用问卷调查作为辅助性手段。选择好调研点以后，开始了老年保洁工的田野调研，调研历时一年多。

首先是前期预调查，调查时间为 2020 年 11 月至 2021 年 2 月。主要以聊天的方式与老年保洁工进行交流，了解老年保洁工这个群体的基本特征，考察老年保洁工群体喜欢用什么样的方式进行交流，在老年保洁工群体中存在什么问题，了解他们工作的时间及特点、居住地到工作地点的距离，为进一步完善研究设计打下基础。通过前期预调查，确定采用定性研究方法。老年保洁工年龄较大，文化素质普遍偏低，难以长时间集中精力来回答问卷，因此确定采用非结构式访谈法、观察法收集资料。在预调查期间，与调查对象建立关系，为正式调查打下基础。

正式开展田野调查工作。2021 年 3 月开始田野调查，一直持续到 2022 年 5 月。进入田野后，向调查对象说明调查的目的，获得调查对象的同意后，开始正式的田野调查工作。在田野调查过程中，调查者与老年保洁工群体保持良好的关系，以便收集真实有效的调查资料。对调研点的老年保洁工群体进行观察和访谈，访谈时间通常是在工作之余。与老年保洁工一起劳动，观察老年保洁工的日常工作，了解其劳动过程中遇到的困境，体验老年保洁工的工作，观察其如何处理各种社会关系。作为田野调查者，时而是劳动者，时而是研究者，在这两者之间来回切换。通过与老年保洁工较长时间的相处，老年保洁工把调查者当成“自己人”，与其保持密切交往。在田野调查过程中，当老年保洁工遇到困难时，调查者也被其当成一种社会资源，向调查者寻求帮助。例如，老年保洁工辞去原来的工作，再次寻找保洁工作时，他们对调查者产生了一些依赖，希望通过调查者的资源，帮助他们进入其他公司工作。当然，调查者在观察过程中是以劳动者的身份体验和观察所发生的事件。在这一年多的调查中，调查者已经融入老年保洁工群体的日常生活。经历了老年保洁工群体在日常生活和工作中发生的各种重要事件，有老年保洁工在上班途中因意外摔倒骨折，也有在调查过程中因疾病离开人世，还有因保洁公司拖欠工资而上法院打官司。在老年保洁工的日常生活中，因为家庭不和睦而产生家庭矛盾，调查者被邀请扮演“调解者”角色，参与了家庭矛盾的化解。事情的主要原因是老年人在外从事保洁工作，其儿媳嫌弃其身上有异味而产生家庭矛盾。在经历了这些以后，让调查者感受颇深，老年保洁工面对现有文化和制度的双层困境，老年人劳动参与行动是多么的不容易，当然这也是选择研究老年保洁工群体劳动参与行动的一个重要原因。

田野调查日志与反思。调查过程中不仅见识了困境重重的老年保洁工，也观察到小康之家的老年保洁工。有些老年人进入保洁服务行业的目的不仅是为了获取每月 2000 多元的劳务收入，还为了实现自我价值，他们退休在家无聊，通过参与社区保洁工作来打发时间。更有老年人选择保洁工作是为了能够锻炼身体，每天在离自己居住相对较近的地点打扫卫生，在小区或者商业广场上走动，不仅可以维护小区环境卫生，还可以锻炼身体。也有农村老年人（或城市流动老人）身体健康状况良好，由于年龄较大和国家的政策问题，不能购买养老保险而选择来城市从事保洁工作获取劳务收入，以弥补养老金的不足。还有居住在城市中，家产超过千万的老人从事保洁工，他们认为“能力有多大，就干多大的事情，到了这个年纪，没有人要了，家里的人也觉得碍事，出来做了这个工作”。从这些来自不同家庭背景的老年保洁工来看，从事保洁工作不仅是为了获取劳动报酬，还有其他的需求。在一年多的时间里，老年保洁工在不同时间段有不同的生活方式，在工作中展现出来的风采也有所不同。经过一年多的观察和访谈，收集了很多资料，每天访谈完成以后都坚持把当天访谈的内容和资料进行整理，把观察到的行为和感想记录下来，避免因时间长了忘记访谈时的情景。同时，反思调查者自身的角色扮演和收集资料的真实性，适时调整调查者的状态，使调查过程更加真实和顺畅。在访谈过程中也有录音，访谈完以后把这些录音资料转换成文档，为写作提供资料。调研过程中访谈了 65 位老年保洁工，前期访谈了 56 位，后期补充访谈了 9 位，收集了大量的访谈资料。资料收集完以后，笔者持续与这些老年保洁工保持沟通和联系，以便后期更好地观察这个群体的变化和补充资料，一直到写作开始还在帮助一位老年保洁工“讨薪”。

开展补充调查。在资料分析与撰写报告的过程中，笔者发现调查不够深入和详细，调查面不够广泛，所以笔者继续深入访谈物业公司、劳务公司及保洁公司的管理人员。通过调查物业服务公司与劳务公司之间的关系，了解其雇佣老年劳动者的目的。物业公司认为，在现有的制度环境下，物业公司不直接聘用老年保洁工的主要原因是不能为老年保洁工购买保险，一旦出现意外，物业公司就需要承担相应责任。因此，宁愿多出一些劳务服务费用也不愿意直接聘用。当然也有上市物业公司为了减少管理成本，把保洁服务外包给乙方。然而，乙方就是劳务公司，劳务公司也没有单独化解雇佣老年劳动者的风险，它们的做法是风险转移，通过签订一些不平等的劳务协议，把风险转移到老年保洁工的身上。这样就加大了乙方劳务公司与老年保洁工之间的矛盾。老年保洁工与劳务公司的矛盾化解需要双方协调，以情理性的工具手段获取自己的利益。在最基本的劳动权益即劳动报酬都拿不到的时候，此时需要政府相关部门协调，抑或是通过法律程序来化解纠纷。纠纷的化解过程漫长而艰辛，在这个过程中，老年保洁工通过各种手段和方式与对方进行互动，采取有效的策略维护自身利益。除了雇佣部门之外，笔者还对政府相关部门、服务对象等进行了访谈，了解当前老年劳动参与过程中的困境。

老年保洁工从进入劳动场域之前的准备，再到劳动场域中的权益维护，无不在利用情理性的工具手段或策略。在进入劳动场域之前，老年保洁工劳动参与的动机强烈，为了不断转移自己的养老资源，实现自主养老和高质量老年生活。他们自我建构社会支持系统，获取亲人、朋辈群体及目标劳动场域中重要关系人员的帮助。为了获取这些群体的支持和帮助，他们采取的行动策略是传统人伦与中国式的“关系”策略。在进入劳动场域后，为了进一步维护自身的劳动权益，他们采取的是以“情”获取“利”的策略，因为实践经验告诉他们，通过法律手段维护自身利益所需要付出更多的经历和时间。他们不得不采取非正式的方式维护自身的利益，主要方式就是以情动人、用情获利的方式来维护自身利益。在没有制度规范的前提下，老年保洁工劳动参与行动依然在进行，他们背后运作的逻辑就是传统的人伦与中国式的“关系”。这足以说明，即使没有制度规范老年劳动参与行动，他们也会创造另外一套规则来维系行动。

第二章　研究现状与理论基础

一、研究现状

（一）保洁工群体相关研究

美国著名人类学家罗宾·内葛（Robin Nagle）提到“如果你幸运，你可以一辈子不需要呼叫警察，你可以一辈子不呼叫消防员，但是你每一天都需要环卫工”①。可以看出保洁工这一职业的重要性。无论在国外还是国内，城市公共环境卫生都离不开保洁工群体。环卫工、清洁工、保洁工其实质都是从事环境卫生清洁的人，只是各地的称谓有所不同。一般而言，环卫工、清洁工主要是打扫城市街道和道路卫生的保洁服务人员。保洁工的内涵更为广泛，不仅包括环卫工人，还包括在小区、企事业单位办公区、工厂公司、商场、公共交通站点等公共区域打扫卫生的保洁人员和家政保洁员，也包括从事某项专业清洁的保洁服务员，如化工清洗、交通工具清洗、精密仪器清洗等。“环卫工与保洁工

---

① 罗宾·内葛．捡垃圾的人类学家：纽约清洁工纪实［M］．张弼衎，译．上海：华东师范大学出版社，2018：2.

也有不同之处，环卫工主要由政府部门购买服务，部分地区还有正式编制"①。目前关于保洁工人的研究主要有如下几个方面。

首先是关于环卫工人的基本生活状况。环卫工人面对着"工作时间长、工资收入低、居住条件差、休闲娱乐生活单一、子女入学机会不平等、城市居民歧视、社区融入度低、劳动安全难以保障、社会保障分配不均"② 等方面的问题。除此之外，他们"在生活上存在着生活水平低、精神生活匮乏、社会认同缺乏等问题；在工作中存在工作风险高、社会认同度低等问题；在帮扶政策上存在着政策落后，更新不及时，落实不到位，关爱主体不够多元等问题"③。环卫工人的劳动权益保障问题也是一个广受关注的民生问题，"环卫工人还存在社会保险参保覆盖率低，自身缺乏保险意识等问题"④。他们的"工作环境基本都是室外，每天都能接触到噪声污染、尘埃颗粒等，在恶劣的环境中工作也会导致保洁工的心理健康"⑤。他们体力劳动强度大，"在遇到危险状况时的反应不够迅速，难以避免伤害"⑥。印度的环卫工人，特别是"从事卫生设施清洁工作的女环卫工，她们长期受到种姓、性别和职业的歧视，心

① 张惠娟. 在正规性与非正规性之间——上海外来环卫工的工作与生活状况研究［D］. 华东师范大学，2020.

② 李可安. 城市环卫农民工生存状况研究——以 J 市为例［D］. 济南大学，2017.

③ 姚景苏. 北京市环卫工人生存现状及社工介入策略研究［D］. 北京建筑大学，2018.

④ 张爱. 天津市环卫工人劳动权益保障研究［D］. 天津财经大学，2018.

⑤ Akira Sai，Radhitiya Al Furqan，Ken Ushijima，Umi Hamidah，Mayu Ikemi，Widyarani，Neni Sintawardani，Taro Yamauchi. Physical and Mental Health of Sanitation Workers in an Urban Slum of Indonesia［J］. Sanitation Value Chain Volume，2021（5）：26-27.

⑥ 方金铭. 人工清扫街道的环卫工人作业疲劳研究［D］. 首都经济贸易大学，2011.

理健康受到严重影响”①。“在新冠疫情期间，一线的保洁工面临工作量大，女性保洁工更易感染呼吸道疾病的风险”②。

其次是积极应对环卫工人生存困境。目前如何化解环卫工人生存困境，学界提出如下对策：一是从政府层面提出相应的对策和措施以应对各种困境。二是运用社会工作的方法干预环卫工人所面临的困境。由于环卫工人的工作性质，“子女之间的关系疏离，运用小组工作的方法干预”③。三是从法治视角提出加强环卫工人的劳动权益保护。环卫工人虽然属于劳动者群体的一员，但由于其工作性质的特殊性，相较于其他劳动者来说，他们的权利需要更多的保护，特别是在“生存权、生命健康权以及人格权方面需要得到相应保障”④。四是从社会支持网络和赋权视角，提出了化解环卫工群体所面临的困境。环卫工人为城市的环境卫生做出了积极贡献，本该分享城市改革所带来的成果，然而城市环卫工人的劳动生活仍然没有得到全面有效的保障。“需要在劳动保险、市场监管、职业培训上加强环卫工人的权益保护”⑤。五是需要为环卫工人制定标准的作业程序，进一步保护环卫工人的身体健康⑥。同时，

---

① Monteiro Tanya S. Nalini R. Mental Health at the Intersections of Marginalization：A Conceptual Model to Explore the Mental Health Concerns of Women Sanitation Workers in India [J]. Asian Social Work and Policy Review Volume，2021，15（2）：102-111.

② Salve Pradeep S. Jungari Suresh. Sanitation Workers at the Frontline：Work and Vulnerability in response to COVID-19 [J]. Local EnvironmentVolume，2020，25（8）：627-630.

③ 刘兆荣．小组工作介入环卫工家庭不良亲子沟通的实务研究［D］．山东大学，2019.

④ 战弋．环卫工人权利保护研究——以大连市市内四区为例［D］．东北财经大学，2015.

⑤ 彭鑫．长沙市环卫工劳动保护问题研究［D］．湖南师范大学，2016.

⑥ Ahmad Abbasi Touqeer，Badruddin Iqbal. Developing Standard Operating Procedures for Sanitation Workers Working with Urban Utilities in Pakistan [J]. Waterlines Volume 2019，33（1）：64-68.

还需要对环卫工的技能进行培训，提升其专业技能和职业认可度①。

再次是关于环卫工人的社会认同。社会认同是社会个体明确自己所属群体，并能够感受所属群体给自己带来的价值。当然每个人都希望他人对自己所属群体有一个正面的积极评价。“城市环卫工人受到传统观念影响，常常被人们认为是文化程度低、外表脏的次等公民，这就弱化了环卫工人的城市归属感”②。同时，社会认同对他们的生存和发展至关重要，环卫工人得到社会认同有利于他们自我价值肯定。康红梅认为“环卫农民工从事的工作技术含量较低，工作环境脏、累、险，同时遭受到户籍制度、社会保障制度的排斥，环卫农民工自我职业身份建构出现认同困境，呈现出典型的‘内卷化’特征，这不利于其市民化进程”③。女性环卫工在新冠疫情期间，心理健康恶化，自我认同度低④。环卫工人在他们自己所属群体内部相互认同，但是其他社群对他们的认同度低，还需要得到社会其他群体的认同和肯定。整体而言，保洁工人的社会认同度较低。

最后是关于环卫工人权益维护。国外关于老年保洁工权益研究相对较少，因为在西方国家环卫工人的工资待遇高，工作相对稳定并有较高的社会地位。在英国的所有体力劳动者中，环卫工人的职业声望较高，工资待遇也较高。美国的环卫工人，他们每年的工资收入最高可达5万

---

① SatpathyA Tanmoy Kumar, SahooA Kamala Kanta, SatpathyA P. K. A Study on Knowledge. Attitude and Practice Regarding Sanitation and Personal Hygiene among Sanitation Workers of an Urban Local Body in Odisha, India [J]. Indian Journal of Public Health Research & Development Volume, 2019, 10 (10): 200-203.

② 李美婷. 环卫工人的社会认同研究 [D]. 黑龙江省社会科学院, 2015.

③ 康红梅. 社会排斥背景下底层群体“内卷化”职业身份认同研究——以环卫农民工为例 [J]. 理论月刊, 2016 (1): 143-148.

④ Kisana Ravikant, Shah Nioshi. No one Understands What we go Through: Self-Identification of Health Risks By Women Sanitation Workers in Pune, India During the COVID-19 Pandemic [J]. Gender & Development Volume, 2021, 29 (1): 35-54.

美元，属于高收入职业之一。韩国的环卫工群体平均年收入可达到 18 万元人民币。国外有相对成熟的制度体系，主要依靠工会来维护自身合法权益。保洁工在国内的职业声望不高，被社会边缘化。环卫工人的工作危险系数高，他们的生命安全需要得到保障。因此，“需要加强宣传，提高社会大众的环卫意识，完善法规以保障环卫工人的安全，使环卫工人遵守道路交通法规，强化保洁生产安全培训，提升机械化操作水平，政府相关部门还需要加强监管，以维护环卫工人的劳动安全权益”①，同时还需要完善相关的规章制度②。

（二）老年劳动参与相关研究

1. 老年劳动参与的含义

关于老年劳动参与的概念界定，学界也有一些讨论。“劳动参与的老年人不仅包括退休后重新就业，还包括超出年龄继续在原单位维持就业状态，以及进行自营生产活动或者农业生产的老年人。低龄老年人的劳动参与，即 60 岁至 70 岁依然参与劳动的老年人，其形式包括正常的受雇活动、自身经营、农业生产等”③。朱艳婷认为老年劳动参与是“特指参与生产性劳动的行为，具体操作化的定义是指个体参与所有除在家做家务、义务的志愿劳动以外的工作，参与包括农业工作、挣工资的工作、个体或私营经济活动等工作的行为”④。可以看出，劳动参与

① 刘红升，闫一凡．城市环卫工人的作业安全保障问题研究［J］．陕西行政学院学报，2007（4）：67-70.

② 纪云公．论完善城市环卫工人的安全保障体系［D］．吉林大学，2009.

③ 周清茨．我国低龄老年人劳动参与及影响因素研究［D］．华东政法大学，2019.

④ 朱艳婷．城乡对比视角下养老保障、子女特征对中国老年人劳动参与的影响研究［D］．南京大学，2020.

与志愿劳动或家务劳动并不相同，是一种产出性的经济活动。从我国目前的劳动法规来看，超过 60 岁的老年人并不是劳动年龄人口或者法律意义上的劳动者。

在老年劳动参与的概念界定中，学者根据自己的研究对象的特殊性，对老年劳动参与下了不同的定义。关于老年劳动参与的内涵主要有以下几个方面：首先是老年群体都是达到退休以上年龄的群体；其次是参与的形式都是有偿劳动的方式；最后是参与的目的是获取劳动报酬或社会认同。但是目前关于老年劳动参与对象的年龄限制还不清晰，是按照我国正常退休年龄来界定，还是根据老年人的年龄标准来划分，学术界没有形成一致意见。

2. 老年劳动参与的意义

首先是老年劳动参与的经济意义。Derek Ross 认为“老年劳动参与行为能够有效化解劳动力资源的不足”①。老年劳动参与是化解人口老龄化的重要举措，“老年劳动参与能够创造社会财富。目前美国有约 1/4的老年人口从事志愿者工作，而且每年还在持续增长。这些老年人的志愿服务时间平均为 96 小时/年，每年创造的价值折合 44 亿美元”②。“老年人力资源的开发与利用是积极应对人口老龄化的重要举措，是实施国家人口均衡发展战略的必然要求，是经济社会高质量发展的现实需要”③。同时，老年群体聚在一起工作，在心理上感到愉悦和满足，劳动参与可以满足老年人的精神需要，当然也是减轻家庭养老负

① Derek Ross. Ageing and Work：An Overview Occupational [J]. Medicine，2010 (3)：169-171.

② Rozario. Volunteering Among Current Cohorts of Older Adults and Baby Boomers [J]. Generations，2006 (30)：31-36.

③ 杨菊华，史冬梅. 积极老龄化背景下老年人生产性资源开发利用研究 [J]. 中国特色社会主义研究，2021 (5)：85-95.

担的重要方式①。老年人不但可以继续参与劳动，而且可以继续创业以带动经济发展，“银色创业不仅是学术研究的新兴主题之一，也对老年群体以及经济社会发展产生应用价值”②。“老年人力资源有其独特的优势，即经验优势、智能优势和文化优势，这些优势在知识经济时代有着重要的价值”③。“开发老年人力资源对于中国成功应对人口老龄化冲击，保持经济、社会可持续发展具有重要意义”④。

其次是老年劳动参与的社会意义。劳动参与能够提升老年人的生活质量。Nancy Morrow-Howell 认为，当一个家庭中的老年人参与社会经济活动，整个家庭都会受益。积极参与社会活动（包括志愿者工作）有助于提高老年人的生活质量⑤。老年劳动参与能够提高老人的身心健康水平和生活满意度，并能延迟死亡年龄⑥。“老年人有其独特的社会工作和生活经验优势，还有一定的专业技能和文化优势，开发老年人力资源有重要的社会意义”。⑦

最后是劳动参与对老年人自身发展的意义。老年劳动参与是社会参与的一种重要形式，对老年人自身发展有重要意义。“老年人的社会参

---

① Rob Ranzijn. The Potential of Older Adults to Enhance Community Quality of Life links between Positive Psychology and Productive Aging [J]. Ageing International, 2002 (2): 30-55.

② 李华晶. 以老年人为创业主体的银色创业研究评析与启示 [J]. 管理学报, 2019 (3): 465-474.

③ 王树新，杨彦. 老年人力资源开发的策略构想 [J]. 人口研究, 2005 (3): 63-69.

④ 金易. 人口老龄化背景下中国老年人力资源开发研究 [D]. 吉林大学, 2012.

⑤ Johannes Siegrist , Morten Wahrendorf. Participation in Socially Productive Activities and Quality of Life in Early Old age Findings from SHARE [J]. Journal of European Social Policy, 2009 (19): 317-326.

⑥ Nancy Morrow-Howell, Productive Engagement of Older Adults: Effects on Well-being [EB/OL]. http://www.askkids.com/resource/Longer-Life.html.

⑦ 王树新，杨彦. 老年人力资源开发的策略构想 [J]. 人口研究, 2005 (3): 63-69.

与问题是关乎人类发展的问题。老年人的发展包括内在的自我完善和外在的社会参与，这两个方面的发展必须要通过老年人的参与实现”①。同时，“社会参与能提升老年人的心理健康水平，老年人的社会参与度越高心理健康水平越高，反之其心理健康水平越低”②。“社会参与还可以减少老年人的孤独感，促进其身心健康”③，“退休老年人的再就业可以增强其幸福感”④。

3. 老年劳动参与的影响因素

首先，家庭经济因素及隔代教育对老年劳动参与的影响。“我国有约 60%的老年人帮助照料孙子女，约有 1/4 的老年人还在继续工作，照料孙子女与老年就业的关系并不显著，但是年龄在 60 岁至 64 岁的老年人中存在显著的负相关关系”⑤。子女外出务工也会影响老年劳动参与，“子女务工不利于农村老年人参与社会活动，同时还会降低其参与的频率”⑥。“子女对老年人的经济支持可以降低农村老年群体劳动参与的概率，但不影响参与其他非农活动。老年人对子女的经济补贴将促进老年人参与各项生产活动的概率”⑦。除了上述因素之外，“年龄、家庭婚姻

---

① 裴晓梅．从“疏离”到“参与”：老年人与社会发展关系探讨［J］．学海，2004（1）：113-120.

② 刘颂．老年社会参与对心理健康影响探析［J］．南京人口管理干部学院学报，2007（4）：38-40.

③ 乌沧萍．社会老年学［M］．北京：中国人民大学出版社，1999：78-79.

④ 宋宝安，于天琪．城镇老年人再就业对幸福感的影响——基于吉林省老年人口的调查研究［J］．人口学刊，2011（1）：42-46.

⑤ 宋健，王记文，秦婷婷．孙子女照料与老年人就业的关系研究［J］．人口与经济，2018（3）：96-107.

⑥ 郑晓冬，杨园争，方向明．子女外出务工与农村老年人社会活动参与［J］．西北人口，2019（2）：81-93.

⑦ 李梦竹．代际经济支持对农村老年人劳动参与的影响——基于 CHARLS2013 的实证研究［J］．调研世界，2018（4）：26-31.

状况、子女关系以及家庭经济状况等因素对老年劳动参与都有重要影响，自我充实的需求是大多数老年人选择再就业的主要目的”①。

其次，个人自身因素与老年劳动参与。经济、家庭和健康等因素都会影响老年劳动参与行为，老年人的文化程度也会影响其劳动参与。“受教育程度会对老年劳动参与产生积极的影响，受教育程度与老年劳动参与率存在性别差异，性别不同而影响程度不同，通常是女性大于男性。文化程度对中老年人劳动参与的影响，退休前比退休后表现更为明显”②。蔡玫珠以上海市的老年人为调查对象，研究表明老年劳动参与受年龄、性别、经济收入及受教育程度影响较为显著③。无论怎样，老年劳动参与主要是为了满足生理需要、尊重需要、自我实现需要、安全需要及归属与爱的需要。“健康状况与老年劳动参与呈显著的正相关关系，健康对老年劳动参与有性别、年龄和城乡差异。健康状况恶化可以降低具有农村、高龄与男性特征老人的劳动参与行为，呈现城镇、低龄和女性特征的老人因身体健康而促进老年劳动参与行动”④。Hurd M D 和 Boskin M J 认为，“老年人自评健康状况与劳动参与呈正相关关系，同时与老年人提前退休有重要的关系”⑤。除了身体健康以外，心理健康也会对老年劳动参与产生重要影响。“孤独感强的老年人下地干活或

---

① 王红漫．老年人再就业状况及影响因素分析——来自北京大学燕园地区的调查［J］．市场与人口分析，2001（1）：64-70.

② 杨翠芬．受教育程度对中老年人劳动参与率的影响［J］．调研世界，2018（9）：39-44.

③ 蔡玫珠．上海市柔性退休政策背景下老年人才资源开发路径研究［D］．上海工程技术大学，2014.

④ 童玉芬，廖宇航．健康状况对中国老年人劳动参与决策的影响［J］．中国人口科学，2017（6）：105-116+128.

⑤ Hurd M D，Boskin M J. The Effect of Social Security on Early Retirement［J］．Journal of Public Economics，1978（10）：361-377.

工作的时间更长"①。"良好的健康状况会增加劳动供给时间；劳动供给时间增加能够改善健康"②。杨志海等则通过分析高血压、糖尿病等具体病例对农村劳动力供给的影响，发现"慢性疾病不利于老年人的劳动参与行动，急性疾病有效降低了老年劳动参与行为，总而言之，疾病会减少老年劳动参与的时间"③。

最后，"新农保"、养老金对老年劳动参与的影响。养老金是老年人经济收入的一个重要组成部分，因此，老年人的养老金对于老年劳动参与有着重要的影响。"养老金收入能够明显降低农村老人劳动参与的意愿，提高养老金收入会减少农村老人劳动参与时间"④。此外，"养老金收入对农村老年劳动供给呈现年龄与性别特征，养老金主要影响年龄在 60 岁左右老年人，同时男性老年人劳动供给的影响高于女性老年人"⑤。"新农保对农村老年劳动供给没有影响，但是会减少 60 岁及以上农户劳动时间，但能够增加其总劳动时间"⑥。

4. 老年劳动参与的实践

关于健康老龄化、成功老龄化、积极老龄化的研究。一些发达国家如美国、德国、英国、澳大利亚、日本、韩国等都采取了积极应对人口

① 廖少宏，宋春玲．我国农村老人的劳动供给行为来自山东农村的证据［J］．人口与经济，2013（2）：60-68.

② 曹荣荣，郝磊．人口老龄化背景下健康对中老年劳动供给的影响［J］．经济问题，2018（10）：33-40.

③ 杨志海，麦尔旦·吐尔孙，王雅鹏．健康冲击对农村中老年人农业劳动供给的影响——基于 CHARLS 数据的实证分析［J］．中国农村观察，2015（3）：24-37.

④ 黄宏伟，展进涛，陈超．"新农保"养老金收入对农村老年人劳动供给的影响［J］．中国人口科学，2014（2）：106-115.

⑤ 赵晶晶，李放．养老金收入对农村老年人劳动供给的影响——基于 CHARLS 数据的实证分析［J］．农业经济问题，2017（3）：65-73+113.

⑥ 周云波，曹荣荣．新农保对农村中老年人劳动供给行为的影响——基于 PSM-DID 方法的研究［J］．人口与经济，2017（5）：95-107.

老龄化的政策措施。鼓励老年人参与社会经济活动，并以法律的形式来维护老年劳动者的合法权益。例如美国修改了相关法规，不得以年龄歧视老年劳动参与。澳大利亚就老年人的就业、退休、参与社会活动、继续教育等方面出台相应政策。日本已经进入了超老龄化社会，它们出台了一系列关于老年再就业的政策体系，以维护老年人劳动参与的权利。“例如政府将应对老龄化政策和老人就业政策作为国家政策来推行；成立专门机构；制定相应的法律法规；国家投入大量的专项财政资金保障老年就业政策的实施；鼓励老人积极参与社会经济活动，鼓励企业积极雇佣老年人；增加老年人的工作岗位，政府制定适合日本经济社会发展的老年人口就业政策；延长退休年龄和调整领取公共养老年金的政策；积极发展老龄产业，增加老年人工作岗位；成立老年人支援组织，对积极应对人口老龄化起到了重要的作用”①。

生活质量较高国家的老年人志愿参与度较高，“如法国、荷兰和比利时，老年人志愿参与度较低的国家主要是生活质量较低的西班牙、意大利和希腊等。国外大量的社会组织开始制定各种制度架构和行业规范来帮助老年人参与社会经济活动，从老人的环境适应、技能提升等方面着手”②。“老年照料的劳动力来源、服务体系和科技产品等方面也需要做出整体规划部署”③。同时，还需要注重老年人的健康，为老年人提供资金支持和信息咨询服务④。政府相关部门不但鼓励老年人参与劳

① 李梅花．日本、韩国人口老龄化与老年人就业政策研究［D］．吉林大学，2014.

② Jeni Warburton and Catherine McDonald. The Challenges of the New Institutional Environment：An Australian Case Study of Older Volunteers in the Contemporary Non-profit Sector［J］. Ageing & Society，2009（29）：823-840.

③ 封婷．日本老龄政策新进展及其对中国的启示［J］．人口与经济，2019（4）：79-93.

④ Helen Kersclmer. A National Strategy to Encourage Productive aging［J］. Ageing International，1992（6）：3-6.

动，而且还帮助老年人获取各种社会资源以顺利参与劳动①。要想保持具有活力的晚年生活，鼓励老人在退休之前做好规划，做好职业选择、保持健康、注重能力提升、社会资源的获取等②。国内关于老年劳动参与实践的研究还比较少，主要是我国虽然已经快速步入人口老龄化社会，但相关政策体系还不完善，老年劳动参与实践还只是在部分行业出现。

（三）社会行动相关研究

1. 社会行动理论的研究

韦伯是社会行动研究的开创者，他认为“社会行动是有意义的，意义是可以理解的。并且社会行动具有针对他人的主观意义，只有具有主观意义的社会行动才是可理解的，才属于社会学的研究范畴”③。社会行动并不同于动物的应激反应，它是带有一定目的性的行动。韦伯开创社会行动研究以后，众多社会学家丰富并发展了社会行动理论研究。主要代表人物有涂尔干、帕森斯、科尔曼、帕累托、舒茨、吉登斯、布迪厄、哈贝马斯等。

社会行动者行动的属性、行动与结构的关系一直是社会行动理论研究的重要内容。帕森斯认为社会行动有四大要素，即行动者、行动目的、情景因素（行动条件与策略）、行动规范，这些要素在个体行动中

---

① Dawn Carr. Aging in America：The Link between Productivity and Resources in the Third Age [J]. Ageing Int，2009（3）：154-171.

② Gwynnyth Lleweln，Susan Balandin，Angela Dew，David McConnell. Promoting Healthy，Productive Ageing：Plan Early Plan Well [J]. Journal of Intellectual & Developmental Disability，2004（29）：366-369.

③ 侯钧生．西方社会学理论教程（第三版）[M]. 天津：南开大学出版社，2010：113-119.

是必不可少的。科尔曼认为个体为了获取利益而采取行动，行动的最大原则就是最大限度地满足个人利益，由此提出了理性选择理论。帕累托区分了逻辑行动与非逻辑行动，认为经济行为才是逻辑行动。哈贝马斯认为，行动者可在一定社会规则下协调自身行动并达成一致，从而实现个体与社会的统一，走出生活世界的殖民化困境。社会交换理论认为，行动者的行动是一种理性行动。关于行动与结构的关系，涂尔干、帕森斯等认为，社会行动受社会结构的限制，形成了结构功能主义。吉登斯、布迪厄等认为，行动与结构之间是一种互构的过程。结构是行动的前提和中介，同时也是行动的结果。社会行动是一种持续绵延的行动流，行动本身具有能动性。

最后是行动类型研究。对社会行动类型的划分标准最早是韦伯，他将社会行动划分为四种理想类型，后来的帕累托、帕森斯、科尔曼等著名社会学家也对社会行动的类型做出了区分。

2. 社会行动的本土化研究

（1）中国人的“关系”与“人伦”

在研究中国人的社会行动中，费孝通应该算是先行者。他认为“差序格局”是中国人社会行动的基础，反映出中国乡土社会人际关系的特征，当然这并不是中国乡土社会的全部。他所提出的核心概念“差序格局”，与西方社会中的“自我主义”形成了鲜明的对比，这也是中国人与西方人的不同之处。“每个人都是他社会影响所推出去的圈子的中心”①。即行动者永远都处于社会交往关系的中心位置，他们根据行动需要而利用各种关系网络。在这个关系网络中，并没有普遍的道德标准和规范，交往对象不同，规则和标准就不同，根据与自己亲疏远

① 费孝通．乡土中国生育制度［M］．北京：北京大学出版社，1998：26.

近而采取不同行动。

通过对比中西方不同文化类型，梁漱溟提出了中国“关系”本位的概念。他认为西方是社会本位或个人本位文化，而中国则是“关系”本位文化，他的这种思想与“差序格局”思想中的意蕴不谋而合。“伦理关系就是一种义务关系，每一个人对于其四面八方的关系，都负有相当的义务，同时其四面八方与他有伦理关系的人，也对他负有义务。全社会的人就这样联系在一起了”①。“在儒家关系中虽然无关系一词，而是用‘伦’来代替”②，费孝通曾将“伦”解释为“从自己推出去的和自己发生社会关系的那一群人里所发生的一轮轮波纹的差序”③。由此可以看出，中国人的社会交往关系中，“人伦”与“关系”始终贯穿其整个行动，这就是中国人的行为模式或行动策略。

近年来，随着中国社会转型和变迁，对中国社会心理学的研究也在逐渐增多，涌现出一大批具有影响力的学者，对当前中国社会群体行为进行研究并提出具有中国本土化的核心概念。例如杨国枢的“社会取向”与“他人取向”，何友晖的“集体主义取向”与“关系取向”，黄光国的“人情与面子模式”，杨宜音的“自己人”和翟学伟的“本土社会行动模式”，都具有中国特色的社会行动理论模式④。

（2）社会转型中的行动模式研究

可能是受吉登斯“结构二重性”思想的影响，中国学者在研究中国人的行为时也在反思——个体的社会行动除了受结构的影响，是否还有其他影响因素？中国社会学界针对这个话题展开了研究。王思斌教授

---

① 梁漱溟．中国文化要义［M］．上海：上海人民出版社，2005：73.

② 汪和建．自我行动的逻辑理解“新传统主义”与中国单位组织的真实的社会建构［J］．社会，2006（3）：24-45+205-206.

③ 费孝通．乡土中国生育制度［M］．北京：北京大学出版社，1998：27.

④ 翟学伟．人情、面子与权力的再生产［M］．北京：北京大学出版社，2005：181-183.

以“差序格局”为切入点分析中国人的行为模式，认为人与事是分析中国人行为模式的两个重要因素，同时需要引入时空概念加以分析才更具有说服力。他提出了多元嵌套结构模型，认为中国人的行动模式同样是以“情理”为工具手段取向，以互动者之间的关系、行动目的和动机及以往的行为经验为基础，提出了行动者不仅受横向结构影响，即行动空间结构的影响，而且还受行动者以往经验的影响，即受到时间的影响。行动者的行为模式受到横向和纵向复杂结构的影响，这些影响形成嵌套结构影响行动者的行为选择，从而形成情理取向的社会行动模式①。

贺雪峰也在反思中国人的行动模式，以费孝通先生的“熟人社会”为分析基础，结合中国社会的不断转型，提出了“半熟人社会”的概念。随着中国特色社会主义市场经济的快速发展，我国的流动人口逐年增多，以传统血缘、地缘为基础的熟人社会关系发生了巨大的变化，“半熟人社会”正在形成。他认为“半熟人社会”有两个层面的含义，一是行动者的信息圈在被压缩，即“自己人”的信息圈被压缩，“外人”的社群在不断扩大，即使是同村人也不再是知根知底；二是交往的规则发生了变化，传统社会中的“面子、亲情”也在发生变化，陌生人的社会交往规则被带入到熟人社会中。即个人所认为的“自己人”被外化和传统“熟人社会”的陌生化。“在农村这种熟人社会中，农民不是根据自己实际得到的好处来计算，而是根据与他人收益的比较来权衡自己的行动。这源于市场经济的影响，使村庄本身的预期和村民的预期都发生了改变，不再看重未来的长远收益，而将现时的收益看得极

① 王思斌．多元嵌套结构下的情理行动——中国人社会行动模式研究［J］．学海，2009（1）：57-61.

重，从而出现行为的严重短期化”①。当代中国农民的行动逻辑是以“家”为行动单位，这个“家”主要指自己的宗族、亲族、户族、家庭。中国的农村正在以“家”形成原子化的农村，并且在行动中“公”与“私”的界限不断发生变化。“私”难以超出家庭，损公肥私的现象经常发生。先赋关系变得越来越弱，交往性越来越强，这样就可能构造出一种新的双层认同与行动体系②。

汪和建提出了“自我行动者”概念来诠释中国人的行动特征。这一概念的提出与费孝通先生的“自我主义”有承前启后的重要关系。他认为，“中国人的自我主义行动有三个明显的特征。首先是自我是一个有着很大自主性的行动主体；其次是自我处于其社会关系网络的中心；最后是自我有充分的经济理性利用各种社会关系网络。行动者受到关系理性和经济理性的双重驱动和约束。这里的关系理性是指介于工具理性和价值理性的混合型理性。总之，中国人从自我行动到关系行动再到小集团或派系行动，构成了中国人的自我行动逻辑”③。李沛良通过对不同社会制度结构下的华人的研究，提出了“工具性差序格局”概念。他认为，“在竞争激烈、成就动机高的中国香港，个体行动的逻辑是以工具理性为先，传统文化中的人伦不再被当作至高无上的规则来指导行动者的行动，而是被用作资源求利，是一种典型的工具理性”④。

关于传统中国人的社会行为模式研究主要从心理和文化的视角来探讨，是一种宏观视角，也是一种结构性和文化模式研究。自改革开放以

① 贺雪峰．熟人社会的行动逻辑［J］．华中师范大学学报（人文社会科学版），2004（1）：5-7.

② 贺雪峰．行动单位与农民行动逻辑的特征［J］．中州学刊，2006（5）：129-133.

③ 汪和建．自我行动的逻辑：理解“新传统主义”与中国单位组织的真实的社会建构［J］．社会，2006（3）：25-40.

④ 李沛良．论中国式社会学研究的关联概念与命题［M］．北京：北京大学出版社，1993：121.

来，中国特色社会主义市场经济不断发展，中国人的社会交往和行为方式也在发生变化。中国学者也在不断反思，不断丰富关于中国人的社会行为模式研究。转型期的中国社会固然不同以往，但社会行动也是一种社会现象，必然带有时代特征。“中国特色社会主义市场经济背景下，行动者的行为总与经济利益联系在一起，在行动策略上总是将传统的‘利、理、情、缘’融入其中”①，“行动主体的行动目的和动机，行动策略的选择都会受到外部制度环境的影响”②，在集体行动方面，不同历史时期的集体行动有所不同，主要表现在行动参与者主导形象、行动动机和行为取向几个方面③。中国人的集体行动有四种取向，“即情绪取向、理性取向、结构取向和建构取向”④。无论如何，理论总是要服务于社会。

（四）研究述评

从目前的研究成果来看，关于老年劳动参与实践的研究较少。特别是对 G 市老年保洁工群体的研究几乎没有。目前学界讨论较多的是人口老龄化对社会经济发展产生的影响，老年人再就业的影响因素，老年劳动参与的可行性、可能性及必要性，如何积极探索符合本国的养老模式。然而关于老年劳动参与实践的研究较少，对于已进入劳动力市场或正在参与劳动的老年群体的研究较少。当前关于环卫工人的研究相对较多，从研究内容来看，环卫工人主要是在城市道路、街道从事卫生清洁

---

① 王尚银，陈和．市场经济条件下的社会行动及其情境——以温州人炒房行动为视角［J］．社科纵横，2011（5）：57-59.

② 任亮，张广利．经济行动、行动主体与社会环境［J］．理论探索，2005（4）：66-70.

③ 刘能．当代中国转型社会中的集体行动：对过去三十年间三次集体行动浪潮的一个回顾［J］．学海，2019（4）：146-152.

④ 曾鹏．秩序与进步：社会建设、社会政策与和谐社会研究［C］．浙江省社会学学会成立二十周年纪念暨 2007 学术年会论文集，2007.

工作的人，关注其生活、工作中面临的困境及化解方式。但是对保洁工群体的研究较少，即在住宅小区、企事业单位、公司、商场等公共场所从事保洁工作的员工的研究和关注较少。关于从事环卫工作或者是保洁工作的老年群体的研究则更少，很少关注老年群体的劳动参与实践。老年保洁工群体作为生活在社会最基层老年群体的典型，在结构性制度障碍背景下，其劳动参与行动具有重要的研究价值。综观当前研究现状，还需从以下几个方面深入老年劳动参与相关研究，进一步丰富老年劳动参与实践研究。在中国文化背景下探讨老年劳动参与行动，以丰富社会行动的本土化研究。

首先深入研究老年保洁工群体。目前关于保洁工群体的研究中，主要研究从事城市道路、街道环境卫生工作的环卫工人。而对于在住宅小区、商业服务区、行政事业单位等从事保洁工作的保洁工研究较少，对老年保洁工群体的研究少之又少。在人口老龄化和快速城镇化的双重社会背景下，城市商业区、住宅小区、公共娱乐场所及公共服务场所中从事保洁工作的老年群体的人数在逐渐增多。在我国实施渐进式延迟退休政策之前，劳动就业保障政策不利于老年人的劳动参与，即相关政策不利于低龄老人再次进入劳动力市场。面对这种结构性制度障碍，老年保洁工依然在从事保洁服务工作，作为社会中新出现的劳动群体是值得深入研究的。老年保洁工群体在我们日常生活场域中随处可见，他们默默无闻地为环境卫生做出自己的贡献。我们要探究的是，老年保洁工劳动参与的行动动机是什么，在结构性制度障碍背景下如何与雇佣者、管理人员、政府工作人员进行互动，如何获取社会支持并建构身份，他们劳动过程中采取哪些行动策略来维护自身权益。缺少制度规则指导其行动，其劳动参与背后的行动逻辑值得去深入研究，探讨在中国文化背景下的制度结构与行动之间的关系。通过研究老年保洁工群体，从劳动者的视角来理解老年劳动参与行为与制度之间的关系。

其次从微观视角深入研究老年劳动参与行动。老年劳动参与和社会参与相比，老年劳动参与对社会经济发展有更为直观的贡献，社会参与则体现出老年人为社会贡献余热。目前的研究主要是从宏观视角研究老年群体的再就业意愿及影响因素等，探讨老年劳动参与的必要性、必然性、可行性，而老年劳动参与实践相关领域研究较少。在快速人口老龄化和城镇化的双重社会背景下，一部分老年群体已经参与了我国的社会经济文化建设，在中国传统养老文化背景下探讨老年劳动参与行动有重要理论意义和现实价值。同时，在老年劳动参与实践研究方面还需要深入具体探索，需要深化不同老年群体的劳动参与行为研究，重点关注一些特殊的老年群体。因为不同的老年群体拥有的社会资源不同，面临的困境不一样，劳动参与的价值体现也不同。特别是专业技术性比较强、文化水平较高的群体，选择劳动参与的机会更多，例如教育、医疗、法律、工程等领域，老年人选择的面就更广，其面临的困境也较少。特别是在老年劳动就业保障制度还不够完善的背景下，从微观视角研究老年劳动者在劳动参与过程中遇到的各种困境，从制度建构的角度深入研究老年劳动参与的行动再生产，进一步促进老年劳动参与行动持续健康发展。

因此，本书选取了 G 市老年保洁工群体作为调查对象，分析老年保洁工群体的产生及发展，分析老年保洁工劳动参与的行动动机及劳动参与行动中采取的行动策略，探讨当前社会结构与老年保洁工劳动参与行动之间的关系，揭示老年保洁工劳动参与行动的逻辑，进一步丰富老年保洁工群体的研究。

二、研究理论

人类社会的任何行为都可以看成是社会行动，一系列社会行动构成了人类的基本生活。自韦伯将社会行动纳入社会学的研究范围以来，社会行动理论备受学术界的关注，该理论成为社会学理论研究的重要议题。韦伯认为“人类行动是可以被理解和解释的，因为人类的行动是有意义的”①。后来的社会学家开始从不同的视角研究了社会行动理论，例如米德的符号互动论、涂尔干的集体行动、帕森斯的单元行动、哈贝马斯的沟通行动理论、吉登斯的“结构二重性”理论、布迪厄的场域和惯习等，都成为了经典的社会行动理论。这些经典社会行动理论中存在两种导向：一是行动与结构的二元分离观，代表人物是涂尔干、帕森斯等；二是行动与结构的互构观，代表人物主要有吉登斯、布迪厄、哈贝马斯等。这两种对立的理论观点，其实就是在探讨结构与行动之间的关系。无论怎样，在社会行动中都离不开这几大要素，即行动者、行动动机、行动策略与行动结构。因此本书将以帕森斯的社会行动理论作为分析框架，用吉登斯的“结构二重性”理论来分析老年保洁工劳动参与过程中结构与行动的关系。同时运用“结构二重性”理论中资源、规则与权力的概念来分析老年保洁工劳动参与行动中所采取的行动策略。

（一）帕森斯的社会行动理论

20世纪二三十年代，西方资本主义出现经济大萧条，社会动荡不安，社会矛盾尖锐，社会学家企图在社会行动理论中寻求解释并化解个人与社会、资本的矛盾冲突。社会学家帕森斯受到涂尔干、帕累托等思想家的影响，提出了单元行动理论，即社会行动最基本的单位是单元行动。他为社会行动理论的发展做出了重要贡献。他认为社会行动主要表现在个体的行动上，个体的行动受社会结构的影响，个体在社会行动中

---

① 马克斯·韦伯．经济与社会（上卷）［M］．林荣远，译．北京：商务印书馆，1998：40.

的意义是可以被理解和解释的，社会行动是有意识的、有目标性的系统行动。

社会学的创始人孔德认为，社会可以分为静态和动态。社会的静态主要包括社会制度、规范等，社会的动态主要是指为了维持现有的社会制度和规范而采取的行动。韦伯提出个体的社会行动是有意义的，是可以被理解和解释的。帕森斯对这些理论进行了反思，他认为社会行动受到社会制度与规范的影响。那么社会行动这个分析单位到底由哪些要素构成，帕森斯认为，“一项行动在逻辑上应该包括：①当事人，即“行动者”；②为方便起见，这个行动必须有目的，即该行动过程所指向的未来事态；③该项行动必然在一种处境中开始，这种处境包括两个方面：一类是行动者不能控制的条件；另一类是行动者能够控制的手段；④行动中的规范与价值观”①。

帕森斯认为社会行动是人的行动，这里的人是指经过社会化的人。人的理想主要来源于环境和自己的思想与目标，这里的环境主要是指自己所处的自然环境、所经历的历史事件、行为道德规范、科学文化知识系统、行动方式等。个体的社会行动是要与人交往，交往的过程中会有自己的目的和动机，凡是社会行动必然受到社会规范或结构的影响，否则就会被社会控制或者制裁。这种制裁来自两个方面，即行政执法部门的直接制裁和其他社会团体的间接制裁。同时帕森斯认为，文化在社会行动中也具有重要作用，认为文化系统也是社会行动系统的一个分系统。文化系统的行动并非个体行动，而是一种制度性文化行动。在文化系统中，社会制度、行为规范、风俗习惯、宗教信仰、道德等制度性文化影响个体的行动。社会系统是众多个人行为系统的综合，社会行动系统具有维持社会系统的功能，提出了 AGIL 系统。帕森斯认为每一个行

---

① 帕森斯．社会行动的结构［M］．张明德，夏遇南，彭刚，译．南京：译林出版社，2012：50.

动系统是通过行为有机系统、人格系统、社会系统、文化系统来满足其功能的。每个行为系统都必须要满足如下功能：适应功能、目标达成功能、整合和潜在模式维持功能。适应功能与目标达成是一种手段性和目的性的对外功能；潜在模式维持功能和整合功能是一种目的性和手段性的对内功能。他认为社会生产组织、人格系统、文化系统和社会系统虽有自己的边界，但又相互作用，共同形成控制意义上的层次控制系统。他把社会看作是具有不同基本功能的层次系统，把个人的行动放在整个系统之中去分析。

帕森斯认为社会结构决定社会行动，即行动者根据事先设定好的规则采取行动，并根据设定的目的和手段以及自己的条件来调整目标实现的层次。在帕森斯后来的研究中，逐渐弱化了行动的地位，表现出向结构主义的转变。他认为个体行动不只是一种理性行动，社会价值观念和社会环境都会制约其社会行动。帕森斯提出“单元行动”以后，又对行动的模式变量进行研究，再次过渡到系统行动，最后提出结构功能主义。

老年保洁工的劳动参与行动逻辑分析，同样离不开“单元行动”理论中的各个要素。只有逐个分析才能深入理解老年保洁工的劳动参与行为。本书运用帕森斯的“单元行动”理论作为分析框架，从行动者、行动动机、行动策略等几个方面论述老年保洁工的劳动参与行动。最后，还探讨了老年保洁工劳动参与的行动再生产，即老年劳动参与行动的延续性。

（二）吉登斯的“结构二重性”理论

在社会行动理论中，行动与结构之间的关系一直是学界争论的焦点。帕森斯的社会行动理论强调结构对行动的决定性作用，马克思、韦伯等强调主体在行动中的决定性作用。吉登斯与他们都不同，“他把行动看作是一种持续绵延的行动流，而且把行动本身看作是一种能动行为。通过这种行动流，吉登斯把行动与外在客观世界联系在一起，行动者通过对其自身、社会和物理情境状况、行动对象等三者进行反思性监控，并适时调节自己的行为，以达到行动者自身行为符合特定的情境要求和规范”①。吉登斯认为，行动和结构的关系不是对立的关系，而是相互联系、相互影响的一体两面，称为“结构二重性”。

首先是结构二重性的理论内涵。“结构二重性就是结构既作为自身反复不断地组织起来的行为的中介，又是这种行为的结果；社会系统的结构性特征并不外在于行动，而是反复不断地卷入行动的生产与再生产”②。从吉登斯对“结构二重性”理论的论述可以看出，这里的结构是指“在某一固定系列范围内一系列可以允许转换的生成框架，还指左右这一生成框架的转换规则，……把结构看作是这种转换的规则（和资源），至少它最基本的意思是这样”。“在社会研究里，结构指的是使社会系统中的时空‘束集’在一起的那些结构化特征”③。尽管他保留了结构的概念，但重新赋予了结构新的内涵，“他把结构划分为两个部分：一是规则和资源；二是结构性（化）特征”。④ 他赋予了结构新的含义，成为该理论的重要创新点，从此改变了社会行动二元对立的关系。该理论把行动者的行动与结构统一起来，形成一种互构关系，揭示了社会结构制约性与个体行为能动性的有机结合。这里的结构不再是结构功能主义中的“结构”，这里的结构体现出另外一层含义，即体现

---

① 于兰华．失地老人经济参与的行动逻辑分析——基于苏中N市Z社区的调查［D］．华东理工大学，2015.

② 杨善华．当代西方社会学理论［M］．北京：北京大学出版社，1999：222.

③ 安东尼·吉登斯．社会的构成［M］．李康，李猛，译．北京：生活·读书·新知三联书店，1998：112.

④ 董才生，王远．论吉登斯结构化理论的内在逻辑［J］．长白学刊，2008（3）：21-25.

出人的自主性和主观能动性。

其次是“规则”“资源”“权力”与结构的关系。在“结构二重性”理论中，除了结构这一核心概念以外，还有规则、资源与权力这三个概念。至于概念之间的关系，可以把它转化成公式，即“规则+资源=结构。”① 规则是指一种行为规范，是行动者的行动指南，同时，规则也可被行动者所利用，成为其行动策略。“资源是权力得以实施的媒介，是社会再生产通过具体行为得以实现的常规要素。”② 资源又分为配置性资源和权威性资源，配置性资源是指权力实施过程中所使用的一切物质资源，权威性资源是指权力实施过程中所使用的非物质资源，包括社会关系、制度体系、宗教传统，等等。吉登斯认为，行动者在行动过程中利用资源时，行动者就拥有了“权力”，通过利用权力改变他人的行为，正因如此，行动者就具有了改变社会结构的能力。这里的“权力”与韦伯的权力观不同，也不同于马克思把权力视为维护经济利益的手段和实现阶级统治的工具。韦伯认为权力是行动者为实现其意志的一种能力。吉登斯的权力观主要表现在两个方面：“一方面，权力是主体自主性的表现，即转换能力；另一方面，他又承认权力是主体在互动过程中存在的依赖性表现，即支配能力”③。结构内在于日常实践之中，既是社会实践的中介，又是社会实践的结果。结构不仅具有结构化（性）特征，而且个体在行动中可以利用规则和资源，还具有能动性的特征。在结构化的过程中资源和规则也在创造和被创造，结果就是各种社会制度结构的建构与完善。正是因为行动者利用了规则和资源，结构和行动的再生产才成为可能。

---

① 孟祥远．如何超越二元对立？——对布迪厄与吉登斯的比较性评析［J］．南京社会科学，2009（9）：111-114.

② 郭忠华．资源、权力与国家：解读吉登斯的后马克思主义国家观［J］．中山大学学报（社会科学版），2008（4）：154-161.

③ 郭忠华．吉登斯的权力观［J］．东方论坛，2003（4）：100-107.

再次是“权力”与实践的关系。实践是行动与结构互构的桥梁，社会行动与结构之间的互构是通过“实践”这一中介来完成的。实践是“作为时空在场的结构只是以具体的方式出现在这种实践活动中，并作为记忆痕迹导引着具有认知能力的行动者的行为”①。从他的定义中可以看出，社会实践作为中介有效连接了结构与行动。同时，实践还是连接宏观与微观的桥梁。即行动者行动过程会产生意外后果，这也是实践的具体体现，通过这个意外后果，行动再生产了结构。在行动与结构的关系中仅有实践还不够充分，吉登斯将权力嵌入其中，权力在行动与结构的互构中作用巨大，权力在行动者那里体现出能动性，并且权力对结构产生影响是以实践为前提的。因此，权力在宏观社会结构中与资源相联系，行动者可以通过自身持有的权力利用结构中的资源，权力可以以资源为媒介干预结构。弱势的一方可以凭借其个人权力对强势一方施加影响。

最后是个体行动与社会结构之间的互动。社会行动模式分为动机的激发、行动的理性化和行动的反思性监控这三个部分。行动动机的激发促使行动者采取行动，任何一个行动过程都是有意图的。这种有意图的行动可能会带来意外后果，这些意外后果未被行动者认识，并作为下一次行动的前提。意外后果不断被积累并无法预料，因此社会的发展也就有风险，它也是结构再生产的条件。因此个体的社会行动是一种不断循环和反思的过程，形成一种持续不断的行动流。反映出行动是一种理性化的过程，“行动者对自身活动的根据始终保持‘理性的理解’，这同样是理性的”②。即使行动保持理性化，也不意味着可以以话语的形式，

---

① 安东尼·吉登斯．社会的构成［M］．李康，李猛，译．北京：生活·读书·新知三联书店，1998：79-80.

② 安东尼·吉登斯．社会的构成［M］．李康，李猛，译．北京：生活·读书·新知三联书店，1998：65.

将他们行动的理由表达出来。“行动者不仅始终监视着自己的活动流，还期望他人也如此监控着自身。他们还习以为常地监控着自己所处情境的社会特性与物理特性。”① 社会行动过程中行动者有其行动的动机，行动动机背后有无意识、实践意识和话语意识三个层面的意识形态。无意识控制着行动动机的激发过程，实践意识和话语意识对行动的理性化过程和反思性监控起着重要的作用。

在结构、系统和制度的关系方面，“结构是使社会系统中的时空‘束集’在一起的那些结构化特征，正是这些特征，使得千差万别的时空跨度中存在着相当类似的社会实践，并赋予他们以‘系统性’的形式。……我把在社会总体再生产中包含的最根深蒂固的结构性特征称之为结构性原则。至于在这些总体中时空延伸程度最大的那些实践活动，我们则可以称其为制度。”② 他认为制度是由系统发展而来，是时空中延伸程度最大的系统。“正式制度是指行动者在行动过程中所遵守的政治、经济、法律制度等规范性制度，也就是支配性规则；非正式制度则是对行动者的行动发生影响的各种心理、习俗以及文化等，即规范性规则”③。

吉登斯的结构化理论极具批判性特征，通过弥补前人理论的不足来建构自己的理论。其理论把“结构二重性”与“实践”作为理论的逻辑起点，以个人行动框架与社会结构框架之间的互构为逻辑展开的系统而具有内在逻辑的理论。同时，吉登斯“结构二重性”理论中核心概念的内涵，无不体现出二重性的特征。

老年保洁工在劳动参与行动中面临诸多困境。在老年劳动参与结构

① 安东尼·吉登斯．社会的构成［M］．李康，李猛，译．北京：生活·读书·新知三联书店，1998：79-80.

② 董才生，王远．论吉登斯结构化理论的内在逻辑［J］．长白学刊，2008（3）：21-25.

③ 张云鹏．试论吉登斯结构化理论［J］．社会科学战线，2015（4）：274-277.

性制度障碍背景下，他们是如何突破制度障碍而创造新的结构，在劳动生产过程中如何打破“权力”失衡的雇佣关系，从而使劳动参与的行动再生产持续发展。本书运用吉登斯“结构二重性”理论中的权力、资源和规则这几个概念，试图分析老年保洁工在劳动参与行动中所呈现的逻辑。重点分析规范性规则与支配性规则在老年保洁工劳动参与行动中所呈现的功能，缺乏完善的老年劳动就业保障制度体系，分析老年保洁工的劳动参与行动如何运作。

（三）马斯洛的需求层次理论

马斯洛将人类需求分为高低有序的五个层次，分别是生理需求、安全需求、爱和归属需求、尊重需求和自我实现需求。生理需求为人类的最低层次需求，其次才是安全需求、爱和归属需求、尊重需求，人类最高层次的需求就是自我实现需求。“人类需求的满足，从最低层次的需求开始，满足低层次需求以后，再到更高层次的需求。较低层次需求不会因为较高层次需求的发展而消失，它们之间是一种相互依赖和重叠的关系，即高层次的需求得到满足以后，低层次的需求仍然存在，但较低层次需求对个体行为的影响减小”。[①] 较低层次的需求可以通过外部条件来满足，较高层次的需求需要通过个人的内因来实现。同时，个人对尊重与自我实现的需要是永无止境的。个体在不同时期的需求不同，但个体的行动会在某一时期受某一需求支配。因此，在某一时期的某一需求对个体行动起着支配作用。

需求层次理论的基本假设有三个方面：首先，个体要生存，各层级的需求能够影响其行为选择，即未满足的需求会激发个体行动，满足了的需求不能充当个体行动的工具；其次，个体的需求有优先次序，从简

---

① 马斯洛．人性能达到的境界［M］．方士华，译．北京：燕山出版社，2013：145-163.

单需求到复杂需求，从物质需求到精神需求；最后，个体最低层次需求得以满足以后，才会追求更高层级的需求，这成为个体不断向前追求的内在动力。马斯洛需求层次理论包括五个层级，具体内容如下。

第一层次是生理需求。生理需求是人类最低层次的需求，包括人类所需要的食物、空气、水、睡眠、性等。生理需求是一个人能够维持生命的基本要求，也是个体能够维持正常生活的必要条件。如果人类的生理需求得不到满足，人类的生理机能就无法正常运转，生存就会面临困境。因此，生理需求是人类活动中最基本的要素，是推动人类社会行动的原动力。

第二层次是安全需求。安全包括个体的人身安全、家庭安全、道德保障、健康保障、资源所有性、财产所有性和自身工作的保障。安全需求是个体对安全、稳定、秩序及免除恐惧、威胁的需求。马斯洛认为，“整个有机体都是在追求安全的机制，人的感受器官、效应器官、智能和其他能量主要是寻求安全的工具，甚至可以把科学和人生观都看成是满足安全需要的一部分。当然，这种需要一旦相对满足后，也就不再成为激励的因素了”①。

第三层次是爱和归属需求。爱和归属主要包括亲情、爱情、友情等，是个体与他人建立情感联系及隶属于某一社群并获取群体归属感的需要。每个个体都希望得到和他人之间的相互关心和照顾。如果一个人感受不到身边人的关怀，他甚至认为自己活在世上没有价值，这就是缺乏爱和归属的典型表现，也是个体缺乏社交需求表现。

第四层次是尊重需求。尊重主要包括自我尊重、尊重他人、被人尊重、名声及成就等，这些需求既包括自我价值与成就的感知，又包括他人对自己的认可与尊重，属于较高层次的需求。每个人都希望自己有稳

① 马斯洛. 人性能达到的境界［M］. 方士华，译. 北京：燕山出版社，2013：189.

定的社会地位，自身能力和成就得到他人和社会的尊重。马斯洛认为，“尊重的需求得到满足，能使人对自己充满信心，对社会满腔热情，体验到自己活着的价值”①。

第五层次是自我实现需求。自我实现需求是指个人希望最大限度地发掘自身潜能，不断完善自我，完成与自己能力相称的一切事情，实现自己理想的需要。包括自觉性、创造力、问题解决能力、公正度、接受现实的能力。自我实现需求是个人最高层次的需要，是个人实现理想和抱负，个人能力发挥到最大程度，接受自己和他人，解决问题的能力得以增强，自觉性提高，善于独立处事。马斯洛提出，“为满足自我实现需要所采取的途径是因人而异的，自我实现的需要是在努力实现自己的潜力，使自己越来越成为自己所期望的人物”②。

老年保洁工劳动参与行动能够发生，很大程度是受自身需求的驱动。也可以说，老年保洁工劳动参与行动的背后都有其动机。动机是激发和维系老年保洁工劳动参与行动的内驱力，不同老年保洁工劳动参与的动机并不相同。按照马斯洛的需求层次理论，可以将老年保洁工劳动参与动机分为五个类别，分别是增加养老收入、锻炼身体、帮助子女、获取认同和实现自我价值。从老年保洁工劳动参与的行动动机来看，增加养老收入是老年保洁工最低层次的需求，获取劳务收入能够满足其基本生存的需求，这也是大部分老年保洁工劳动参与的重要原因。锻炼身体是老年保洁工的第二层次需求，即安全需求。因为锻炼身体能够使人健康长寿，免受疾病之苦。帮助子女是一种利他行为，是亲情的体现，是老年保洁工第三层次的需求，即爱和归属需求。获取认同是老年保洁

---

① 马斯洛. 动机与人格（第三版）[M]. 许金声，等，译. 北京：中国人民大学出版社，2013：134.

② 马斯洛. 动机与人格（第三版）[M]. 许金声，等，译. 北京：中国人民大学出版社，2013：216.

工第四层次的需求，即获取尊重需求。获取认同是获得他人尊重与认可的重要体现，包括获取子女、兄弟姐妹、朋辈群体的认同，目的是为了得到他们的尊重。当然，也有老年保洁工劳动参与的目的是为了实现自我价值，即满足自我实现需求。他们通过劳动参与发挥自身的价值，让自己的老年时光更加充实。

老年保洁工劳动参与的行动动机各不相同，他们劳动参与行动都有一个或多个动机。无论如何，至少有一个动机在支配老年保洁工的劳动参与行动。同时，老年保洁工的劳动参与动机是多重的，劳动参与不仅可以满足其物质需求，还能够满足他们的精神需求，达到“一石二鸟”的作用。老年保洁工劳动参与的行动动机与马斯洛需求层次理论一样，个体的行为选择必须要优先满足其基本生存问题，然后才是获得尊重与自我实现。

正如吉登斯所言，“人的能动性存在无意识成分，并不是所有的行为都有动机，可能是行动者对环境的监控和反应”[①]。因此，个体行动并不完全受动机的支配，也存在无动机行为。老年保洁工劳动参与行动中，也会有无动机行为的表现，这种无动机行为是对传统农耕文化的延续、转移和发展，他们选择劳动参与行动也是一种对现实环境的反应。在农村生活中，没有退休一说，人们都是尽其所能地参与劳动，劳动参与已经成为日常生活中必不可少的内容。在新的城市生活中，他们通过从事保洁工作来替代农村原有的生活方式和劳作习惯，劳动参与已经成为老年保洁工新旧生活顺利过渡的重要方式，使其日常生活变得更有价值和意义。

---

① 安东尼·吉登斯．社会的构成［M］．李康，李猛，译．北京：生活·读书·新知三联书店，1998：72.

（四）积极应对人口老龄化理论

积极应对人口老龄化的理论内涵。“积极应对人口老龄化”是对“积极老龄化”理论的本土化发展。它体现出中国特色社会主义理论、道路和制度的智慧，“积极应对人口老龄化”是“积极老龄化”的中国化升级版①。该理论的核心观点是强调老年人的自主性与独立性，积极人口老龄化的内涵主要包含三个方面的内容，即健康、保障和参与。世界卫生组织于2002年第二次老龄问题世界大会首次提出该理论的基本框架，其理论背景是世界人口人均寿命的延长，老年人身体素质和身体健康状况得到很大程度的改善。该理论强调老年人参与社会经济、文化精神活动的必要性和重要性。其基本含义为“提高老年人的生活质量，创造健康、参与、保障（安全）的最佳机遇”。

首先是健康的含义。在积极应对人口老龄化理论中，健康指的是一个动态的生命过程和积极健康的老年生活。积极健康的老年生活是指老年人的身体、心理和精神等各方面都需要保持积极健康的状态。这里的健康是指老年人生活质量的提高，不断提升应对由年龄增加所导致的各种疾病风险的能力，使各种慢性疾病得到治疗和康复。健康是老年生活的基础，是实现积极人口老龄化理念的载体。只有确保老年人的健康，他们的老年生活才会有意义。

其次是保障的含义。积极应对人口老龄化理论中，保障的内涵与普通的社会保障不同。它指的是老年人的社会保障、医疗保障、长期照护、人身安全、居住安全与食品安全等。除此之外，还有保护老年群体的含义。例如要维护老年人劳动参与的基本尊严，维护老年人参与社会经济活动的权利。同时，老年人在不能自理的情况下，要支持家庭和社

① 邬沧萍. 积极应对人口老龄化理论诠释［J］. 老龄科学研究，2013（1）：4-13.

区帮助他们，尽可能采取各种有效措施照料老人。

最后是参与的含义。参与指的是老年人根据其自身能力、需求和喜好，参与社会经济活动和精神文化活动。利用自身长期积累的经验与技能，为家庭、社区和社会做出自己力所能及的贡献。这里的参与应该超越市场的角度，不仅是参与社会经济活动，还包括各种志愿活动和社会文化传承活动。不仅包括物质财富的创造，还包括社会价值与精神文化的创造。在参与过程中积极利用自身积累的知识经验和专业技能发挥余热。老年劳动参与、经济参与、隔代照料、老年继续教育等都是其参与社会经济活动的重要方式。

“在社会中，每个人必须分工合作，能力的大小不同，社会地位不同，所扮演的角色不同。扮演好自己的角色，根据自身的能力、兴趣、爱好发挥潜能，不断提高，使自己全面发展，促进社会全面进步。因此，不管用什么方式，自觉不自觉都是在参与社会，实现自身价值。与此同时，人类在长寿时代面临各种各样的困难和无助，必须得到国家、社会、他人的帮助，每个老年人在力所能及的时候，参与社会，帮助他人，在自己需要帮助的时候得到帮助，老年人提高生活自理能力，减少对社会的依赖，减少负能量也是对社会的贡献。这就是为什么既强调积极老龄化、老年人的独立性和自主性，又强调参与和保障，充分体现了人与社会的关系。”① 其实，老年群体也是社会资源，可以被挖掘，并不完全是社会负担。

总而言之，积极人口老龄化就是要通过积极的态度来认识，采取积极的行动来化解，用积极的政策来应对人口老龄化问题，最终形成全社会都积极接纳老年群体的良好氛围。积极人口老龄化的核心理念就是要用积极的眼光看待老年群体，老年人并不是社会的负担而是潜在的资

① 邬沧萍，杜鹏．老年价值论：积极应对人口老龄化的理论与实践［M］．北京：中国人口出版社，2019：6-7.

源，只要能够充分挖掘，都可以成为社会的财富。同时，老年人自身要保持身心健康，积极参与社会发展，积极面对老年生活。政府部门、各类社会组织要积极做好老龄化工作。青壮年群体也要积极为养老做好充分准备。

为了使老年保洁工劳动参与的行动再生产能够持续健康发展，需要从健康、保障、参与三个维度提出相应的对策，建构更加科学的老年劳动参与制度体系，能够真正体现出“以老年人为中心”的制度体系。

三、主要概念界定

（一）老年劳动参与

劳动是人类社会生存和发展的基础，是人类维持生存和发展的重要手段。马克思认为，“劳动力的使用就是劳动本身。劳动力的买者消费劳动力，就是让劳动力的卖者为其提供劳动。劳动创造了人本身，手的使用、语言和思维的产生，都是人类在劳动过程中形成的，正是因为劳动，人类才与动物区分开来”①。按照传统的劳动分类，劳动可分为脑力劳动和体力劳动两大类。在人的实践活动中二者并不能完全分割。按照这个标准划分，老年保洁工劳动参与是一种典型的体力劳动。

劳动既是劳动者的权利也是义务。《中华人民共和国劳动法》规定，“劳动者有平等就业的权利和选择职业的权利，劳动者有取得劳动报酬和获得劳动安全卫生保护的权利，劳动者享有社会保险和福利的权利，劳动者有接受职业技能培训的权利，劳动者有提请劳动争议处理的权利，劳动者有休息休假的权利。劳动者有劳动的权利，也有劳动的义

① 马克思．资本论（第一卷）［M］．北京：人民出版社，2018：438.

务。劳动者应当完成劳动任务和提高职业技能，劳动者必须要执行劳动安全卫生规程并遵守劳动纪律，遵守职业道德。每个劳动者有劳动就业的权利，劳动者与雇佣单位达成雇佣关系，就必须要履行已达成的劳动契约”①。劳动法是劳动者合法权益得到保护的最基本的法律文书，这里的劳动者就是指法律意义上的劳动者，与广义的劳动者并不一样，他们属于劳动年龄人口的范畴，即从16周岁到法定退休年龄的人口就是法律意义上的劳动者，非劳动年龄人口不适用于劳动法。

根据现行劳动法的相关规定，劳动者主要是指处于劳动年龄阶段的劳动者。各国关于劳动年龄人口的划分标准略有不同，主要原因在于各国劳动年龄人口的条件和人口健康水平不同。当前，国际上一般把15~64岁的人口列为劳动年龄人口，65岁及以上就是老年人。我国现行的法律规定，男性16周岁至59周岁，女性为16周岁至50周岁或55周岁，这部分人口被视为劳动年龄人口。在一般统计中，劳动年龄人口通常是指年龄在16周岁至59周岁的人口。60周岁及以上的老年人不属于劳动年龄人口，老年保洁工群体不属于劳动年龄人口，自然也就不是法律意义上的劳动者。在我国渐进式延迟退休政策出台之前，除其他特殊情况外，男性干部、工人年满60周岁可以退休，女性干部年满55周岁，女性工人年满50周岁可以退休。达到退休年龄后就很难再次进入劳动力市场，并且其劳动权益保障受限。2025年之前所实行的退休制度硬是把老年人与就业划分得很清楚，因此，就业的概念中也没有包括老年群体。从我国当前的劳动法规和退休制度来看，老年人与就业或再就业并没有任何联系。因此，本书选取了老年劳动参与而不使用老年再就业这一核心概念。

劳动参与和劳动参与率既相互联系又相互区别。劳动参与率是指经

① 中华人民共和国劳动法［M］．北京：中国法制出版社，2018：5.

济活动人口（包括已就业人口和失业人口）与劳动年龄人口的比值。劳动参与率是衡量一个国家或地区的经济活动指标。根据经济学相关理论和世界各国的经验，劳动参与率一般是反映劳动力对工资收入与闲暇的选择偏好，它受个人收入、年龄、性别等因素的影响，同时还受社会保障的覆盖率、社会保障水平、劳动力市场等社会宏观经济因素的影响。一般而言，“人口老龄化与劳动力参与率是一种负相关关系”①，但老年劳动参与在一定程度上可以提升劳动参与率。本书中的老年劳动参与是指老年人为获取劳动报酬、维持身心健康或获取认同等养老资源而继续参与有偿劳动的社会行为。达到退休年龄至60周岁的女性老年群体还可以灵活就业，但是到了60周岁以后，整个老年群体的劳动参与就面临诸多困境。同时，根据《中华人民共和国老年人权益保障法》，老年人是指年龄在60周岁及以上的公民。因此本书主要将60周岁及以上的老年保洁工群体作为调查研究对象。老年保洁工劳动参与既是老年经济参与中的一种具体形式，也是老年人参与社会的主要形式。老年经济参与方式有很多种，例如通过资本投资、房产出租获取利益等，最为重要的一种形式就是通过劳动来获取收入。

（二）行动逻辑

社会行动是社会学理论中的一个重要议题，社会学学科创始人孔德认为，社会事实是社会研究的对象，因此，社会学是一门研究社会事实的科学。然而，通过不断地探索发展，社会学理论研究从宏观向微观转变，从社会事实转向社会行动的微观研究。马克斯·韦伯认为社会事实是可以被理解和解释的，从此社会学界开始注重社会行动的研究。帕森斯认为，社会行动的基本单位就是单元行动，单元行动包括行动者、目

① 周祝平，刘海斌．人口老龄化对劳动力参与率的影响［J］．人口研究，2016（3）：58-70.

的、环境和规则，任何一项行动的完成都必须要有这几个要素，缺少任何一个要素都无法完成行动，社会系统是由多个个体行动系统所构成。关于行动的理论研究非常多，研究视角也不相同。一般而言，行动是指个人为达到某种目的而进行的活动。并不是所有的行为都有动机，可能是行动者对环境的监控和反应。

逻辑一词源自古典希腊语（logos），其最初意义为“词语”或“言语”，引申出“思维”或“推理”的意思。1902 年，严复翻译《穆勒名学》，将其意译为“名学”，音译为“逻辑”。因为该词是由日制汉语“伦理”一词分拆而来，所以日语还把它译为“伦理学”，逻辑就是事情的因果规律，逻辑学就是关于思维规律的学说。逻辑一词的概念在《中华大词典》中分狭义和广义，狭义是指思维形式和规则。广义上的逻辑有四种含义，分别是指：客观事物的规律性；理论、观点与行为方式；意识形态、思维的规律和规则；逻辑学学科。一般而言逻辑泛指规律，包括客观规律和思维规律，逻辑就是思维的规律、规则。

马克思认为“生产过程的条件与物化本身也同样是它的要素，而作为它的主体出现的只是个人，不过是处于相互关系中的个人，他们既再生产这种相互关系，又新生产这种相互关系”①。从马克思的论述中可以看到，个人不仅是自然人而且是社会人，处在一定的社会关系之中，个人的社会行为会受到各种社会条件的限制，同时对各种社会条件限制做出能动反应。吉登斯认为“社会系统的结构性特征既是构成这些系统的实践的媒介，又是其结果。行动者在互动的过程中使用规则和资源，同时它们也通过互动而得到再生产”②。即社会行动者受到结构

① 马克思，恩格斯．马克思恩格斯全集（第 46 卷）［M］．北京：人民出版社，2003：226.

② 吉登斯．社会理论的核心问题——社会分析中的行动、结构与矛盾［M］．郭中华，徐法寅，译．上海：上海译文出版社，2015：77-78.

的制约，行动者通过发挥自身的主观能动性，创造了新的结构以实现行动的再生产。

行动逻辑是指行动者在社会行动中与社会结构相互作用所呈现出来的一种因果关系或规律。本书以帕森斯的社会行动理论为研究框架，从行动者、行动动机、行动策略（结构）和行动再生产几个方面来探讨老年保洁工的劳动参与，分析老年保洁工这个特殊的行动者如何产生，探析其劳动参与的行动动机，在结构性制度障碍背景下采取的行动策略，从积极人口老龄化视角建立健全老年劳动参与的制度体系，总结出老年保洁工劳动参与行动的运行规律及发展方向。

（三）老年保洁工

在我国农村从事生产活动的老年人并不存在退休的问题，其劳动生产并不受年龄的限制，根据身体状况和自身需求决定是否继续劳动，农村老年人的劳动参与就相对自由。在城镇从事非农生产活动的老年人就会受到退休制度等结构性因素的影响，也包括来自农村的流动老人，当他们再次参与其他非农生产活动也会受到相关制度的影响。老年保洁工群体的构成相对多元，不仅包括来自城镇的老年群体，还包括来自农村的流动老人和郊区失地老人。《中华人民共和国老年人权益保障法》第二条规定，“老年人的年龄起点标准为60周岁，即凡年满60周岁（含60周岁）的中华人民共和国公民都属于老年人”。因此，老年保洁工是指年龄在60周岁及以上，在物业公司、保洁公司或劳务公司从事公共卫生清洁工作的老年人，包括从事城市道路清洁卫生工作的老年环卫工人；还包括城市道路清洁以外的老年保洁工人，如在小区、商场、酒店、商业街道、工厂、行政事业单位等从事公共卫生清洁工作及家政公司从事卫生清洁的老年人。本书认为，根据我国延迟退休政策推出之前的退休制度，老年劳动参与的研究对象应该是指达到退休年龄且还在参与劳动的人群，但这个群体中50周岁至60周岁年龄段的人不属于老年人。同时，在这个年龄段的人群还可选择相对灵活的工作。因此根据研究需要，本书中的调查对象主要是60岁及以上的老年保洁工群体。

根据职业划分，老年保洁工人属于商业服务人员大类。老年保洁工在整个老年群体中是一个特殊的群体，从职业划分上来看，属于有正式职业的社会群体，但在其劳动参与过程中处于一种“正式”与“非正式”之间，在整个保洁工群体中属于“弱势”群体。老年保洁工是在我国人口老龄化和快速城镇化双重社会背景下产生的一个新群体，他们有着极其相近的工资收入，同时面临着养老资源匮乏的问题。

第三章　老年保洁工群体的形成机制

从古至今，保洁工这个职业一直在延续和发展。在人口老龄化和快速城镇化的双重社会背景下，老年保洁工的自发性劳动参与行动已成为社会普遍现象。当前，我国老年劳动就业保障制度体系还不够完善，老年保洁工作为保洁服务市场中的新力量在制度边缘游走，他们在结构性制度障碍与自身发展需求受限的双重矛盾中生存。老年保洁工是老年劳动力市场中的一个特殊群体，已发展成为保洁服务市场中的新兴力量。面对保洁服务市场的需要与老年人自身发展需求，老年保洁工作为特殊行动者对当前所处的社会结构做出能动反应，主动应对各种挑战和困境，积极参与劳动满足自身需求。因此，老年保洁工这一群体的形成是在外部社会结构和群体自身需求的双重作用下自然而成，二者缺一不可。外部社会结构是其产生的外部因素，也是自然形成这一群体的必要条件。老年人因自身需求而加入这个职业，是产生这一群体的内部驱动力，也是其形成的主要原因。本章主要探讨保洁工的发展历程，老年保洁工形成的结构性因素以及类型划分。

一、我国保洁工的历史演化

在奴隶社会时期，奴隶主购买的奴隶或者部落间战争的俘虏成为家庭的仆人，他们服务奴隶主及其家庭，部分工作是负责衣物清洗和家庭环境卫生，这便是保洁工的原始雏形。在奴隶社会的贵族家庭中，他们所雇用的佣人中就有专门负责家庭环境卫生的人。随着封建社会经济的不断发展，社会分工越来越细，特别是随着古代城市的形成和城市人口的不断增多，出现了相应的机构来管理城市环境卫生，聘请专业的卫生清洁人员，于是专门从事卫生清洁工作的保洁工应运而生。

（一）“条狼氏”：商周时期保洁工的形成

我国保洁工这个职业的发端，可以追溯到商周时期。历史上最早记载保洁工群体的是《周礼·秋官》，书中这样描述保洁工，“狼氏下士六人，胥六人，徒六十人”①。“狼氏”就是专门负责环境卫生的管理机构，在狼氏工作的“条狼氏”就是现代意义的保洁工，这里的“条”为涤，就是清洁的意思。但“条狼氏”只有在王公贵族出行时才会打扫街道，专门服务于王公贵族。在我国出土的商周时期的青铜器上也有专门打扫卫生的图案，这足以说明当时确有专门的卫生管理机构和保洁工。在商代对环境卫生的管理十分严格，《韩非子》载：“殷之法，弃灰于公道者断其手”②。这里的“灰”是指垃圾的意思，如果有人将垃圾倒在街上将会受到断手的处罚。严格的环境卫生管理制度一直延续到封建社会，据《汉书·五行志》记载，“秦连相坐之法，弃灰于道者黥”③。“黥”的意思是指在人脸上刺字并涂墨的一种刑罚。从这些史料可以看到，我国保洁工群体的最早雏形就是“条狼氏”，是奴隶社会中专门从事城市卫生清洁工作的群体。

---

① 温慧辉．《周礼·秋官》与周代法制研究［M］．北京：法律出版社，2008：121.

② 〔战国〕韩非．韩非子［M］．张觉，等，译．上海：上海古籍出版社，2016：365.

③ 〔汉〕班固．汉书·五行志校疏［M］．［唐］颜师古注．梅军校疏．北京：中华书局，2021：120.

在奴隶社会，保洁工主要服务于奴隶主、王公贵族，是一种私人服务，一直延续到封建社会的早期，主要是由于这一时期经济的私有制与商品经济发展水平较低，同时保洁服务还未市场化。从早期的保洁服务关系中可以看出，保洁服务是提升人民生活质量的一个重要指标，只有奴隶主、王公贵族才可以购买私人保洁服务。随着社会的不断发展，保洁服务逐渐由私人服务向市场化、专业化发展。无论是奴隶社会、封建社会、资本主义社会还是社会主义社会，人们的生活都离不开保洁工这个群体。

（二）“倾脚头”与“除不洁者”：唐宋时期的职业保洁工

到唐宋时期，保洁工称为“倾脚头”或“除不洁者”。据《梦粱录》[①] 记载，我国南宋时期的杭州城中，有专门从事卫生清洁的职业保洁工，称为“倾脚头”，他们专门负责收集城中百姓倾倒的粪便和垃圾，将城市收集的粪便转运到城郊农村卖掉。“倾脚头”就成为了最早的职业保洁工，在唐朝，保洁服务开始向市场化发展。据《左忠毅公逸事》记载，“一日，使史更敝衣、草屦，背筐，手长镵，为除不洁者”[②]。南宋时期的保洁工又称为“除不洁者”。北宋时期我国社会经济发展迅速，城市人口密度大，对保洁服务的需求较大。从《清明上河图》就可以看出，当时的都城汴京十分繁荣，画面中就有专门打扫卫生的保洁工。保洁服务成为一个社会职业，它离不开城市的发展。城市发展意味着城市地域扩展，人口密度增大，人口数量增多，城市环境卫生问题随之出现，这就需要大量的保洁工群体来维护城市卫生。城市的发展促进了保洁服务的市场化发展，保洁工群体逐渐发展成为职业保

---

① 〔宋〕吴自牧．梦粱录［M］．周游，译注．南昌：二十一世纪出版社，2018：121.

② 夏辉．方苞全集（第二册）［M］．上海：复旦大学出版社，2022：236.

洁工。

随着城市的发展和环境卫生问题的出现，也需要有专门的机构来负责。在《宋史职官志》中就有记载："街道司，掌辖治道路的人兵。"① 设立"街道司"专门管理城市环境卫生工作。在宋代，街道司隶属于水监，最早设立于北宋仁宗嘉祐三年（1058 年）。同时，在唐宋时期还有专门的环境卫生管理制度。《唐律疏议》中载："其穿穴垣墙以出秽污之物于街巷者，杖六十；出水者，勿论。主司不禁，与同罪"②。同样，在《宋刑统》③ 卷 26 之《诸侵巷街》也有相同的规定，即破坏城市环境卫生者将会杖刑六十，如果管理部门没有履行职责，与犯禁者同罪。据记载"街道司"可以招募 500 名负责环卫的役夫，月薪"钱二千，青衫子一领"，其主要职责包括维修城市道路、疏导城市排水、打扫城市街道等。此时的保洁工已经成为了一个社会职业。

明、清两代对维护环境卫生也有相应的规章制度，并延续了唐代的管理制度，都是以杖刑处罚。《大明律》《大清会典》都有对关于城市环境卫生的管理制度。明代《大明律》规定："其穿墙而出秽污之物于街巷者，笞四十。"④ 清代《大清会典》中也规定："如有穿墙出秽物于道旁及堆积作践者，立即惩治。"从这些文字记载中可以看出，环境卫生的管理相对严格，也有相应的机构管理城市环境卫生。

（三）"清道夫"：中华民国时期的保洁工

清朝末年至中华民国时期的保洁工称为"清道夫"。光绪二十八年

① 邓广明．宋史职官志考正宋史刑法志考正［M］．北京：商务印书馆，2021：176.

② 〔唐〕长孙无忌．唐律疏议注译［M］．袁文兴，袁超，校．兰州：甘肃人民出版社，2017：26.

③ 〔宋〕窦仪．宋刑统［M］．北京：中华书局，1984：57.

④ 大明律［M］．刘俊文，校．北京：法律出版社，1999：34.

（1902 年），帝都北京城成立了工巡总局，后改为京师警察厅，主要负责城市的环境卫生。当时的总局中设立了“清道夫”的编制，主要负责城市道路清洁、垃圾转运和卫生监督管理等工作。1910 年至 1913 年，当时的京师警察厅在北平各区设置了清道队和清道所等部门。同时，在警卫军中设置卫生兵队，专门负责城区道路卫生清洁工作。从北洋军政府颁布的《京师警察厅改订管理清道规则》（1913 年）中可以看到，当时的北平城中“有清道夫 1495 人，每 20 人编为一队，在马路及两侧、街巷胡同和沟渠陂塘堤岸进行清扫。秋冬两季每日工作 9 小时，春夏两季每日工作 11 小时”。另外，警察厅还配备专门的垃圾车，将垃圾转运至指定的地方。从《京师警察厅改订管理清道规则》中可知，当时北京城的保洁工规模相对较大，工作内容和人员编制都有相应的规定。此时的保洁工也算是“体制内”的工作人员，可以说是政府设置专门机构的工作人员。

1929 年成立北平市卫生局，城市卫生清洁工作从警察厅转移到卫生局，当然“清道夫”也属卫生局统一管理。虽然机构设置有变化，但是仍然有专门的机构负责管理。中华民国时期几次颁布《违警罚法》，其中均有对不遵守环境卫生和乱扔垃圾的处罚条例。如 1936 年的《违警罚法》中规定：“装置粪土秽物经过街道不加覆盖或任意停留者、以秽物或禽兽骸骨投入人家者及于道路或公共处所便溺者处五元以下之罚金”①。由此可见，在中华民国时期对城市环境卫生依然很重视，保洁工也是政府设置的专门负责城市卫生清洁的工作人员。中华民国时期战乱纷飞，首先是军阀混战，后来是日本侵华战争、解放战争，对保洁工的发展也有重要的影响。

中华民国时期废除了封建帝制，社会动荡不安，社会经济发展受到

---

① 林振镛．新违警罚法［M］．徐博强，勘校．北京：商务印书馆，2018：97.

严重影响。在战火纷飞的年代，底层百姓都在为吃饱穿暖而努力，其他仁人志士则为革命而奋斗不息。社会的动荡不安不利于保洁服务业的发展，即使有专门的工作人员负责城市卫生清洁工作，但保洁服务也失去了发展的活力。

（四）从“体制内”到“体制外”：新中国成立后的保洁工

1. “体制内”的环卫工

1949 年新中国成立后，保洁服务行业逐渐得到发展，保洁工的社会地位有了较大提升。在计划经济时期，保洁工群体属于工人阶级，他们与其他劳动者一样得到全社会的平等对待。社会中涌现出大量乐于奉献、爱岗敬业的模范保洁工，他们被尊称为“城市美容师”，得到了全社会的尊重和认可。我国环卫工真正得到全社会的尊重是在 20 世纪 60 年代，1959 年 10 月 26 日，国家主席刘少奇亲切接见全国劳动模范时传祥，刘少奇同志说：“我当国家主席，你当掏粪工人，只有分工不同，没有高低贵贱之分，都是人民的公仆。”刘少奇同志的讲话极大地鼓舞了全国各地的保洁工人，向全社会指明了职业的平等性。这对于提高环卫工人的社会地位起到了重要作用，刘少奇同志的讲话引起全社会对环卫工人的认同。环卫工人无私奉献、吃苦耐劳的精神一度成为社会尊崇的对象，改变了封建社会中社会地位低下的现象。

1978 年改革开放后，环卫工人“舍得一人脏，换来万户净”的精神赢得了全社会的支持和认同。他们以“牺牲小我实现大我”的无私奉献精神，成为全社会各行各业学习的楷模，环卫工人的职业价值理念一度引领全社会，这也是我们奉行集体主义精神的重要体现。无论是我们的小学教科书，还是社区的宣传栏都在宣传环卫工的奉献精神。倡导全社会都要向环卫工学习奉献精神，环卫工人群体是社会中最受尊重的人群之一。当然对环卫工而言，这也是一种莫大的鼓舞。

从新中国成立一直到社会主义市场经济体制的实施，环卫工都隶属于地方环卫部门，有固定编制，属于“体制内”的工人阶级，他们与从事其他职业的工人一样，享受相应的待遇，并得到全社会的尊重和爱戴。在计划经济时期，环卫工人是人们积极追求的职业。

2. “体制外”的保洁工

1992 年我国开始实施社会主义市场经济体制，实现了从计划经济向社会主义市场经济的伟大变革。我国在计划经济的基础上开始改革，保洁服务业也不例外。1992 年国务院颁布了《城市市容和环境卫生条例》，我国环卫改革正式开始。1998 年开始实施以“政企分开、管干分离、企业经营、市场竞争、政府考核”的环卫管理体制，环卫行业开始走向市场化管理。自计划经济时期以来，保洁服务业经历了从“政府专营”到“市场化”改制再到后来的“公私合营（PPP）”等模式的发展过程。“体制内”的环卫工人也逐渐转变成为“体制外”的保洁工人。当然，这种转变不是一蹴而就的，而是不断弱化政府部门对环卫服务业的控制，进一步强化市场的主导作用来实现的。

随着环卫服务业的市场化改制，保洁工的社会地位在逐渐弱化。主要是由于市场化改制以后，在以经济建设为中心的社会结构中，社会大众的职业选择开始追求高工资待遇和高水平福利。保洁工这个职业与其他职业形成鲜明对比，从事普通保洁工的工资待遇偏低，保洁服务的职业声望开始下降。同时，保洁工群体的人口结构也发生了重大变化。在计划经济时期，由于是体制内的“铁饭碗”，获取保洁工作的机会是一票难求，很多年轻人积极进入保洁服务业，保洁工群体主要以年轻人为主。但是环卫服务改制以后，保洁工成为“编制外”人员，年轻人不再青睐保洁工这一职业。

自我国实施社会主义市场经济体制以来，环卫工群体逐渐从“体制内”走向“体制外”。在保洁服务市场中，体制内的环卫工数量在逐渐减少，而体制外的环卫工人数在逐渐增多。“体制内的保洁工主要负责管理，占保洁工总数的比例也较少，同时在劳动报酬、薪资待遇等方面也要优于体制外的环卫工。编制外的环卫工人在个别劳动权益和集体劳动权益方面的保障状况都不如编制内工人”①。“体制外”的保洁工，他们的工资待遇和职业声望相对较低。

保洁服务市场的快速发展，保洁工群体也逐渐分化成不同类别不同层级的亚群体。不同场所对保洁工的要求不同，部分场所对其学历、技能、形象的要求较高。如在五星级酒店、高端消费场所见到的保洁工是年轻漂亮、英俊干练的年轻人。在高端物业公司也可见到年轻、专业的保洁工。因为在这些场所从事保洁工作的待遇高，对年轻人有很强的吸引力。但在日常生活场景中，我们见到的老年保洁工越来越多，保洁工的老龄化现象越来越严重，老年保洁工群体正在发展成为一个新的社群。

二、老年保洁工群体形成的社会背景

（一）人均寿命持续延长

人均寿命延长是老年保洁工群体产生的基础。1949 年我国人均寿命为 35 岁，1957 年提高到了 57 岁，2020 年全国第七次人口普查数据

① 王潇，赵雯曦，王晓灿，任子昕，郭静一．编制内外环卫工人的劳动权益保障状况研究——以北京市海淀区为例［J］．劳动保障世界，2016（27）：5-6+10.

显示，我国人均寿命为 77.93 岁，[①] 2022 年底我国人均寿命为 78.3 岁。在这 70 多年的时间里，我国人口的平均寿命增加了 43 岁。人口平均寿命的延长主要得益于科技的进步和医疗水平的提高，人民生活水平的提升也是寿命延长的重要因素。而人口平均寿命的延长有益于提升劳动者的劳动时间。

随着老年人生活质量的提升，其身体健康状况也有所改善。健康的身体是老年劳动参与行动的基础，也是老年劳动参与实践的载体。除了人均寿命的延长，身体健康状况也是影响老年人劳动参与的重要因素。2020 年第七次全国人口普查数据显示，老年人对自身健康状况进行自评，有 87.2%的老年人处于健康和基本健康水平，不健康但生活能够自理的占到 10.4%。[②] 与第六次全国人口普查数据相比，老年人的整体健康状况有所提升，但与发达国家相比还有较大的差距。正是因为有了良好的身体素质，老年人的人均寿命才会延长。老年人身体健康状况的整体提升，为老年劳动参与提供了基础。

在我国渐进式延迟退休政策推出之前，除特殊情况外，按女性职工 50 周岁、女性干部 55 周岁和男性 60 周岁的退休年龄来计算，退休年龄与人均寿命的年限差为 18 年至 28 年。即根据之前的退休年龄计算，离人均死亡年龄还有约 18 年至 28 年的时间，女性人均寿命要高于男性，在这段时间中还有至少 8 年至 10 年的时间可以开发。在调研中发现，最高年龄的老年保洁工有 73 岁，多数老年保洁工的年龄集中在 65 岁。因此人均寿命的延长为老年劳动力资源开发提供了一种可能。同时，从目前我国老年人的健康状况来看，在 60～70 岁的低龄老人中，有相当

---

① 国务院第七次全国人口普查领导小组办公室 . 2020 中国人口普查年鉴（上册）[M]. 北京：中国统计出版社，2022：123.

② 国务院第七次全国人口普查领导小组办公室 . 2020 中国人口普查年鉴（上册）[M]. 北京：中国统计出版社，2022：216.

比例的老年人口可以作为劳动力储备人口进一步开发。这为老年保洁工群体的产生提供了重要的条件。

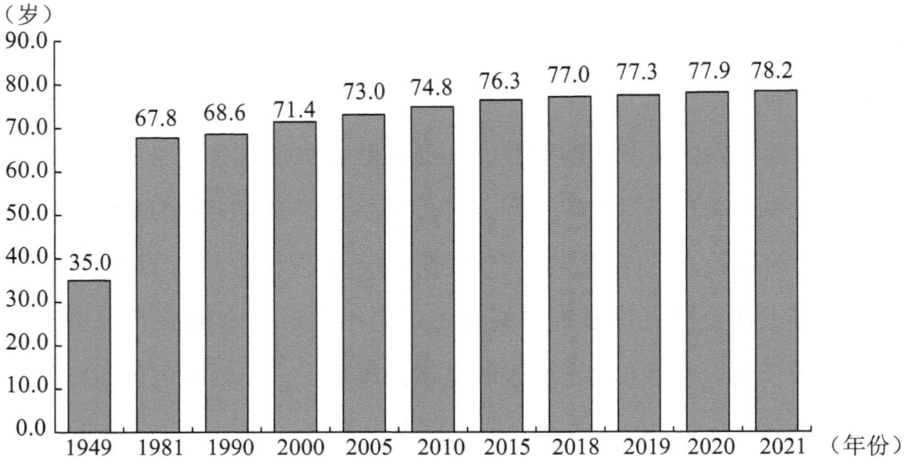

图 2-1　我国居民人均预期寿命

（二）城镇化进程中失地老人与流动老人增多

1. 城镇化进程中失地老人的产生

快速城镇化的过程中，城镇规模不断扩大，在城市与乡村接壤的郊区，大片土地开发成为商业住宅、工业区等，部分农民失去了土地，他们成为了“失地”农民，最后转变成为城市居民。同时，农村失地老人这个群体也就出现了。他们长期在农村生活，日出而作、日落而息的农业生产方式和劳动习惯，使农村失地老年人很难适应现代城市生活。进入城市以后，他们的居住空间、生活方式、社会交往、收入来源等方面都发生了变化。为了更好地适应城市生活，失地老人自发选择劳动参与，部分失地老年人选择了保洁工作，他们选择保洁工作主要有几个方面的原因。

首先，失地老人的居住空间与社会交往的变化。失地老人进入城市生活，个人活动的空间发生了变化，社区人际关系也发生了变化。农村独门独户的小院变成了单元楼房，活动空间由横向变成纵向，活动空间变小。从农村进入城市以后，失地老人由原来的熟人社会进入半熟人社会。居住空间的变化导致了交往方式的变化。原来可以走门串户的邻里熟人关系，变成了相对隔离的楼上楼下、楼栋与楼栋、小区与小区之间的半熟人关系。邻里居住的距离越来越近，但是社会交往关系却越来越远。农村原有的走门串户聊家常已经不在，社会交往空间也在逐渐缩小。相对隔离的城市生活空间，极不利于老年人的交流交往。长期缺少社会交往会导致老年人的精神不振甚至精神抑郁，引发老年心理疾病。同时，长期在农村从事农业生产的老年人受到传统农业生产文化和农村生活方式的影响，在短时间内难以快速适应城市生活。他们出于社会交往的心理需要和新环境的适应，郊区失地老人只有走下楼，走向老年劳动力市场，寻找相似的劳动来替代原来的农业生产活动，以逐步适应城市生活。

ZHY（女，61 岁）：我以前种地的时候，在自家地里种点庄稼，每天都要干农活，没事了和几个老人聊天。现在住在楼上没有机会了，都没有熟悉的人，无聊啊！又不喜欢玩抖音，天天看电视也很烦，出来（做保洁工作）打发时间。（HX15）

RYT（女，67 岁）：搬进楼房后，倒是比农村要干净一些。也有不好的地方，就是不好找人。坐电梯上楼去找原来的邻居玩，有几次都走错了，开门不是她家，那才笑人（有点尴尬）。原来住自己的农村房子，走家串户方便得很，现在难得找。楼上楼下的邻居都不熟悉，大家都把门关起的。还是不习惯，现在慢慢好点了（慢慢习惯了），但是见到原来的邻居的机会少了，自己出来找个事情干起还要好点。（HX19）

其次，失地老人经济收入来源的变化。失地老人原来在农村从事农业生产活动，是一种自给自足的生活方式。土地就成为他们的主要生产资料，主要依靠农业种植和养殖获取经济收入，此外，每月还有 110 元左右的养老金收入。在城镇化进程中，他们的房屋和生产资料——土地被征收以后，其经济收入来源发生了巨大的变化。部分失地老人有政府发放的房屋和土地征收补偿金，并依靠征收补偿金维持生活。但大部分家庭由于人口较多，留给老人的补偿金很少，有的家庭甚至全部分给了子女，老年人在家庭内部没有分到补偿金。他们的经济收入来源主要是每月 110 元的养老金，对部分老年人而言，这也许是他们唯一的收入来源。农民失去了生产资料，收入来源有限，养老收入较低。为了能够更好地生活，失地老人被迫进入劳动力市场，收入来源由农业生产转向第二、第三产业。当然，“有很多低龄失地老人有很多种方式来获取经济收入；例如在小区贩卖蔬菜、流动摆摊、做卫生等增加收入，郊区失地老人主要是通过进入服务行业获取经济收入，例如进入餐馆当服务人员，帮助餐馆洗碗、洗菜、打扫卫生等；或者进入物业服务行业当保洁工人，还有人在路边摆摊经营；等等，通过各种不同的方式来获取收入”①。

问：您的工资收入有多少？

SLL（女，65 岁）：我们来这里做卫生，每个月的工资是 2100 元。

问：您还有其他收入吗？

SLL：还有我的养老金，每个月大概是 110 元。

问：做保洁的收入高还是在农村种地收入高？

SLL：比起我们在农村种庄稼稍微好点，但是不自由。在家种庄稼

① 于兰华．失地老人经济参与的行动逻辑分析——以苏中 N 市 Z 社区为例［D］．华东理工大学，2015.

的时候自由些，收入（做保洁）比种庄稼要高点。

问：为什么要做保洁工？

SLL：主要目的还是为了挣钱，城市里面的消费较高，挣钱可以减轻子女的负担。以前在农村生活，自己家里吃的都不用花钱去买，大米、蔬菜是自己种的，自己养猪、养鸡可以吃肉，自来水不用花钱。在城市里面，样样都要花钱买，不出来上班，哪个会拿钱给你用哦。

问：您子女不给您钱用吗？

SLL：不是不给，他们自己的负担也重，娃娃各种培训班，各种人情客往，房子还有贷款没有还完，给他们减轻负担。（HX02）

郊区失地老人的经济收入来源发生了变化，由原来的农业收入变成劳务收入，从种地、养殖维持生计到从事服务行业来获取收入。当然，郊区失地农民中，年轻人的经济收入是以务工收入为主，收入方式基本没有发生变化。从保洁工 SLL 的案例可以看出，郊区失地老人的经济收入水平与之前从事农业生产相比较，也有一定程度的提升，这也是郊区失地老人再次进入老年劳动力市场的一个重要原因。

最后，失地老人生活方式的变化。我国是一个农业大国，农业文明历史悠久，自给自足的农业生产活动延续了几千年。直到现代，我国部分农村还是维持着这种生产方式。土地是农民赖以生存的根基，也是农民实现生产活动的最基本的生产资料，农民主要靠农业生产获取经济收入，过着自给自足的生活。然而，失地老人被迫进入城市生活，自给自足的生活方式被频繁的金钱交易活动所取代。因此，失地老年人的生产生活方式发生了翻天覆地的变化。同时，城市社会生活更加封闭，很注重个人和家庭隐私，生活圈里的陌生群体增多，在城市的生活节奏加快。这与农村生活形成了鲜明的对比，在农村生活相对开放，个人活动和交往都相对自由，在农村邻里之间没有任何隐私可言。失地老人的生产生活方式发生了巨大的变化，如何在较短时间里适应快节奏的城市生活，通过什么方式来维持其基本生活，这成为了失地老人关注的焦点。

在农村的农业生产活动中，农民的生产活动是相对自由的，在相应的季节完成农业生产计划即可。然而，在城市工厂或公司里从事工业生产和服务活动，对生产效率的要求较高，要求个体要自律，生产活动紧密有序，个体从事生产活动时并不自由。部分失地老人失去生产资料后无法再从事农业生产活动，在城市中被迫选择保洁服务工作来提高收入。农村日出而作、日落而息的劳动生产方式已成为一种生活记忆，而快节奏的城市生活已经成为现实。农村自由的生活方式在城市生活中已荡然无存，老年人活动的空间逐渐变小变窄。

在城市中农民除了无法自由的劳动生产以外，也无法回归到农村自给自足的生活方式。在农村生活时，他们可以在家种些粮食、蔬菜和水果，应季节而种，时节一到就可以收获，喝的水是免费的井水、山泉水，家庭的吃、喝、住不用花钱，即使花钱购买，购买的数量也相对较少。而在城市生活中的吃、穿、住、用、行等，所需的一切都需要在市场上交易，都需要花钱购买。经济生活从自给自足的形式全部转变成为金钱交易活动，因此，他们对城市生活充满了焦虑。如何去适应这种紧张、快节奏的城市生活，是大部分失地老人面临的一大困境。同时，失地老人大多出生于20世纪五六十年代，文化素质普遍偏低，就业能力不足。最终，失地老人被迫下楼从事保洁工作获取劳务收入贴补家用，并逐渐适应城市生活。

问：您为什么要出来上班？

WSJ（女，61岁）：出来上班挣点零花钱。以前在农村住的时候，挣的钱就自己存起来，不需要买米买菜，也不需要交物业费，喝水都是不要钱的。自家买一身衣服要穿几年才坏，基本不花钱。如果不出来上班，这个物业费、水电费、燃气费、家里还要吃饭，哪里有那么多钱来用……

问：房屋和土地被征收后不是有补偿金吗？

WSJ：有补偿金，但是家里的人多啊，这一点那一点的（分配给家里的人），被花的差不多了。吃饭是没有问题的，但物业费、水电费、燃气费开销也不小啊。出来挣点钱也可以减轻家庭负担。在家里一天没有事情干，家里也没有什么要做的，没有人陪你玩，大家都去上班了。出来上班还要好点，可以活动一下身体，还可以与一起上班的老年人聊天。（HX01）

老年人从农村居民向城市居民的身份转变过程中，他们适应城市生活相对缓慢。他们日出而作、日落而息的农业生产方式和劳动习惯，从忙碌的农村生活变得闲暇。居住空间与社会交往方式都发生了变化。为了更好地适应城市生活，城郊失地老人自发选择外出劳动参与。保洁工作相对简单，对劳动者的劳动技能及文化程度要求相对较低，还与农村房前屋后的卫生清洁工作十分相似，因此城市保洁工作成为了他们的首选。

2. 城市流动老人浪潮的出现

据国家原卫计委公布的《中国流动人口发展报告 2016》显示，我国有 2.47 亿流动人口，其中有 1800 万是流动老年人，占流动人口的 7.28%。流动老年人口的年龄中位数为 64 岁，大约 80%的流动老年人年龄低于 70 岁①。近年来，在快速人口老龄化的背景下，流动老年人口的数量还在增多。2000 年我国的城镇化率为 36.2%，到 2021 年底，

---

① 国家卫生和计划生育委员会流动人口司．中国流动人口发展报告 2016［M］．北京：中国人口出版社，2016（1）：37-45.

我国的城镇化率为64.72%，21年的时间，城镇化率增加了28.52%。根据我国人口基数14亿来计算，每年约有1700万人口进入城市，那么在短短的21年里就有约3.92亿农村人口进入城市。在这3.92亿流动人口中，老年人口的数量也不小。因此，随迁老人或流动老人的数量就在较短时间内不断增多，城市出现了流动老年人口的浪潮。这些老年人进入城市，其主要目的是与子女一起生活，或帮助照看孙子女。

随着我国城镇化率的不断提高，大量农村老人流向城镇。农村年轻人在城市工作并定居在城市，成为新的城市居民。老人与子女一起随迁到城市，与他们一起居住、生活。部分老年人到城市生活的主要目的是为了照看孙子女，帮助子女分担家庭压力，扮演城市家庭“保姆”的角色，担起了隔代教育的重任。当然也有部分老年人正式移居城市。近年来，在快速城镇化的进程中，农村的“空心化”问题越发突出，农村留守老人越来越多。年轻人为了改善父母原有的居住条件，提高父母的生活质量，带着老年人进入城市，与子女一起居住以方便照顾。但这些从农村移居到城市的老年人在短期内难以适应城市生活，城市的生活方式和生活环境与农村截然不同。老人的生活圈子变小、活动空间变窄，为了更好地适应城市生活，他们选择了劳动参与。

WX（女，63岁）：我来G市都有6年多了，我老家在四川泸州乡下，家里还有几亩地，老房子也还在。我儿子结婚定居在这里，在这里买了房子，来这里的目的就是带孙子。每天在家里就是带小孩，他们就去上班。去年9月份，孙子去上小学了，我就闲得无聊，加上他们（儿子儿媳）的生活压力大，我就出来找个事情做，有点收入总比没有好。现在农村也回不去了，家里的田地都荒芜了。在城市生活样样都要钱，就在这里找个事情做算了。像我们一样情况的老年人也很多，上起班还要过得充实点。（HX30）

RYT（女，67岁）：我来这里和子女一起住（生活），方便照顾。我家那个（她丈夫）又经常生病，村里面就几个老年人在，没有年轻人在家。我儿子为了方便照顾我们，就把我们两个老年人接来这里了。以前我们在家也种了一些庄稼，够自己吃，现在什么都没有了。来这里除了吃饭，啥子（什么）都没有做，要么在家，要么到楼下走一走。闲得无聊，来找个事情干，这个（做保洁工作）打发时间要快些。（HX19）

还有部分老年人在城市与农村之间游移，农忙时回乡下种地，农闲时来城市生活，这些老年人来到大城市生活，也不想丢弃农村的祖祖辈辈留下来的遗产。他们主要是以农村生活为主，在城市生活的时间较短，有时候他们也会做一些临时性的保洁服务工作。农村生活环境和城市生活环境有较大的差异，老年人适应城市生活的节奏相对较慢。他们通过劳动参与的形式来充实生活，扩大自己的交往圈，逐渐适应城市生活，把劳动参与作为适应城市生活的一种重要方式。

（三）家庭结构及其养老功能的变迁

1. 家庭结构变迁

家庭结构可以分为四种类型，分别是："核心家庭、扩大家庭、联合家庭和残缺家庭。我国农村核心家庭增多，主干家庭减少。我国农村的体制改革影响着家庭结构的变化"①。20世纪80年代以来，我国的家庭类型以核心家庭和三代直系家庭为主，家庭户均人数不断趋于小型

① 费孝通．三论我国家庭结构的变动［J］．北京大学学报．1986（3）：78-82.

化，社会经济发展水平越高，家庭户平均规模越小①。我国的家庭规模小型化，家庭结构不断简化，家庭老龄化现象不断加剧，人口居住模式也发生了变化②。几十年来，我国家庭结构发生了巨大的变化，主要由联合家庭、扩大家庭向核心家庭、主干家庭不断变化，家庭结构的变迁使得家庭成员之间的关系松散。家庭成员之间的关系逐渐展现出一种独立的特性，家庭成员之间相互依赖的关系在逐渐减弱，家庭结构的小型化也是老年人劳动参与的重要影响因素。

当前，我国的养老责任主体发生了变化，从家庭养老转变为以家庭养老为主、社区养老为辅、机构养老为支撑的养老体系。在传统的联合家庭、扩大家庭中，老年人的养老问题主要是由家庭来承担。在家庭结构小型化的当下，老年人的养老主体逐渐发生转移，由家庭养老向自主养老转变。同时，“四二一”家庭结构不断增多，农村的“空心化”问题突出，使纯老家庭、空巢家庭、隔代家庭的数量不断增多，老年人自主养老开始成为一种新趋势。从我国传统养老文化来看，家庭养老的实质就是依靠子女养老。年轻子女的养老负担加重，单纯依靠子女并不能解决老年人的养老问题。家庭养老的功能在弱化，养老资源相对匮乏的老年人不得不选择劳动参与，以实现自主养老。相关研究表明，老年人群在分居的情况下参与社会工作的概率会提升。在现有相对独立的居住环境下，老人承担更少的家庭工作，因此为老人外出工作增加了概率。

---

① 曾毅，李伟，梁志武．中国家庭结构的现状、区域差异及变动趋势［J］．中国人口科学，1992（2）：1-22．

② 彭希哲，胡湛．当代中国家庭变迁与家庭政策重构［J］．中国社会科学，2015（12）：113-132.

2. 养老观念转变与养老主体逐渐转移

“养老观念是对自身养老需求和养老责任认知的主观反映”①，“是对养老主体、养老内容和养老方式的一种综合价值判断，是对养老方式的综合认知”②。当前我国主要有家庭养老、机构养老、社区养老三种养老方式。养老主体有政府、社区、家庭和个体自身。养老的内容包括物质供养、生活照料和精神慰藉。随着时代变迁，老年人的养老观念也发生了变化。

首先是老年人养老观念的变化。随着我国社会养老保障制度的不断发展和完善，人民的生活水平和文化素质也在不断提高，人们的养老观念发生了变化，中国传统“养儿防老”的价值观念也在逐渐变化。从传统养老文化来看，中国与西方国家的养老理念并不相同。“从文化根源上讲，西方国家的文化观念强调的是个人主义价值观，而中国自古以来就强调家的重要性，因此家作为一个最小单位的集体，家本位的思想一直贯穿着我国的整个养老文化。但是随着社会的不断转型，城市居民依靠子女养老转化成依靠自己和机构养老，家在养老中的地位在逐渐淡化，而个体主义的意识在不断增强，中国的养老模式逐渐西化”③。“养儿防老的养老价值观念的淡化，主要原因是我国社会结构的转型、代际居住方式的变化、家庭结构的变迁、现代人养老价值观念的变化，以及人们的收入方式发生了变化。当然，养老价值观念转变主要是受我国现代养老保障制度的影响。制度养老使得老年人不再完全依赖于子女或家

---

① 朱海龙，欧阳盼．中国人养老观念的转变与思考［J］．湖南师范大学社会科学学报，2015（1）：88-97.

② 卢海阳，邱航帆，郑逸芳．女性二胎生育意愿的影响因素研究——基于就业性质和养老观念的视角［J］．南方人口，2017（3）：55-68.

③ 李银河．家庭结构与家庭关系的变迁——基于兰州的调查分析［J］．甘肃社会科学，2011（1）：6-12.

庭，社会养老在一定程度上替代了家庭养老功能，老年人更多的是依靠社会养老和个人自身养老，独立养老的观念在逐渐形成”①。同时随着独生子女家庭的增多，“独生子女家庭的养老观念更趋向于独立的养老价值观”②。在传统的农耕社会中，自给自足的农业生产方式必然需要更多的劳动力，男性性别偏好与“养儿防老”的价值观念根深蒂固。然而在现代社会倡导男女平等，国家提出实施“老有所养、老有所为、老有所依、老有所学、老有所乐”的“五有”养老政策也会转变老年人的养老理念。

其次是养老责任主体转移。在传统社会中，家庭是养老责任主体。而现代社会中提供养老资源的主体发生了变化，主要以家庭为主、政府和社会为辅。老人的养老从依靠家庭、社会和政府，开始向自主养老、抱团养老方向发展。当前，我国老年人日益增长的养老资源需求与供给矛盾依然存在，养老资源的供给不足导致养老责任主体的转移。虽然我国城镇居民基本养老保险和农村居民基本养老保险制度已经并轨，机关事业单位职工基本养老保险制度和城镇职工基本养老保险制度已经并轨，实现了双并轨。但是，随着社会发展，老年人对养老资源的需求也日益增多，对老年生活质量的要求越来越高。我国居民养老保险制度与职工养老保险制度还没有并轨，不同身份的老年群体所参加的养老保险不同，最终其享受的养老待遇也就不同。养老资源在不同身份的老年群体中配置差异较大，存在两级分化的问题。此外，我国还存在养老资源的空间分布不均问题，东西部之间、城乡之间的差异较大。因此，养老资源稀缺的老年人就会再次走向劳动力市场，通过劳动参与来获取劳务

① 朱海龙，欧阳盼．中国人养老观念的转变与思考［J］．湖南师范大学社会科学学报，2015（1）：88-97.

② 陶涛，刘雯莉．独生子女与非独生子女家庭老年人养老意愿及其影响因素研究［J］．人口学刊，2019（4）：72-83.

收入或满足精神需求，进一步化解养老资源不足的问题。

在我国社会转型过程中，老年人的养老方式逐渐由家庭养老转向自主养老。原来的联合家庭、主干家庭向核心家庭分裂，相对独立的生活和居住方式使得家庭成员之间的关系更加独立，老年人依靠子女养老的方式发生变化，他们只能靠自己来养老。当然，也有部分空巢老人是被迫自主养老，其子女都在城市生活，而老人和小孩留在农村，需要老人自己解决养老问题。

（四）“啃老”问题长期存在

“啃老”一词最早出现在英国，其英文为“NEET”，全称是“Not currently encased in Employment，Education or Training”，或叫“傍老族”“吃老族”或“尼特族”。是指那些不升学、不就业、依靠父母、生存年龄在 15~34 岁的群体。“在日本，政府对那些既没有对工作期望也没有人生规划，一事无成却太在意工作目的和意义的年轻人定义为 NEET 族”①。据调查显示，全世界有三分之一的年轻人都在“啃老”，在我国有 60%的家庭存在“啃老”问题，30%的年轻人靠父母供养。而这些“啃老”年轻人其年龄大多在 28 岁到 38 岁之间②。啃老问题是现代青年在就业中呈现出来的一种消极现象，直接的问题就是对就业缺乏正确的认识，就业观念偏离。“啃老”产生的直接后果就是老年人的压力增大，被迫给子女一些经济援助。在现实生活中，“啃老”与被啃老看上去是一种“合情合理”的社会现象，但也暴露出一些社会问题。特别是在城镇化的过程中，年轻人的生活压力大，难以维持生计，被迫向父母伸手，要求提供援助。

从啃老的时间长度来看，可以将“啃老”分为两种类型：一是长

---

① 赵荣卿．对“啃老族”的思想政治教育问题研究［D］．山西财经大学，2016.

② 高珊．“新型啃老”流行的背后［N］．河北日报，2022-3-21（7）.

期“啃老”，即成年后没有正式工作和收入，生活完全依靠父母，这种类型的家庭多以殷实富足为主；二是阶段性的“啃老”，这种类型的“啃老”主要是年轻人在人生的某一阶段遇到困难或者挫折，依靠父母的帮助脱困，只是一种暂时性的“啃老”，主要有刚毕业的学生由于暂时性失业或无业、结婚生子、疾病等需要父母的帮助。而在现代社会中，多以暂时性“啃老”为主。这种现象出现不仅与年轻人自身有关，而且与社会环境也有较大的关联。在城镇化的过程中，从农村到城市的过程中，年轻人在城市安家、结婚生子，生活压力大，需要得到父母的帮助，因此被迫“啃老”。特别是从农村进入城市的老年人，遇到子女生儿育女、结婚安家的时候，作为一种义务帮助子女。当他们在经济方面需要帮助时，这些老年人被迫再次走入劳动力市场，通过劳动参与获取经济收入以帮助子女。在老年劳动参与面临结构性制度障碍的背景下，老年人选择劳动参与的机会较少，即选择继续劳动的职业较少。他们主要在物业公司、劳务公司、餐饮行业从事保洁服务工作以获取劳务收入，帮助家庭提高收入，以应对家庭困境。

WXS（女，63岁）：我来这里打扫卫生，主要目的是帮助他们（儿子儿媳），给他们减轻点负担，娃娃（孙子）要读书，每个月的学费要1000多元，每个月要还几千元的房贷，车子也要还贷款，物业费、生活费加起来也不少，他们的负担太重了，我自己出来上班，每个月的物业费、水电费、燃气费是我在交，家里的基本生活也是我花钱。他们（儿子儿媳）没有钱的时候，就问我能不能拿点钱，时间长了，我以前的一点积蓄都被他们用完了。出来上班挣点钱，我自己用也要方便点，我这里还可以给一些，最起码我不用向他们要钱，趁现在身体好，先干几年再说。(NM02)

FT（女，64岁）：我家那个娃，大专毕业后一直在家没有找到工作，整天就玩游戏，本来是邻居介绍到超市上班，他嫌弃工资太低，一个月不到3000元，现在整天在家闲着，不知道他怎么想的。没有钱了就问我要，我不出来上班，哪里有钱。一家人的开销也不小，他爸爸身体也不好，现在在家养病，一个月就是领那点低保钱。我出来上个班（做保洁）补贴家用，尚且能够维持家庭运转，不上班的话就不行了。（NM09）

年轻人的“啃老”问题依然很突出，主要原因是部分年轻人眼高手低，不愿意外出工作，自己没有收入而不得不向父母寻求经济帮助。为了获取收入以维系家庭正常运转，或是为了减轻子女的负担，老年人不得不外出参与劳动。

三、老年保洁工群体快速发展的市场分析

（一）快速城镇化催生了保洁服务业的迅速发展

自改革开放以来，我国的保洁服务业得到快速发展。保洁服务作为房地产的附属产业，在快速城镇化进程中蓬勃发展。2022 年我国的城镇化率达到了 65.22%，城镇人口达到 9.2 亿人。快速城镇化带来了城市物业服务需求的扩大，据中国产业调研网发布的中国物业管理行业现状调研分析及发展趋势预测报告（2022 年）显示，物业服务的总建筑面积由 2015 年的 0.236 亿平方米增至 2020 年的 0.488 亿平方米。物业服务百强企业由 2015 年的 154 家增至 2020 年的 244 家，物业服务百强企业的平均收益由 2015 年的 5.4 亿元增至 2020 年的 11.73 亿元。到 2020 年 12 月，有 38 家物业服务公司在联交所上市，有 34 家物业服务企业在全国中小企业股份转让系统上市。中国物业管理行政总收入由

2015年的3983亿元上升至2020年的6232亿元。物业管理服务市场属劳动密集型市场，而劳工成本为物业管理服务公司服务成本的最大组成部分。物业管理服务的日常营运（包括安保、清洁、绿化以及维修及维护服务）极大依赖人力劳动，据统计，劳工成本约占总销售成本的56.9%。因此保洁服务业的发展，亟须相当数量的保洁人员。

据商务部数据显示，目前我国家政服务业从业人员达到3500多万人，环卫工人数超过200万人。广阔的市场需求推动了保洁行业的多样化发展，出现了许多新领域的保洁服务，如精密仪器和设备的清洗为保洁行业发展提供了机遇，但对其专业性提出了更高的要求，这些新领域的发展为保洁行业发展提供了机遇。据信息产业部的统计数据显示，我国每年有约3000亿元的潜在保洁市场需求，并且保洁服务市场需求容量还有较大的挖掘空间。中国物业管理行业将会是未来一段时期内有良好发展前景的行业。

我国保洁服务行业发展取得了一定成效，但也存在诸多问题。首先是保洁服务人员供不应求。由于保洁服务中的大部分产业属于中低端服务业，中低端保洁服务业工资待遇低，职业声望较低，因此选择从事保洁服务的年轻劳动力就较少。据人社部发布的数据显示，2022年第一季度全国“最缺工”的100个职业中，保洁工排在第8名。其次是保洁服务市场缺乏行业规范和标准。目前的保洁服务业进入门槛低，没有相关的制度规范，也没有统一的行业组织。在保洁服务市场中出现众多良莠不齐的保洁公司，同时保洁服务公司管理混乱。再次是保洁服务市场还未形成统一的服务价格体系。在激烈的市场竞争中，众多小型保洁公司为了获取市场而采取降低员工福利待遇。进一步导致保洁服务市场中的劳动力不足，保洁工的流动性大。最后是从业者文化素质偏低。当前的保洁公司中的管理人员、保洁工整体文化素质低。文化素质偏低导致管理水平难以提升，对保洁服务专业技能的提升有重要的影响。

（二）保洁服务业的多元化发展

保洁服务业在发展过程中不断分化和发展。新中国成立以后至20世纪90年代，环卫工隶属于各地环卫部门，主要负责城市道路和街道的卫生清洁工作。自我国社会主义市场经济体制实施以来，我国保洁服务业开始蓬勃发展，由体制内向市场化发展。在经济快速发展过程中，保洁服务业由单一的道路、街道卫生发展成为类型多样的保洁服务公司，分化是保洁服务业发展的动力，也是其发展的必然趋势。

2002年，我国原建设部印发《关于加快市政公用行业市场化进程的意见》，明确了市政公用行业改革的方向，政府控制的环卫服务业正式走向市场化。2013年国务院颁发《国务院办公厅关于政府向社会力量购买服务的指导意见》（国办发〔2013〕96号），进一步加快了环卫服务的市场化发展。通过二十多年的市场化道路发展，保洁服务的分工也越来越细，保洁的类别也越来越多，开始向机械化、智能化、大数据和物联网方向发展。在快速城镇化的过程中，保洁服务业迅速发展，近些年城市的建设以几何级的数量在增加，需要大量的保洁公司或物业公司来维护。同时，人们生活质量的提高以及对生活环境要求的提高，使保洁服务的市场需求量增大。保洁服务市场需求的多元化发展，促使保洁服务业从原有单一的环卫服务开始向多元化的保洁服务转变。有家政服务满足人们家庭内部环境卫生清洁，如厨房与卫生间的清洁，衣物整理与清洁，窗户玻璃清洗，家庭卫生清洁等等；物业服务或保洁公司负责小区和楼栋公共区域的卫生清洁；政府、学校、医院等行政事业单位的环境卫生也有专门的保洁服务；城市街道与主要道路有专门的环卫公司负责。保洁工向专业化方向发展，如在高科技行业精密仪器的清洁工，负责交通运输工具清洗的清洁工，家庭室内清洁工，高楼外墙保洁工等等。保洁服务市场的多元需求催生了形式多样的保洁服务，从个人、家庭到公共场所，再到具体物品的清洁，产生了不同等级的保洁服务。

保洁服务业的多样化发展，保洁工群体也会逐渐分化成为不同类型不同层次的保洁工人。保洁工的社会分化有两种基本形式，水平分化成不同类型的保洁工，垂直分化成不同层级（阶层）的保洁工。保洁工的水平分布类别多样，大致可以分为如下类别：首先是建筑物的清洁，包括建筑物的地面、立面清洁，装饰物、家具清洁；其次是市政环境清洁，包括城市道路、隔离带、绿化带、道路花园清洁，公厕清洁、城市垃圾转运等；再次是专项卫生清洁，如衣物与织物清洁、皮革清洁、管道清洁、水域清洁、化学防腐清洁，以及汽车、飞机、轮船等运输工具清洁、精密仪器清洁、家用电器清洁、其他生产设备清洁等；最后是特殊场所清洁，如医院清洁、食品加工清洁、制药清洁、核能清洁及其他危及人身健康安全的场所清洁等。保洁工的垂直分化可以分为以下几大类别：首先是星级酒店、高端会所、高端商务区、高级住宅区的高端保洁服务人员。在这些场所从事保洁工作，工资待遇高，职业声望高，保洁工的文化素质普遍高，有较高的专业技能。其次是公共服务区域的普通保洁工。他们通常在小区、行政事业单位、公司或工厂等公共区域从事保洁工作，在这些地方从事保洁工作的保洁工是一种简单的重复劳动，对从业人员的专业技能和文化程度没有要求，通常情况下都是文化素质较低的中老年人来做。最后是高端设备清洁人员。随着科技的不断发展，高压水射流清洗、超声波清洗、激光清洁等高技术清洁已经进入了人们的日常生活，这对保洁工的要求也越来越高。

总而言之，人们生活的各种场景都有保洁工，生活中离不开保洁工。保洁服务的水平分化，出现了不同类别的保洁工，垂直分化成为高低有别的保洁工群体。文化层次、专业技能不同，保洁工也会进入不同场景中工作。当然，不同类型保洁工的经济收入和职业声望也会有所不同。在新时代的今天，人们的生产生活都离不开专业保洁，保洁服务由原来单一的城市街道、道路清洁向私人生活空间发展，类别划分也越来越细。虽然我国保洁服务发展取得了一定成效，但是中低端的保洁服务需求还是占据了保洁服务市场的大半壁江山，保洁服务的发展还有待开发。

（三）年轻人对保洁服务工作的排斥

保洁服务业作为劳动密集型产业，对劳动力的需求量较大。随着保洁服务业的快速发展，保洁服务业对劳动力资源的需求量也在不断增大。当前我国就业形式严峻，很多年轻人都面临就业困境，甚至在很多行业中出现了一职难求的现象，导致部分大学生毕业后较长时间处于待业状态。尽管当前就业形势严峻，但是依然没有年轻人愿意选择保洁服务工作。在人社部发布 2022 年第一季度全国招聘求职 100 个短缺职业中，保洁服务排第 8 名①。由此可以看出在保洁服务业中出现了用工荒的问题，保洁服务行业对人力资源的要求并不高，虽然劳动力市场中的人力资源很充足，却仍出现人力资源供应不足的问题。这种畸形发展在其他行业中较少出现，主要是保洁服务薪资待遇低而不受大众欢迎，导致年轻劳动者对保洁服务业产生排斥心理。

年轻劳动者对保洁服务市场的排斥，其主要原因有两个方面：一是保洁服务业的工资福利待遇较低，工作环境差；二是保洁服务业的职业声望较低。我国保洁服务业发展迅速，但保洁服务业中缺乏行业标准，保洁服务市场相对混乱。保洁服务市场还存在服务品质低劣和服务品牌缺失的问题，这就导致了保洁服务市场的恶性竞争，使保洁工的工资待

① 中华人民共和国人力资源和社会保障部 . 2022 年第一季度全国招聘大于求职“最缺工”的 100 个职业排行［EB/OL］.（2022-04-27）. http：//www. mohrss. gov. cn/SYrlzyhshbzb/dongtaixinwen/buneiyaowen/rsxw/202204/t20220427_ 445453. html.

遇、职业社会声望较低，这正是保洁服务行业畸形发展的体现。从市场发展视角来看，保洁服务的需求量正以几何级的速度增长，作为劳动密集型产业，所需要的保洁工数量也会相应增加。年轻劳动者对保洁服务业的排斥，加剧了保洁服务市场劳动力供求矛盾，出现了用工荒的问题。年轻劳动者对保洁服务工作的排斥，为老年劳动者参与行为提供了新的机遇。

问：公司为什么不招聘年轻人干保洁？

MD物业公司人事部主管刘某：我们也想招聘年轻人来，但是没有年轻人愿意干这个工作。我们招不到年轻人，业务需要才出此下策，招聘老年人。

问：为什么招不到年轻人？

MD物业公司人事部主管刘某：可能是工资待遇低，名声不好听。

问：提高工资水平可以招聘到年轻人吗？

MD物业公司人事部主管刘某：提高工资待遇肯定可以招聘到年轻劳动力，但是招聘大学生的可能性不大，最多也只能招聘到农民工群体。刚毕业的大学生、甚至中职生都不愿意来干这个工作。

问：为什么中职生、大学生不愿意干这个工作呢？

MD物业公司人事部主管刘某：因为大家都有“脸面”观，他们觉得干这个没有面子。我有一个远房亲戚，中职毕业后没有找到工作，家长找到我，让我帮一下，来我们公司上班，最后没有来。主要原因是放不下面子。

问：你们既然可以提高工资招聘到农民工群体，为什么没有提高工资呢？

MD物业公司人事部主管刘某：也有行规，公司也需要控制成本，提高工资的可能性不大。

随着年龄的增加，老年人的身体健康状况在逐渐下降，身体机能发生老化，身体的反应度、灵敏度在下降，他们在劳动力市场中的竞争力在逐渐下降。保洁服务行业面临着劳动力资源供不应求的矛盾，为老年人劳动参与提供了机会。在调研过程中发现，保洁公司招聘的保洁工年龄集中在 50 岁至 65 岁之间，老年保洁工占保洁工总人数的 39.71%，最高年龄有 73 岁。尤其是 50 岁到 55 岁这个年龄段的人群，是保洁公司或物业公司最青睐的群体。

（四）保洁人员的老龄化

保洁服务市场的快速发展，年轻劳动者对保洁服务市场的排斥，使得低龄老人逐渐成为保洁服务市场中的主要力量。调查发现，保洁工的年龄主要分布在 50 岁至 70 岁之间，50 岁到 55 岁这个年龄段的人群最多，老年保洁工占保洁工总人数的 39.7%，最高年龄有 73 岁。由于保洁服务业的工资待遇和职业声望较低，只有少部分年轻劳动者愿意选择保洁服务工作，这些年轻人即使进入到保洁服务业中，也只是作为一种过渡性的临时性工作，流动性较大。这导致我国保洁服务市场中出现年轻劳动力供不应求的现象，特别是在中低端保洁服务业中的表现更为明显。在经济利益的驱使之下，物业公司或保洁公司被迫放宽招聘条件，低龄老人就是其潜在的招聘对象。在保洁服务行业年轻劳动力供不应求的背景下，物业公司或保洁公司只有招聘低龄老人作为一线保洁工人，因此老年保洁工这一群体应运而生。

随着我国人口老龄化的进程加快，保洁服务业中的老年保洁工也在逐年增加。据《江西晨报》报道，“目前南昌环卫工人平均年龄为 57

岁，相比于6年前增长了9岁，老龄化问题尤为突出”①。随着环卫体制改革的不断深入，环卫行业和环卫工人都发生了很大的变化。高龄农民工、城市流动老人取代了原有“体制内”的环卫工，并成为城市环卫、社区保洁的主要力量。据调查统计，“恩施市共有755名环卫工人，其中，有499人的年龄在50岁以上，占到总人数的66%。T公司舞阳街道有84名环卫工，有63人的年龄在50岁以上，占到公司总人数的75%，其中有20人已达到退休年龄，占公司总人数的23.8%”②。关于保洁工群体老化的新闻报道主要是在城市环卫领域。笔者在调查过程中发现，G市老年保洁工（60岁及以上）占保洁工总数的39.71%，G市保洁工的老龄化程度要高于南昌市。保洁工群体的老龄化还与其服务领域有一定的关系，工资福利待遇较高的商业区、高端酒店、会所等领域，保洁人员的老龄化程度就很低。例如在G市保洁服务领域，负责城市道路、街道清洁的环卫工群体，其老龄化程度最低。因为G市环卫工人有“五险一金”，工资不高，但是福利待遇较好，选择的年轻人就多。据统计，当前我国从事保洁服务的人数超过2800万人，虽然没有保洁人员的年龄构成数据，但可从当前的新闻报道数据推测，其中有不少是老年群体，老年人已逐渐成为中低端保洁服务业的中坚力量。

为什么老年保洁工主要存在于中低端保洁服务业中？据调查，在高端的保洁服务中有专业技能、文化程度等各种要求。同时高端的保洁服务业工资待遇高，有更多的年轻人参与竞争。中低端的保洁服务业主要是负责小区或者公共场所的环境卫生，是一种简单的重复劳动，对从业人员的文化程度、专业技能要求较低。行业中出现年轻劳动力资源供不

① 李小聪，徐柳平．南昌环卫工老龄化严重平均57岁［N］．江西晨报，2015-8-17（7）．

② 严娇．环卫工人何以年龄老化——以T保洁公司为例的分析［D］．华中师范大学，2021．

应求的问题，保洁公司就不得不雇用老年人。在快速城镇化的过程中，城市流动老年人口、郊区的失地老人需要找到相应的工作来替代农村生活方式，以缓解其在城市融入过程中面临的系列问题。加上这些老年人出生于20世纪四五十年代，文化素质普遍偏低，在劳动力市场中缺乏竞争力。他们符合中低端保洁服务业的要求，同时这些老年人也需要这份工作，这是老年保洁工群体产生并成为一个新的社会社群的主要原因。

四、老年保洁工的形成及基本概况

老年保洁工群体的形成是由外部结构性因素与老年人自身发展需求耦合的结果，即保洁服务市场需要老年人，老年人也需要劳动参与。上文中谈到保洁工群体的老龄化问题，在我国中西部地区非常普遍。虽然没有官方统计数据作为支撑，但是近年来老年保洁工群体的快速增长也是不争的事实。根据调查数据显示，G市老年保洁工群体的产生及发展，与我国其他地区老年保洁工的产生在时间上具有一致性。G市作为后发赶超型城市，近年来社会经济得以快速发展，在快速城镇化进程中促进了保洁服务业的发展。流动老年人口、失地老人的增多，人口老龄化问题的蔓延与社会养老资源匮乏，进一步催生了老年保洁工群体的产生。

（一）老年保洁工群体的产生

目前，关于老年保洁工群体并没有官方统计数据。但可以肯定的是，新中国成立以来的老年保洁工群体，其产生的时间是在社会主义市场经济体制实施以后。因为在计划经济时期，保洁工或环卫工也属于“体制内”的工人身份，与其他工人一样享有相应的福利待遇，有相应的组织体系，管理相对规范。2010 年 8 月 22 日，《潍坊晚报》报道，四川泸州 64 岁环卫临时工唐某，在 38 摄氏度高温的工作条件下去世，当地劳动局认为不符合工伤死亡条件，没有获得正常劳动者所享有的保障权益。从此报道可以推测，我国老年保洁工这个群体出现在 2010 年之前。据调查，G 市老年保洁工群体的产生相对较早，所调查的 15 家公司中，有 4 家公司在 2005 年前就开始聘用老年人。随着时间的推移和公司业务的增多，老年保洁工的数量逐年增多。伴随着快速城镇化的发展，老年保洁工的数量越来越多，截至当前，G 市老年保洁工占保洁工总人数的 39.71%。

根据 2000 年第五次全国人口普查数据显示，G 市与全国一样全面步入老龄化社会。从 G 市成立较早的保洁工公司资料中可以看出，G 市老年保洁工群体的出现时间在 2005 年之前，G 市人口老龄化社会的到来，同时伴随着老年保洁工群体的出现。当然，老年保洁工群体的出现并不是人口老龄化所导致的，其是众多因素相互作用的结果。

问：您从事这个行业多少年了？

HGY 物业服务公司人力资源部总监徐某：我在公司工作快 17 年的时间了，2002 年在山水黔城楼盘买房，2006 年开始，我就在这个楼盘做物业管理。

问：一直都在这个公司上班吗？

HGY 物业服务公司人力资源部总监徐某：中间有变动，但都在一个公司。2005 年从山水黔城开始做物业管理，2014 年调来这里做物业，你知道的，这两个楼盘都是同一个公司开发的。

问：公司什么时候开始招聘老年人做保洁？

HGY 物业服务公司人力资源部总监徐某：2005 年我们招聘的保洁工都是在 40 岁到 50 岁左右的农民工，有时候招不到人，我们就开始招聘老年人来打扫卫生。越到后面，我们招聘的老年人就越多。

问：为什么要招聘老年人？

HGY 物业服务公司人力资源部总监徐某：招聘老年人是公司的下下策，实在是招不到人的时候才选择老年人。在招聘的时候，只要在 50 岁以下并且能够劳动就行，并没有设置任何要求，但还是很少人来做，最后不得不招聘老年人。

山水黔城小区是 G 市开发相对较早的商业住宅楼盘，与我国其他大城市一样，保洁服务业伴随着城市商业楼盘的兴起而发展。改革开放以来，我国商品房的发展经历了以下几个阶段。首先是 1978 年至 1991 年的萌芽阶段，这一阶段开始试点开发商品房，首批试点城市有上海、广州等沿海城市。其次是 1992 年至 1997 年开始发展。再次是 1998 年至 2002 年稳步发展。最后是 2003 年以后国家开始调控房地产的发展。G 市虽然不是全国最先试点城市，但也和其他城市一样，在 2000 年左右得到稳步发展。老年保洁工群体的产生也是在城市商品房快速发展过程中逐步形成的。

（二）老年保洁工群体成为保洁服务市场的新生力量

当前老年保洁工群体已逐渐发展成为中低端保洁服务业的重要力量。从 G 市抽取的 15 家公司的数据显示，老年保洁工群体的数量在不断增多，DL 保洁公司中老年保洁工占保洁工总人数的比例已经达到 61.54%，JW 保洁公司中老年保洁工的比例最低，仅达到 13.5%。所调查的 15 家公司中，老年保洁工占保洁工总人数的 39.71%，即每 5 个保洁工中就有 2 个老年保洁工。在不同区域，服务于不同场所的老年保洁工的分布并不相同。老年人正逐渐成为保洁服务业中的新生力量，他们为城市的卫生清洁工作做出了不可磨灭的贡献。

从老年保洁工的数据分布来看，服务对象、服务区域不同，老年保洁工的比例也有所不同。在乡镇街道、乡镇政务中心的老年保洁工占比最高，达到61.54%。在县城中老年保洁工的比例相对较低，约占保洁工总人数的21%。比例最低的是城市道路卫生清洁公司，占比只有13.46%，具体数据详见表3-1。调查发现，政府服务中心老年保洁工的数量相对较少，公司或者工厂的老年保洁工数量也相对较少。乡镇街道、乡镇政府政务服务中心从事保洁的基本是老年人，部分乡镇中的保洁岗位还是解决精准扶贫户的公益性岗位。同时，乡镇及农村地区的空心化情况比较严重，年轻人都在外务工，因此乡镇的老年保洁工较多。

表3-1 G市老年保洁工分布概况表

序号	公司名称（简写）	保洁工总人数（人）	老年保洁工数量（人）	老年保洁工占保洁工总人数的比例（%）
1	DL保洁公司	26	16	61.54
2	CQHB劳务公司	164	86	52.44
3	MD物业公司	48	18	37.50
4	GS保洁公司	14	8	57.14
5	HB物业公司	37	18	48.65
6	DW物业公司	33	15	45.45
7	JW保洁公司	52	7	13.46
8	HDL物业服务公司	189	76	40.21
9	BW物业服务公司	26	11	42.31
10	WK物业公司	17	9	52.94
11	DF物业服务公司	15	8	53.33
12	BTL保洁公司	57	14	24.56
13	YTR物业公司	46	10	21.74
14	HW公司	19	4	21.05
15	FSK公司	25	8	32.00
	合计	768	305	39.71

在县城中，老年保洁工相对较少，主要原因是县城中的人口相对密集，县城面临的就业压力大，年轻人比老年人更具有竞争力，使得老年保洁工的比例较少。在城市，不同服务场所的老年保洁工群体来源与其所在区位有着关联。例如在郊区或者离郊区较近的服务场所主要来自郊区农民和郊区失地老人，在市区中主要是流动老人。在未来一段时期，老年保洁工群体占保洁工群体的比重将会持续增加。在快速人口老龄化的社会背景下，老年保洁工这一群体将会继续扩大，逐渐发展成为一个新的社群。

（三）老年保洁工群体的基本构成及来源

1. 性别、年龄构成

根据统计数据，所调查的 15 家公司中共有 305 位老年保洁工，其中男性 126 人，占比 41.3%；女性 179 人，占比 58.7%。从老年保洁工的性别分布来看，女性老人选择从事保洁工作要多于男性。从老年保洁工群体的年龄分布来看，年龄主要集中在 60 岁至 65 岁之间。老年保洁工的平均年龄在 63.4 岁，最高年龄是 73 岁，众数是 63 岁，详见表3-2。从老年保洁工的年龄分布数据可以看出，他们都属于低龄老人。所调查的 15 家公司中共有保洁工 768 人，保洁工的平均年龄为 55.3 岁。整体而言，G 市保洁工的老龄化现象比较严重。

表 3-2　G 市老年保洁工的性别、年龄构成（n=305）

性别	频数（人）	频率（%）	年龄分布（岁）	
男	126	41.3	平均年龄	63.4
女	179	58.7	最高年龄	73
合计	305	100	众数	63

2. 养老金概况

从老年保洁工的养老金来看，领取养老金的比例达到全覆盖。他们领取的养老金类型与其户籍地一致，即户籍地在农村的就办理农村养老保险，城市户籍就在城市办理城市养老保险。无论是农村居民还是城市居民，他们领取养老金的额度与其所缴纳的养老保险相匹配。当前领取农村养老保险金的年龄限制是60周岁，与干部职工退休年龄并不一致，女性干部通常是55周岁就可以退休并领取养老金。但是在农村，所有老年人都需要达到60岁，且缴满15年养老保险后方可领取养老金。当达到60周岁未缴满15年养老保险，也可以一次性补齐养老金，补缴完后就可以领取养老金。从老年保洁工领取养老金情况来看，91.15%的老年保洁工领取了城乡居民养老保险，有8.85%的人领取了城镇职工养老保险和机关事业单位养老保险。从领取的养老金来看，最低是每月110元，最高是4235元，均值为158.35元，详见表3-3。

表3-3　G市老年保洁工的养老保险概况（n=305）

养老保险类型	频数（人）	频率（%）	每月领取养老金（元）	
城乡居民养老保险	278	91.15	均值	158.35
城镇职工养老保险	24	7.87	最大值	4235
机关事业单位养老保险	3	0.98	最小值	110
合计	305	100	众数	110

从老年保洁工领取的养老金数额来看，超过九成的人是领取城乡养老保险最低标准110元。根据2021年最新政策，城乡居民也是多缴多领，每年最低缴纳300元，最高缴纳2000元，缴费满15年以后，年龄达到60周岁就可以领取养老金。从样本数据可以看出，老年保洁工群体中有部分曾经是“体制内”职工。因此，老年保洁工群体的构成相

对复杂，不仅有农村流动老人、失地老人，而且有“体制内”的退休老年人。

3. 老年保洁工群体的主要来源

统计数据显示，在305名老年保洁工群体中有农村户籍人数267人，占比87.5%，城市户籍人数38人，占比12.5%。但是常驻城市的老年保洁工有234人，占比为76.7%。常驻农村的老年保洁工有71人，占比为23.3%。他们的户籍地与常驻地的比例刚好相反，足以说明老年保洁工多是来自农村。虽然大部分老年保洁工与自己子女共同居住在城市，但他们并没有将自己的户口迁入城市，其常住地是城市，属于城市居民，这部分老年保洁工主要是农村流动老人。有部分老年人是来自农村的季节性流动老年人，他们农闲时在城市做保洁工作，农忙时回农村从事农业生产。户籍地为城市的老年保洁工占比较少，主要是城市地区生活困难老年人。也有少量的退休老年人，他们为了充实退休生活或者锻炼身体而从事保洁工作。因此，老年保洁工群体主要来自农村流动老人、郊区失地老人、城市困难老人及退休老人。

表3-4　G市老年保洁工户籍及常住状况（n=305）

户籍地	频数（人）	频率（%）	常住地	频数（人）	频率（%）
农村	267	87.5	农村	71	23.3
城市	38	12.5	城市	234	76.7
合计	305	100	合计	305	100

4. 劳动参与状况

首先是老年保洁工的劳动参与意愿。老年保洁工选择外出劳动参与有两种不同的参与意愿：一是主动参与；二是被动参与。老年保洁工的劳动参与行动到底是主动还是被动，可以从他们选择劳动参与的动机或目的来评判。主动参与是不受外部因素影响而主动参与劳动，其劳动参与的主要目的不是获取养老资源，而是锻炼身体、实现自我价值。被动参与是受外力或者他人的影响而参与劳动，行动中可能受到外部因素的干扰而影响行动的发生。老年保洁工劳动参与的动机是为了获取劳动报酬或反哺子女，就是被动参与的体现。从 G 市调研点的整体情况来看，老年保洁工劳动参与的动机为锻炼身体、获取认同和实现自我价值的，占调查总人数的 43.5%，即主动参与的老年保洁工占 43.5%。老年保洁工劳动参与动机为获取劳动报酬和帮助子女的，占调查总人数的 56.5%，即被动参与的老年保洁工占 56.5%。当然，也有特殊的情况，他们认为劳动参与不仅可以实现自我价值，还可以获取劳务收入，不仅可以获取劳务收入，还可以锻炼身体，他们认为劳动参与是一种双赢行动。

其次是劳动契约的签订。通常情况下签订劳动契约的形式有三种：一是劳动合同；二是劳务协议；三是口头协议。其中，劳动合同是最正式的一种劳动契约关系。然而在调查过程中发现，老年保洁工不能签订劳动合同。没有老年保洁工签订劳动合同。因为他们不属于劳动年龄人口，不能签订劳动合同。因此，他们只能签订劳务协议和口头协议。调查数据显示，签订了劳务协议的老年保洁工有 165 人，占比为 54.1%。口头协议的有 80 人，占比为 26.2%。未签协议的有 60 人，占比为 19.7%，详见表 3-5。从样本数据来看，虽然有超过一半的老年保洁工签订了劳务协议，但是当问到劳务协议的具体内容时，他们并不清楚劳务协议的具体条款和内容。有些老年保洁工因为文化程度低，委托他人代签劳务协议，他们把签订劳务协议当成入职的必要形式，也不清楚协议的具体内容。一般而言，劳务协议至少是一式两份，雇佣双方各持一份。但在调查过程中发现，部分老年保洁工并没有获取劳务协议，签订的劳务协议全部由公司持有。这样做的目的是为了规避风险，但大部分老年保洁工并不在意。未签订劳务协议的比例接近20%，他们只是与公司管理者口头协议工作时间、地点、工资标准，并没有约定双方的权利和义务，最后直接上岗工作。通过口头协议达成雇佣关系的老年保洁工，他们文化程度低，法律意识淡薄，并不知道口头协议生效的法律依据。他们只是与雇佣公司达成协议，口头表述了雇佣关系中双方的责权问题，这个过程也没有证人证词。从当前老年保洁工签订的劳务协议来看，雇佣公司永远处于有利一面。当雇佣双方产生劳务纠纷问题以后，老年保洁工就处于弱势地位。

表3-5　G市老年保洁工劳动契约签订概况

契约类型	频数（人）	频率（%）
劳务协议	165	54.1
口头协议	80	26.2
未签订	60	19.7
合计	305	100

（四）老年保洁工群体的类别及特点

1. 老年保洁工的类型

根据《中华人民共和国职业分类大典》对职业的划分，我国职业分为8个大类，75个中类，434个小类，1639个职业。其中保洁工属于第四大类商业、服务业人员①。按照这个分类，保洁工人与环卫工人都是商业、服务业人员。通过对G市老年保洁工的调查，老年保洁工群

① 国家职业分类大典和职业资格工作委员会．中华人民共和国职业分类大典［M］．北京：中国劳动社会保障出版社，2022：123.

体的来源相对复杂，很难根据其来源划分类型。为了更好地区分各种类型的老年保洁工，根据老年保洁工群体某些相同特性划分为不同类型的老年保洁工。因为不同类型的老年保洁工，其呈现的特点有所不同。例如服务对象不同，工作内容与服务质量就不同，公司对老年保洁工的要求也不一样，其呈现的特征就有所不同。笔者调查发现，不同场所的老年保洁工，他们呈现的特征并不相同，而相同场所的保洁工则呈现一致性的特征。因此，本文根据其工作场所的不同，将老年保洁工划分为十大类型，他们分别是：小区老年保洁工；商场老年保洁工；医院老年保洁工；学校老年保洁工；其他行政事业单位老年保洁工；公司、工厂老年保洁工；文旅区老年保洁工；公共交通场所老年保洁工；环卫工；其他老年保洁工。当然，保洁场所不止上述这些，例如还有酒店保洁、会所保洁、餐饮保洁、家庭内部保洁、高空保洁、精密仪器保洁、交通工具保洁、家政服务保洁等。但是在这些特殊场所中极少甚至没有老年保洁工群体，其原因可能是这些场所的保洁工薪资待遇好，对保洁工的要求高，老年人缺乏竞争力。

第一类，小区老年保洁工。小区老年保洁工主要是在住宅小区的公共区域从事卫生清洁工作的老年人。小区类型有很多种，不同区域不同类型的小区，老年保洁工的构成有所不同。在调查中发现，乡镇的住宅小区基本没有老年保洁工，因为小区没有物业服务，小区卫生是住户自己负责。在县城的易地扶贫搬迁小区中，老年保洁工多来自农村易地搬迁老人，当然也有部分易地搬迁老人从事街道、道路环卫工作。当地政府相关部门把保洁工作作为一种公益性岗位提供给易地搬迁居民，以解决其就业问题，稳定搬迁居民的经济收入。在城市郊区或离郊区较近的小区中，老年保洁工主要来自郊区失地老人，政府部门与房地产开发公司达成协议，将相应的保洁岗位作为固定公益岗位提供给当地失地农民。在城市高端小区老年保洁工的数量相对较少，相反，在城市中低端住宅小区的老年保洁工比例较高。这类老年保洁工的特征并不明显，但他们的着装统一，工作内容与时间都相对固定，人员的流动性小。

第二类，商场老年保洁工。商场老年保洁工就是在商业区、商业广场、大型超市等从事保洁工作的老年人。在城市商业广场、商业街从事保洁工作的老年保洁工，他们的形象较好，个人素养较高。商户通过提升服务人员的个人形象和素养，打造整洁、温馨的商场环境，进一步提升整个商场的服务品质。因此，在商业广场从事保洁工作，公司要求保洁工个人形象好，穿戴整洁，身体素质好，有一定的文化素养。通常情况下商业街、商业广场、购物广场都位于城市中心，或者人口密度较大的住宅区周围。在商场从事保洁工作的老年保洁工主要来自城市生活困难的老年人或居住在城市的流动老人。他们在城市生活的时间相对较长，对城市商场文化有一定的了解，自身形象和素养较高。

第三类，医院老年保洁工。医院老年保洁工是指在医院从事保洁服务的老年人。医院作为一个特殊的场所，保洁工作的主要内容包括医疗废弃物的清理、医院病房、公厕、公共区域的卫生清洁工作。对保洁工的专业技能要求较高，特别是处理具有传染性的医疗废弃物，没有相应的专业技能极容易导致污染物的扩散，危及自身和医院病人的健康。因此，在医院的老年保洁工，他们有一定的文化素质，受过专业技能培训，保洁工的专业技能较高。调查统计表明，医院老年保洁工主要来自家庭经济条件较差的农村老年人，或者是城市生活困难老年人。

第四类，学校老年保洁工。学校老年保洁工就是指在各级各类学校从事保洁工作的老年人。从幼儿园、小学、初中、高中或中职学校到大专、本科院校，包括各种科研院所，各种特殊学校。在学校从事保洁工作的老年人可能是受环境的影响，整体素养较高。调查过程中发现，在中小学、幼儿园从事保洁服务的老年保洁工，办理入职时还要审查其有无犯罪记录。这些老年保洁工群体的构成相对复杂，有失地老人、城市流动老人及城市生活困难老人等，他们根据自己居住地距离选择工作地点。

第五类，其他行政事业单位老年保洁工。除了上述在医院、学校的老年保洁工以外，在“体制内”的各种行政单位、企事业单位中，从事保洁工作的老年人统称为其他行政事业单位老年保洁工。不同行政级别的政府服务中心，老年保洁工群体所呈现的特征有所不同。例如在乡镇级政府服务中心，老年保洁工基本来自本乡镇的老年人，绝大部分都是农村留守老人。在县级政务中心的老年保洁工群体主要有精准扶贫、易地搬迁老人。政府部门拿出一部分岗位作为一种公益性岗位，解决精准扶贫户、易地搬迁居民的就业问题。在市辖区政府服务中心的老年保洁工群体构成相对复杂，且老年保洁工的工作地点相对隐蔽，例如在政务服务办事大厅等人流较多的地方，几乎看不到老年保洁工。在市级、省级政府服务中心从事保洁服务工作的老年人很少。总体而言，在行政事业单位从事保洁工作的老年保洁工整体素质较高。

第六类，公司、工厂老年保洁工。顾名思义，公司、工厂老年保洁工就是指在工厂、公司从事公共卫生服务的老年保洁工。在工厂中，老年保洁工的工作主要是维护厂区道路、厂区外围及公共厕所、生活区公共区域的卫生清洁，生产车间的环境卫生主要由公司员工自己负责。调研发现，在郊区的工厂从事保洁的老年保洁工主要来自郊区农村的老年人，部分是来自郊区失地老人。他们工作相对轻松，工作量相对固定，工作地与居住地较近，工作相对稳定，流动性较小。

第七类，文旅区老年保洁工。在文化旅游景区、公园等从事保洁工作的老年保洁工就是文旅区老年保洁工。在调查过程中发现，文旅区老年保洁工主要是来自文旅区、景区附近的农民。在公园从事卫生清洁工作的老年保洁工，他们参与保洁的动机就是为了锻炼身体，在公园里的环境好，打扫卫生还可以锻炼身体。他们身体素质好，负责的区域较大，对工作环境要求较高。

第八类，公共交通场所老年保洁工。在公共汽车站、地铁站、港口、机场、火车站等公共交通乘车站、换乘站从事保洁工作的老年保洁工称为公共交通场所老年保洁工。在这些场所从事保洁工作的老年保洁工的比例相对较少，因为公共交通场所的人流量较大，保洁服务工作量大，对保洁质量要求较高。在这些场所工作的老年保洁工身体素质好、能吃苦，但是由于工作量大，考核要求高，老年保洁工的流动性大。

第九类，环卫工。环卫工是在城市主干道路、街道从事保洁工作的老年人。从调查情况来看，在城市道路从事卫生清洁工作的老年人较少。在这些场所从事保洁工作的老年人，他们一直都在原公司工作，达到退休年龄后，自身身体素质较好，有其他特殊需求需要继续工作，通过个人申请与严格的身体体检可保留工作。因为在城市道路、街道从事卫生清洁工作危险性较大，老年保洁工劳动参与的风险很高，雇佣部门很少雇用老年人，因此老年保洁工的比例是最低的。同时，城市环卫工的工资待遇要高于其他行业，一线的环卫工都有“五险一金”，因此年轻劳动力的供给相对充分。退休后的老年保洁工最多延聘一至两年。

第十类，其他类别老年保洁工。除了上述的九大类以外，在其他场所从事保洁工作的老年保洁工划分为其他类别。如中低端民宿、酒店保洁、餐饮保洁、家庭内部保洁、高空保洁、交通工具保洁，等等。在这些场所中从事保洁工作的老年人通常不会选择其他类别的保洁工作，因为在中低端民宿、酒店、餐饮、高空等场所从事保洁工作的工资待遇高。例如在酒店的老年保洁工的工资是计件方式发放，打扫一间客房多少钱，基本工资加上房间数就是最终工资。在餐饮店干保洁工作，其工资也要高于普通保洁，当然工作量也要远远高于其他类别的保洁工作。这些场所的老年保洁工他们的身体素质好、能吃苦，整体工资收入较高。

根据老年保洁工工作地点的不同，将老年保洁工分为上述十大类。但是无论用什么标准来划分，这些老年保洁工主要来自这几个群体。一是城市流动老人，他们与自己的子女随迁进入城市，但是户籍还在农村；二是失地老人，这部分老人主要来自城郊的农村；三是城市郊区农民，他们农忙时在家务农，农闲时来到郊区工厂或离居住地较近的小区从事保洁工作；四是城市生活困难的老年人，劳动参与可以获取劳务收入弥补养老金不足。

表 3-6　老年保洁工类型划分及其特征

类别	老年保洁工类型	特征
第一类	小区老年保洁工	跨小区就近工作，群体来源相对复杂
第二类	商场老年保洁工	形象气质佳，有一定的文化程度
第三类	医院老年保洁工	文化素养、保洁服务专业技能较高
第四类	学校老年保洁工	和蔼可亲，社会资源丰富
第五类	其他行政事业单位老年保洁工	工作地点相对隐蔽，占比较少
第六类	公司、工厂老年保洁工	工作时间固定，流动性小
第七类	文旅区老年保洁工	身体素质好，农村老人居多
第八类	公共交通场所老年保洁工	工作强度大，流动性大
第九类	环卫工	工作经验丰富，身体灵敏度高，比例极少
第十类	其他老年保洁工	工资收入高，工作强度大

2. 老年保洁工的特点

（1）低龄老人为主

根据中华医学会对老年人口类型的划分，60 岁至 69 岁之间的老年人为低龄老人。目前在保洁行业的老年人较多，这些老年保洁工年龄多数在 60 岁至 70 岁之间。从 G 市老年保洁工的调查数据来看，老年保洁工的平均年龄为63.4岁，大多数老年保洁工的年龄都集中在60岁至65岁之间，老年保洁工的年龄众数为63岁，最高年龄为73岁，超过70岁的老年保洁工占比极少。因此，当前的老年保洁工以低龄老人为主，与整个老年人群相比较年龄偏低。随着年龄增大到70岁以后，人类的身体机能逐渐弱化，不再适合继续参与劳动生产。

（2）文化程度偏低

在人口老龄化的社会背景下，低龄老人由于多种原因再次走向劳动力市场。由于绝大多数低龄老人出生在20世纪五六十年代，文化素质普遍偏低。调查数据显示，老年保洁工的文化程度主要为小学文化程度。其中，未受过教育或文盲占8.1%，小学文化程度占57.4%，受过初中文化教育的占26.2%，受过高中及以上教育的仅仅只有9.3%。女性老年保洁工的文化程度普遍低于男性老年保洁工，女性老年保洁工群体中未受过教育或者文盲占老年保洁工总人数的7.3%。老年保洁工自身的文化素质普遍偏低，他们在劳动力市场缺乏竞争力，从而走向了对文化知识、专业技能要求较低的保洁服务业。

（3）工资收入较低

老年保洁工劳动参与最主要的目的是获取劳动报酬，这是老年保洁工劳动参与的行动动机之一。通过调研发现老年保洁工的工资收入在1800元到2200元之间，略高于G市的最低工资标准。但是不及发达地区的最低工资水平，例如到2022年上海市的最低工资标准为2590元。根据调研点的统计，虽然G市老年保洁工的平均收入有2448.13元，但是其公司发放的平均工资约为1950元。老年保洁工的平均工资收入比G市最低工资1790元高160元，但G市老年保洁工的平均工资要低于上海市的最低工资标准。整体而言，老年保洁工的工资收入较低，与其劳动所产生的价值不相匹配，当然，中低端保洁工服务行业的工资标准都比较低。

（4）法治意识淡薄

当老年保洁工自身劳动权益受到侵犯时，很少有人通过法律手段来维护自身权益，他们整体表现出法治意识淡薄的特点。部分老年保洁工在签订劳务协议的过程中，把签协议看成是一个入职“仪式”，他们不注重协议内容，没有意识到劳动双方权利与义务的重要性，甚至找人代签。部分人还通过口头协议的形式与公司达成雇佣关系，没有意识到口头协议的法律效用问题。部分保洁公司存在加班不付费的问题，老年保洁工只是通过说理的方式找公司，却没有通过法律手段解决问题，最终不了了之。在劳动过程中遇到意外，保洁公司也不会负责，靠他们自己解决问题。有部分公司规定，老年保洁工在上下班途中因出现意外受到伤害不能算工伤。还存在“同工不同酬”的现象。老年保洁工在劳动过程中面临各种困难，自身劳动权益受到侵犯也无法主动维权，而是通过退让和其他办法自己解决问题。

（5）劳动强度较大

老年保洁工的工资待遇低，并不是因为工作强度小、工作时间短。相反，老年保洁工的工作时间长、劳动强度大。老年保洁工每天工作时间超过了 12 个小时。由于工作的特殊性，老年保洁工的工作时间一般是早上 7 点开始工作，每天早上 6 点 50 分就要到公司打卡签到，下午 6 点半才下班。加上上下班路途的时间，老年保洁工的工作时间在 12 个小时以上。另外，部分公司没有周末休息时间，加班也是一种常态。除了工作时间长以外，工作的强度也较大。老年保洁工的工作看似简单，但需要耗费很多体力。除了打扫卫生以外，还需要搬运垃圾。据调查，部分老年保洁工每天要搬运接近一吨的垃圾，这都需要耗费大量的体力。他们在上班过程中有管理人员随时监控其劳动过程，从劳动过程到劳动结果的评估都非常严格，劳动过程中很少有休息的机会。并且还有相应的惩罚机制，例如被投诉一次，他们就会被扣 100 元的工资，因此老年保洁工要确保自己所负责的区域干净整洁，劳动强度也会加大。

（6）身体亚健康

在调研过程中发现，老年保洁工群体的工作环境较差。他们每天都在与垃圾打交道，工作时手接触到的都是垃圾，鼻子嗅到的也是垃圾味，特别是春夏季节更为严重。老年保洁工的工作环境极不利于身体健康，长期从事保洁工作会导致其身体处于亚健康状态。在调查中发现，大部分老年保洁工的身体处于亚健康状态，不少人患有呼吸道疾病、关节炎等慢性疾病。有 84%的老年保洁工认为自己身体处于亚健康状态。老年人随着年龄的增长，身体机能在逐渐退化，各种慢性疾病不断累积，当各种病菌入侵，会引发更多的疾病，工作环境与劳动强度都不利于老年保洁工的身体健康。

（7）身份认同度低

老年保洁工群体对自己当前的身份认同度较低。主要原因是老年保洁工群体的工作环境差、工资待遇低、福利待遇低、职业声望低等。老年保洁工的身份认同度低主要表现在两个方面：一是对当前从事的职业持负面评价，大部分保洁工都消极评价自己的工作；二是对自己当前身份的不认同，认为自己是被迫选择了保洁工作，缺乏群体归属感。在工作地点的选择上呈现两个特点：一方面，不选择自己居住的小区；另一方面，也不选择离居住地太远的地方。因为他们认为干保洁工是一件没有面子的事情，尽量远离他们的“熟人”社会。如果选择的地点离居住地太远，也不方便他们上下班。从他们的工作地点的选择也可以看出，老年保洁工群体的身份认同度较低。

（8）流动性较大

调查过程中发现，老年保洁工在同一家保洁公司工作的平均时长为一年零一个月，即老年保洁工平均一年零一个月就要换一家公司工作，有 24%的老年保洁工平均六个月就跳槽，在一个公司工作时间最长的只有4年。老年保洁工在劳动过程中面临劳动权益维护困境，他们只有通过离职或重新入职等方式摆脱困境。这使得老年保洁工的流动性变大。当前老年劳动参与并没有完善的制度保障，雇佣双方面对权责问题，双方利益矛盾得不到有效解决时，雇佣方可以随时解雇老年保洁工。在保洁服务市场中权力结构始终是不平衡的，雇佣方始终站在有利一方，这样加剧了老年保洁工的流动。公司为了降低雇用老年人的风险，老年保洁工群体签订劳务协议的时间为一年一签。有绝大部分老年保洁工并没有签订劳务协议，只是一种口头协议。同时，他们的雇佣关系中并没有试用期，都是直接上岗参与工作。老年保洁工人签订协议的周期较短，这种短期的雇佣关系就注定了老年保洁工的流动性大。在访谈过程中发现，老年保洁工并不希望如此频繁地更换工作，他们也希望在熟悉的环境中长期工作。

本章小结

保洁工是对从事卫生清洁工作人员的统称，其发端于商周时期，当时称为“条狼氏”。在唐宋时期，保洁工发展成为一种社会职业。随着时代的变迁与发展，不同时代对保洁工的称谓有所不同。保洁工群体与保洁服务都是伴随城市的发展而发展。当前，保洁服务已经融入人们生产生活的方方面面。自我国实施社会主义市场经济制度以来，保洁服务业的市场化发展得以充分展现。保洁工群体开始分化，发展成为不同层级不同类型的亚群体。在计划经济时期，保洁工群体受到全社会的尊敬和爱戴，他们无私奉献的集体主义精神一度成为人们学习的榜样。在以经济建设为中心的社会结构背景下，保洁工群体的经济收入与职业社会声望都不高，在中低端保洁服务领域逐渐受到年轻人的排斥，出现了年轻劳动力供不应求的现象。

在快速城镇化和人口老龄化的双重社会结构中，房地产的快速发展带动了保洁服务业的发展，保洁服务市场的分化与发展促进了老年保洁工群体的形成，主要表现在三个方面：一是快速城镇化催生保洁服务业的发展；二是保洁服务的社会分化与发展；三是年轻劳动者对保洁服务的排斥；四是保洁人员的老龄化。保洁服务市场的快速发展并不是老年保洁工产生的唯一因素，还有其他的结构性因素，主要有四个方面：人均寿命持续延长；城市流动老人、失地老人不断增多；家庭结构变迁与家庭养老功能变化；"啃老"问题长期存在。这些因素催生了老年保洁工群体。同时，中低端保洁服务市场中年轻劳动力资源的供不应求为老年保洁工群体的形成提供了机会。为弥补保洁服务市场中年轻劳动力资源的不足，雇佣部门开始聘用老年人。而这些老年人为了使老年生活更加充实和多彩，实现自我价值而主动进入保洁服务领域。因此，越来越多的老年保洁工出现在我们的日常生活中。在各种结构性因素的作用下，部分处于社会底层的低龄老人再次进入劳动力市场，并逐渐成为一个新的社会阶层。当前，老年保洁工群体正成为保洁服务领域的新兴力量，为城市卫生清洁做出自己的贡献。

在G市的老年保洁工群体分布较广，占保洁工群体的比重较大。老年保洁工群体的产生和发展存在于特定的社会结构中，老年保洁工群体有其自己的特征，即低龄化、工资待遇低、身体亚健康、劳动强度大、身份认同度低、流动性大等。他们分布在不同场所中，不同场所的老年保洁工呈现不同的特征，即在老年保洁工群体内部也有不同的类别，本文将其具体划分为十类：小区老年保洁工，商场老年保洁工，医院老年保洁工，学校老年保洁工，其他行政事业单位老年保洁工，公司、工厂老年保洁工，文旅区老年保洁工，公共交通场所老年保洁工，环卫工及其他场所老年保洁工。老年保洁工群体是在特定的社会结构中产生的，具有老龄化的时代特征。在结构性制度障碍背景下，老年保洁工群体劳动参与社会行动受社会结构的影响，老年保洁工的劳动参与行动又形成新的结构。正如吉登斯的“结构二重性”理论阐释，结构不仅影响行动，又是行动的结果。

第四章　老年保洁工劳动参与的行动动机

动机是激发和维系个体行动的内部驱力，老年保洁工劳动参与行动的背后也有其动机。通过与老年保洁工及其子女的深度访谈，观察老年保洁工的日常生活与劳动过程，归纳总结出老年保洁工劳动参与的行动动机。老年保洁工劳动参与的行动动机主要有五个方面，分别是增加养老收入、帮助子女、锻炼身体、获取认同和实现自我价值。从老年保洁工群体劳动参与的行动动机来看，无论是物质需要还是精神需要，最终都是为了满足自身养老的需求。

一、增加养老收入的动机

（一）老年保洁工的养老保障水平较低

2009 年我国开始实施新型农村社会养老保险制度，2011 年我国城镇居民社会养老保险制度开始试点实施。2014 年新型农村社会养老保险和城镇居民养老保险两项制度合并建立统一的城乡居民基本养老保险制度。2021 年我国有近 3 亿人领取养老金，包括职工养老金和居民养老金。我国养老金来源主要有三个方面，即政府、单位（公司）和个人三方共同协助养老，这三者中，政府发挥着重要的作用，因为养老金主要靠政府财政支出。在经济发展持续下行和快速人口老龄化的社会背景下，我国养老金收支缺口较大。虽然我国养老金制度已初见成效，但依然面临着一系列问题。首先是社会过高依赖基本养老保险，导致政府财政资金压力大。其次是基本养老金支付运转压力大。我国基本养老保险采取现收现付的方式，即由目前的在职人员缴纳养老金来供养退休人员。在养老金储备不足，就业压力大的背景下，基本养老金运转困难。再次是职业养老金发展迟滞，主要表现为覆盖面小、区域差异大、基金规模小等问题。最后是个人养老金制度不完善，我国的个人养老金制度还处于起步阶段，制度还不完善，严重影响了养老金的全面均衡发展。

根据人社部发布的《2021 年人力资源和社会保障事业发展统计公报》数据，2021 年末我国退休人员有 13157 万。我国城乡居民养老保险待遇领取人员数量为 16213 万人，全年的养老保险基金支出为 3715 亿元，平均每人每月待遇只有 190 元。① 相比较而言，我国老年人领取基本养老保险金水平整体较低。

老年保洁工群体所领取的养老金普遍偏低。调查发现，G 市 2014 年开始实行养老保险城乡并轨，除退休职工外，凡是达到 60 周岁的老年人都能领取一定额度的养老金。有 87.5%的老年保洁工来自农村，他们所缴纳的养老保险较低，因此他们的养老金普遍集中在每月 113 元。老年保洁工的养老金存在两级分化问题，最低是每月 113 元，最高能达到每月 4235 元，他们所领取养老金的均值为每月 158.35 元。根据 G 市 2021 年最新政策，居民可以自主选择缴纳养老保险，每年最低缴纳 300 元，最高可缴纳 2000 元。有少数老年保洁工增补缴纳了个人养老保险，

① 中华人民共和国人力资源和社会保障部.2021 年度人力资源和社会保障事业发展统计公报［EB/OL］.（2022－06－07）.http：//www.mohrss.gov.cn/xxgk2020/fdzdgknr/ghtj/tj/ndtj/202206/t20220607_452104.html.

每月可领取600~1200元的养老金。大部分老年保洁工每月只有113元的养老金，他们仅仅依靠养老金难以在城市生活，需要用其他方式获取经济收入以弥补养老金的不足。老年保洁工只有再次进入劳动力市场，通过劳动参与的形式获取劳务报酬，以增加养老收入。

当前，农村女性老年人领取养老金的年限普遍延后。无论是男性还是女性老年人，领取农村养老保险金的年龄下线是60周岁。通常情况下，我国女性工人是50岁，女性干部是55周岁就可以退休并领取养老金，但是老年保洁工与干部职工领取养老金的年龄并不一致，所有农村老年人都需要达到60周岁，且缴满15年养老保险后才可领取养老保险金。当达到60周岁未缴满15年养老保险，也需要一次性补齐才可以领取养老金。从老年保洁工领取养老金的情况来看，91.15%的老年保洁工领取了城乡居民养老保险，有8.85%的老年保洁工领取了城镇职工养老保险和机关事业单位养老保险。从上述的调查数据可以看出，老年保洁工群体除了养老金普遍偏低以外，养老金的城乡差异还比较明显，来自农村的老年保洁工群体所领取的养老金要低于来自城镇的老年保洁工。同时，他们领取养老金的时限也有所延迟，因此，来自农村的女性老年保洁工就会延迟领取养老金，这在一定程度上影响了农村女性老年人的养老。农村老年保洁工达到退休年龄后进入城市生活，再次就业时因年龄因素而困难重重。他们达到退休年龄后有5~10年的时间没有养老金，这意味着连最基本的养老保障都没有。面临这些困境，农村流入城市的老年人不得不再次就业，获取收入维持生计。

（二）老年保洁工经济收入低且来源单一

老年保洁工经济收入主要由两个部分构成，一是劳务收入，二是养老金。调查数据显示，老年保洁工平均月收入为2448.13元，其中最高月收入是6335元，最低月收入为2010元。老年保洁工平均劳务收入或工资收入为每月 2050 元，劳务收入占其总收入的 83.74%。劳务收入最高为每月 3000 元，最低为每月 1900 元。他们当前的主要收入来源为劳务收入。G 市老年保洁工的月工资标准在 1900 元至 2200 元之间，略高于 G 市的最低工资标准。从老年保洁工群体的构成来看，主要由三个群体构成，即农村流动老人、郊区失地老人及城市生活困难老年人，这些群体经济收入来源有限，经济收入水平低。在老年保洁工群体中也有少部分经济收入较高的群体，主要是部分郊区失地老人和退休职工，他们除了每月的劳务收入以外，还有较高的养老金收入。

老年保洁工的收入来源单一。从调查数据来看，老年保洁工的经济收入来源主要有务工工资收入、养老保险金、集体股权分红、务农收入、低保、银行利息等。其中，集体股权分红是村民通过集体土地入股的方式，每年从入股公司分红，主要通过土地流转的方式获取股权分红，所在村必须要有集体经济才能分红。务农收入是季节性流动老年保洁工经济收入的一个组成部分，有部分老年保洁工农忙时节在家种地，通过农业生产获取部分收入。郊区失地老人把征地拆迁补偿金存入银行，每年可以获得银行存款利息收入，获取银行利息收入占比较少。养老金收入和务工工资收入是老年保洁工群体的主要收入来源。农村老年人的养老金普遍偏低，同时，来自农村的老年保洁工较多，因此，老年保洁工整体收入水平低且来源相对单一。

表 4-1　G 市老年保洁工经济收入概况（n=305）

频数	月总收入（元）	劳务收入（元/月）
均值	2448.13	2050
最大值	6335	3000
最小值	2010	1900
众数	2210	2000

（三）劳动参与增加养老收入

劳动参与是老年保洁工增加收入的一种重要方式。上文中提到，老年保洁工群体仅仅依靠养老金，难以维系其城市生活。特别是从农村流入城市后，生活成本远大于农村，加上家庭养老困难，他们只有通过劳动参与来增加养老收入。

问：您来上班的主要目的是什么？

YRY（女，61岁）：主要是来挣钱，这么累，不为挣钱哪个来干。

问：您的养老金能够维持基本生活吗？

YRY：我的养老金每个月是113元，现在的消费高，113元不够，当然吃米（每月买大米）是够的。住在城市里面任何东西都要花钱，一个月没有2000元都开销不过来。现在儿子儿媳的负担又重，只有出来找个班上维持生活了。你不出来上班，问儿子儿媳要钱，一次两次没有问题，时间长了肯定不行，自己身体也还好，出来挣点钱不给他们增添负担。

问：您还有其他收入吗？

YRY：没有了。

问：您想过用其他什么方式来增加养老收入吗？

YRY：也没有其他办法了。其他地方也没有人要我们，年纪大了！

问：您每月2000多元的工资收入主要用在哪些方面？

YRY：用的地方多了，主要用在家庭开销，买米、油、菜等，有时候给孙子买个玩具呀。自己身体也不好，治病买药、生病打针这些花费都是我自己挣的钱。有些时候亲戚朋友的送礼礼金我也出。

问：您收入提高了，生活有什么改变？

YRY：自己的收入多了，我可以不向他们（儿子儿媳）要，虽然

自己累点儿，但是用钱也要方便些。用不完就存点，心里有安全感。（YY03）

从保洁工 YRY 话语中可以看出，在城市生活开销大，仅依靠养老金难以维持其在城市的基本生活。他们只有通过劳动参与获取报酬来增加收入，以弥补养老金的不足。他们平均每月 2100 元的工资不仅要满足其基本生存需求，同时这些劳务收入还可以帮助家庭，为家庭日常开支贡献自己的力量。

以获取经济收入为主要目的的老年保洁工，他们在工作地点的选择上也有自己的特殊性。他们会选择单元楼楼道、地下室、垃圾集中回收点等，他们在这些地方打扫卫生可以回收部分废弃物资，如废纸、酒瓶、易拉罐及其他可回收利用的物品。通过变卖这些废弃物，可以额外获取部分收入。这些二次回收的物品在楼道和垃圾箱里面才会多一些，所以他们工作地点的选择也比较特殊。这些二次回收的物品变卖以后就成为了他们收入的一部分，也是他们增加收入的一个重要的方式。

问：在公司里除了工资收入以外，还有其他福利或收入吗？

YRY（女，61 岁）：我们除了工资收入以外，每年中秋节公司发放一盒月饼，春节发个 200 元的红包。我还可以卖回收的废品。

问：你们每个月变卖废品能够有多少钱？

YRY：我们每个月卖纸壳、塑料瓶、易拉罐，多的话可卖个三几百块（300 多元），有些时候也没有具体算过，我们都是找个地方存放好，一起卖给收废品的老板，有些时候两三个月才卖一次，多的话也有一千多元。

问：你们每个人都有这么多额外收入吗？

YRY：这个不一定，还是要靠运气。还要看自己打扫卫生的位置，位置好的话回收的废弃物就会多一些。

问：这个工作地点与你们回收废品有什么关系吗？

YRY：有的，为了能够多赚点钱，我们这些想多挣点钱的人，一般都是选择最脏的工作，垃圾集中堆放点、地下室出入口等，这些地方的废弃物要多一些。还负责清扫垃圾桶旁边的卫生清洁，倾倒垃圾桶，打扫楼道。有些时候刚刚装修新房的新楼栋也是我们在做，虽然脏点，但也可以回收一些废品作为回报。(YY03)

老年保洁工的劳动参与动机是其维持行动的内部驱力，只有在不断满足其行动目的后，劳动参与行动的积极性才能提高，其劳动参与的行动再生产才有可能得到持续发展。

二、维持身心健康的动机

（一）保持老年健康的方式

何谓健康，“健康乃是一种在身体上、心理上和社会适应上的完满状态，而不仅仅是没有疾病和虚弱的状态”①。如何维持身体健康？“目前只有通过体育锻炼或者劳动的方式，才能够达到身体健康的目的。当然这也是最为有效、经济的手段。传统养生理念告诉我们：‘动则不衰，用则不退’，说明了体育锻炼和劳动参与对身体健康的重要性”②。随着年龄不断增长，老年人的身体健康状况受到增龄性退化的影响，身体机能在不断下降。如何有效保持老年人的身体健康，只有加强体育锻

① World Health Organization. The Charter of the World Health Organization [EB/OL]. (1946). hops：//www. who. int/about/who-we-are/constitution.

② 肖剑．老年人群身体锻炼功效研究［D］．武汉体育学院，2022.

炼或者适度劳动来调节。

目前我国老年人整体缺乏体育锻炼，表现较为明显的是城市老年人缺乏体育锻炼，劳动时间减少。“65岁及以上老年人群中，与身体活动较少的个体相比较，经常锻炼身体的老年人在高血压、糖尿病等患病率上要低于缺少锻炼的老年群体。通过体育锻炼和劳动，老年人的肌肉及骨骼更为健康，体重和体成分也更为健康”①。“有规律性地进行身体活动，会有效降低中老年人运动功能受限或社交能力受限的风险。身体活动对于已有身体活动功能受限或活动能力较差的老年人是安全有效的，并且可以减少近30%的跌倒风险”②。我国社区康养设施普遍匮乏，还不能有效满足老年人锻炼身体的基本需求。对于收入较低的老年人，他们没有能力去健身馆或康养机构，劳动就成为了锻炼身体的重要方式。适度的劳动参与行为不仅可以增强老年人的身体健康，而且可以促进老年人的心理健康。

（二）保持老年健康的基本标准

劳动参与作为体育锻炼的一种重要方式，有益于老年人的身心健康。有偿的劳动不仅可以提高老年人锻炼身体的积极性，而且可以促进老年人有规律地锻炼身体，因此劳动参与成为他们锻炼身体的重要方式。劳动参与就一定能够促进老年人的身心健康吗？这不一定，还与劳动参与强度、身体状况有关。随着老年人年龄的增大，身体机能在逐渐减弱，劳动强度过大，也不利于老年人的身体健康。劳动的强度需要与

---

① Paterson DH, Jones GR, Rice CL. Ageing and Physical Activity: Evidence to Develop Exercise Recommendations for Older Adults [J]. Applied Physiology, Nutrition and Metabolism, 2007 (32): 69-108.

② Physical Activity Guidelines Advisory Committee (PAGAC). Physical Activity Guidelines Advisory Committee Report, 2008 [R]. Washington, DC, US Department of Health and Human Services, 2008.

老年人的身体机能相匹配，只要劳动参与能有效改善老年人的健康状况，至少不会使其健康状况进一步恶化，使其身体和心理处于一种舒适的状态，劳动参与才能达到锻炼身体的目的。

世界卫生组织与美国运动医学会（ACSM）对老年人的身体活动有高度一致的结论，认为“老年人每周至少要有 150 分钟或每天 30 分钟至 60 分钟的有氧运动。老年人想要保持良好的健康效益，必须要增加有氧活动量。活动能力较差的老年人，每周不少于 3 天的活动量以提高老年人的平衡能力或预防跌倒的活动”①。大量研究表明，老年人的身体活动或体育锻炼有助于预防老年疾病的发生，也有助于老年人延年益寿，可以有效改善老年人的健康。

（三）劳动参与：老年保洁工身心健康的路径选择

绝大部分老年保洁工群体都是普通家庭，其经济收入来源有限。他们不仅有基本的物质需要，还要有健康的身体，只有这样才能延年益寿。如何有效保持身心健康，使其身体与心理处于舒适和平衡状态。在经济收入有限的情况下，他们只有通过劳动参与的方式才能够实现。劳动参与不仅可以锻炼身体，还可以增加养老收入，达到双重收益。

1. 劳动参与是维持身体健康的重要方式

老年保洁工群体劳动参与行动的动机各有不同，部分老年保洁工劳动参与的目的不只是挣钱养老，还是通过劳动参与来锻炼身体，把劳动参与作为锻炼身体的方式和手段。在公共场所的保洁服务工作，主要以打扫地面卫生为主，这个劳动过程就是一个全身运动，走动的时间较

---

① Paterson DH, Jones GR, Rice CL. Ageing and Physical Activity: Evidence to Develop Exercise Recommendations for Older Adults [J]. Applied Physiology Nutrition and Metabolism, 2007 (32): 69-108.

长，休息的时间也相对较长，有益于老年人的身体健康。

问：您来上班的主要目的是什么？

ZHY（女，62岁）：我出来上班不只是为了钱，我自己有两套房子在出租，自己手里还有10多万（元）的存款，还有1500多元的退休金，自己吃饭问题可以解决了。但是如果一天就在家里坐着不动，会坐出病来的，也太无聊了。我也不喜欢玩抖音，整天看电视也不新鲜。出来上班逼迫自己锻炼身体，手机上（可以）看到，我最多的时候一天要走3万步，吃饭又香，每天按时睡觉，按时起床，身体还不错。(HX15)

问：您来上班以后身体健康有改善吗？

DQ（男，67岁）：我以前没有来上班的时候，很容易感冒，血脂和血压都高，没有事情干，在家就是吃和睡，来这里人生地不熟的，也找不到人一起聊天，很无聊。在家里坐的时间长了脚又痛，我最终还是出来了，上了一年多的班，现在也不经常感冒了，身体比以前还要好点。血压和血脂都降下来了，你想嘛，一天走的至少有两万步，吃的又规律。(NM05)

调研过程中发现，部分老年保洁工以锻炼身体为动机，他们把从事保洁工作作为自己锻炼身体的重要方式。部分老年保洁工是来自农村的流动老人，他们需要一定时间来适应城市生活。在农村长期从事农业生产活动，在城市生活中突然中断了原有生活方式，加上活动空间和活动量不足，劳动参与就成为了他们从农村生产生活过渡到城市生活的方式。

以锻炼身体为主要动机的老年保洁工，在工作场所的选择上有自己的特征。他们通常选择在广场、小区花园等相对空旷的地点工作，对工作环境的要求相对较高。因为在广场、小区花园空气较好，也方便他们休息。

问：您对工作地点有要求吗？

DQ（男，67岁）：肯定的，我来这里的目的就是要锻炼一下身体，开始我们主管要我去打扫地下室，并且包了三个单元的楼层，我不愿意。

问：为什么不愿意呢？

DQ：因为我来是锻炼自己的身体，我也给主管开门见山讲了。最后给我调整到了这个花园和另外两栋的这个花园。我就打扫这小区里面的花园。你说嘛，在地下室和楼道里面空气又不好，我在花园里面打扫卫生，不费力，空气好。做累了还可以在凳子上休息下。

问：如果你们主管协调不过来，怎么办？

DQ：可以协调的，有些人还愿意打扫楼道和地下室，他们可以回收废品，顺便赚些钱。实在协调不过来，我就到其他地方去，要人的地方多……（NM05）

老年保洁工劳动参与的行动动机虽然各不相同，但是也有自己的优先排序，以锻炼身体为行动动机的老年保洁工，他们在劳动参与的过程中尽量去满足自己的需求。如果满足不了自身的需求，他们也会创造各种条件来达到自己的目标。

2. 劳动参与是保持心理健康的重要途径

劳动参与不仅可以促进老年保洁工的身体健康，还可以促进其心理健康。心理健康与身体健康是相互影响和相互制约的关系，身体健康和心理健康同等重要。部分老年保洁工在城市生活时间较短，生活环境相对陌生，他们需要社会交往以调适内心的孤独感。劳动参与可以帮助他们融入城市，在劳动中与其他人建立交往关系，逐渐适应城市生活。他们可以与同龄群体交往，在交往过程中会有更多的话题。社会交往不但能够缓解老年人的孤独情绪，还能够获取心理慰藉，进一步促进老年人的心理健康。

XHW（女，65 岁）：我的丈夫去世有好几年了，现在就我一个人。

问：您和儿子儿媳住在一起吗？

XHW：住在一起的。

问：您和家人经常交流吗？

XHW：很少，也没有什么说的。孙子在私立学校读书，一个月都见不到一次，儿子儿媳在公司上班也忙，很难得见到，有些时候我睡觉了他们才回来，我来上班了他们也在上班。

问：您与哪些人交流多一些？

XHW：与我们一起上班的聊得多一点，大家都做完事情（工作）了，休息的时候几个老年人在一起聊天。

问：最近聊天中印象最深的事情是什么？

XHW：前不久，周姐家出了事情，我们几个老阿姨都替她难过，儿子当村长，被人家整了（被举报），好像是贪污被告，现在在班房（监狱）里头，儿媳妇也在闹离婚，孙子也才 8 岁，恼火啊！他那个孙子也在私立学校读书，学费也贵，她老伴儿成天打麻将不落屋（不回家），看她最近人都瘦了。哎，这个官也不好当！

问：你们都怎么帮她？

XHW：我们帮不到忙，哎，看她家里有事情的时候，来不了这里，我们帮她打扫一下，领班的也不说，公司也没有扣她的工资。（HX32）

老年人在劳动参与过程中不但可以获取劳务收入、锻炼身体，还能够交流互动和情感倾诉。倾听和倾诉是心理健康中不可或缺的两个重要因素，他们除了力所能及地帮助他人以外，还能够在相互交流中缓解一些心理问题，这对老年人的身心健康极其重要。从保洁阿姨 XHW 的对话中可以看出，她对同事家庭情况的了解，对其所遇到的困境伸出援助之手，足以说明这些老年人在劳动过程中有较深入的情感沟通和交流。同时，除了交流情感以外，他们还会对一些社会现象或者社会问题有自己的思考，劳动参与不仅可以缓解心理问题，还可以增强老年人的社会认知。在劳动参与过程中，老年保洁工可以结交新的朋友，认识新的同事，扩展他们的社会交往圈，有利于老年保洁工的心理健康。

三、逆向反哺的动机

在快速城镇化的过程中，从农村迁移到城市的年轻人，他们有房贷、车贷，还要养育子女、赡养老人等，面临着巨大的生活压力。老年人为了帮助子女减轻生活负担而参与劳动，这就是典型的逆向反哺行为。

（一）社会转型中的逆向反哺行为

关于反哺的含义，最早出现在《本草纲目・禽部》一书中，文中写道："慈乌：此鸟初生，母哺六十日，长则反哺六十日"。这句话的意思是，小乌鸦出生后，老乌鸦要哺育小乌鸦长大，当老乌鸦年老不能飞了，不能自己觅食了，小乌鸦反过来要找食物抚养它的母亲。这个隐喻暗示我们要尊老爱老，子女长大后要奉养父母，这就是最早的反哺意义。反哺的养老文化理念自春秋战国时期一直延续至今，例如孟子"老吾老以及人之老"的思想，墨子的"兼爱"与"尚同"，以及"三纲六纪”和“三纲五常”思想，一直到新时代的“尊老爱幼”思想及“老有所养、老有所医、老有所学、老有所为、老有所乐”的“五老”思想等。这些思想都详细阐述了子女与父母关系中的责任与义务，父母对于子女有养育之恩情，作为子女也应该要赡养父母。

中国是一个伦理观念很强的国家，父母与子女之间永远是相互依靠、相互抚育和赡养的关系。这种传统的反哺文化一直延续至今，体现出我国家庭养老文化的源远流长，在当今社会作为一种优秀文化被传承和发扬。然而，自改革开放以来，社会主义市场经济体制的建立和快速发展，使传统的家庭养老模式发生了变化。形成了以家庭养老为主，机构养老为辅，社区养老为支撑的多元一体养老模式。传统的家庭养老方式在逐渐转变，即单靠家庭子女赡养父母的养老方式发生了变化。特别是在21世纪头20年快速城镇化的进程中，家庭养老方式发生颠覆性变化。老年人开始从家庭养老逐渐向自主养老转变，开始向西方的养老模式转变。同时，“逆向反哺”的社会现象屡见不鲜，老年人开始走向社会，积极参与社会经济活动，逆向反哺子女。

逆向反哺是指父母对子辈的经济支持以及对孙辈的时间支持（即为孙辈提供隔代照料）①。“逆向反哺”现象不是指传统中的亲代对子代的抚育，而是父母对成年子代的资助，是与传统道德观念中成年子女奉养父母的模式彼此对立的。逆向反哺主要表现在几个方面：一是亲代给成年子代的经济支持；二是亲代帮助子代抚育下一代的隔代照料；三是其他形式的帮助和支持，包含情感道德支持②。“逆向反哺”现象的出现，是中国传统社会中子代与亲代之间的代际平衡关系遭到破坏性冲击

---

① 赵建国，王净净．“逆向反哺”、子女结构与老年人口劳动参与［J］．人口与发展，2021（2）：18.

② 王惠．中国家庭的“逆反哺”现象对老年人代际赡养的影响［D］．中国社会科学院研究生院，2021.

而出现的现象①，是在改革开放以后中国社会转型过程中出现的社会现象。当然也有人认为，这种“逆向反哺”现象也是父母通过物质的付出来获取子女对自己年老的赡养②，是一种经济利益的支持或者情感的维系，是一种理性的交换行为。

（二）“逆向反哺”提升老年劳动参与率

“逆向反哺”的社会现象是在人口老龄化和快速城镇化的社会背景下产生的，老年劳动参与与“逆向反哺”有着重要的关系。研究表明，“逆向反哺有助于低龄老人的劳动参与行为发生，主要表现为老年人通过劳动参与或者其他形式给予子女以经济支持。但是，子女数量的增加会降低老年人的劳动参与积极性，男性子女数量增加会促进老年人的劳动参与行为，单独居住和男性两个因素会提升老年人的劳动参与率，反之，劳动参与会影响老年人的隔代照料”③。同时老年劳动参与是化解人口老龄化的重要措施。例如在美国大约有四分之一的老年人每年创造了大约价值 44 亿美元的财富。老年劳动参与是构建老年资本（健康资本、经济资本、社会资本以及知识资本）的重要途径④。

老年人集中在一起工作或者娱乐，他们会感到很愉快，并且心理很有成就感。当一个家庭中的老年人能够与社会、经济以及信息资源保持联系，能够积极参与社会经济活动和文化精神活动，整个家庭都会受益，因为参与社会可以丰富老年人的精神生活、减少心理疾病，还可以为家庭做出贡献。老年劳动参与所带来的财富在一定程度上有利于减轻

---

① 贺雪峰．农村家庭代际关系的变动及其影响［J］．江海学刊，2008（4）：23.

② 车茂娟．中国家庭养育关系中的“逆反哺模式”［J］．人口学刊，1990（4）：32.

③ 赵建国，王净净．“逆向反哺”、子女结构与老年人口劳动参与［J］．人口与发展，2021（2）：17-28.

④ 穆光宗．老年发展论——21 世纪成功老龄化战略的基本框架［J］．人口研究，2002（6）：29-37.

家庭养老负担，减轻社会、国家养老的压力。正是因为劳动参与具有这些功能，才会使老年人进入劳动力市场参与劳动。

“逆向反哺”是老年保洁工劳动参与的一个重要原因，他们通过劳动参与获取劳动报酬帮助子女减轻负担。一方面是自主养老减少子女对父母的赡养，另一方面是获取劳动报酬以经济支持的形式帮助子女。因为父母对子女的无私奉献和关怀，所以在一定程度上促进了老年人的劳动参与行动。

（三）帮助子女：老年保洁工的逆向反哺行为

在当今的社会中，年轻一代从农村移居城市，在大城市扎根安家，这个市民化的过程十分艰辛。在城市生活的年轻人生活压力大，生活负担重，主要表现在房贷、车贷、养育子女、子女教育、赡养老人、基本的生活开支及其他开销等，有时候甚至是入不敷出。根据 2019 年《中国消费年轻人负债状况报告》，“我国年轻人的人均负债达到 12 万元，总体信贷产品的渗透率为 86.6%，”① 可见现代年轻人的生活压力之大。老年人为了帮助子女减轻负担，他们选择劳动参与。老年劳动参与不仅可以减轻子女赡养父母的压力，还可以帮助家庭增加收入。

老年保洁工群体收入少，拥有的社会资源有限，日常生活中的劳作性活动较多。他们选择自主养老，参与劳动帮助家庭增加经济收入。有人认为这是现代年轻人的“啃老”现象，是现代年轻人不努力和懒散的表现。在农村就业资源不足与城市就业相对充足的背景下，来自农村的年轻人在市民化过程中面临着诸多困境。市民化的过程不仅仅是他们自己的选择，也是年轻人被社会所裹挟的结果，特别是在快速城镇化过程中表现尤为明显。老年人的劳动参与行动如何帮助子女和家庭，主要

① 新浪网 . 2019 中国年轻人负债状况报告［EB/OL］.（2019-11-18）. http：//vr. sina. com. cn/news/hot/2019-11-18/doc-iihnzhfy9948302. shtml.

表现在几个方面：一是直接的经济支持，通过劳动参与获取劳动报酬帮助子女。二是劳动参与能够维持老年人的身体健康，身体健康可以为家庭减少因疾病所带来的开支，减轻家庭的经济压力。三是老年人可以自主养老以减轻子女负担。老年劳动参与还可以使家庭成员保持和谐，减少家庭矛盾和冲突。老年人大部分时间和精力都在劳动，与家庭成员接触的时间较少，可以减少家庭成员之间的冲突。

问：您来上班的目的是什么？

SX（男，64 岁）：来这里做保洁也有好几年了，来这里的主要目的是为了挣钱帮助子女，他们工资不高，他们只有一个在上班，要养一家人，小孩子（孙子）也要读书，花费很大。我们在外上班可以帮助子女，有些时候家里的人情客往（送礼礼金），也主要是我们帮助他们。

问：您为什么还要帮助子女？

SX ：嗯……他（儿子）都不好过了，难道当父母的就好过啊？做父母的人都不帮助他，谁还会帮他？不是为了他，我们才不会这么辛苦。身体也还可以，出来做一天算一天，帮他们减轻点负担。我们两个（他本人及妻子）的收入，一个月他们不用操心娃娃的学费，家里人吃饭没得问题了。

问：你们两个老年人的工资收入主要用在什么地方？

SX：我们的收入主要是用在家庭的基本开支，每个月的水电费、燃气费、物业费都是我们在交。家里买米、油、菜都是我们在买。有些时候给小孩（孙子）买点玩具，学费也是是我们自己出钱。还有就是平时的人情客往也是我们。但是儿媳妇后亲（儿媳妇的直系、旁系亲属）那边是他们自己在走。我们两个老人的工资就是这些花销，每个月留下来的就没有多少了。

问：你们为家庭做出多少贡献？

SX：我们现在身体还好，如果我们一直在上班，他们（儿子儿媳）就要轻松一点。没有我们两个老年人帮助的话，他们的生活压力就很大，有房贷、车贷，还要养两个小孩。我们出来上班，最起码我们两个老年人不需要他出钱。比如生病买点药，自己买件衣服，都是我们自己出钱。家里的这些日常开销是我们在帮助他们，他们还是要轻松点。（HX31）

从老年保洁工“逆向反哺”的劳动参与动机可以看出，他们的行为选择不是利己的，而是一种利他行为，是出于对子女关爱的被动参与行为。从 SX 的话语中可以看出，子女的生活压力直接影响并改变了老年人生活，他们不得不出来参与劳动以获取劳务收入。SX 及其妻子都外出从事保洁工作，每月超过 4000 元的劳务收入帮助家庭，可以帮助子女减轻经济压力，同时也减轻了家庭养老负担。从上述的访谈中可以看出，养儿防老的理念在逐渐淡化，自主养老的理念正在形成。

四、获取认同的动机

（一）自我认同感的内涵及意义

弗洛伊德最早提出认同的概念，他认为“认同是一种心理或情感上的趋同过程，个体将他人或群体的价值和规范内化，从而获得一种心理上的同一感”①。其实，认同是指个体在社会交往中建立起来的对社会群体及自身身份的认知和评价。自我认同是指个体能够理智看待且接受自己及外界，主要表现为个体热爱生活、积极向上，能够体验到自我

① 李孟潮，王高华．对弗洛伊德著作中认同的概念研究［J］．上海精神医学，2005（2）：123-125.

价值实现、他人和社会的认可与赞许，个体能够从这个认同感中获取自信与尊严。自我认同包括自我了解和自我实现两个部分。

自我认同伴随人的一生，婴儿期开始出现依恋、自我感及独立倾向，青春期逐渐确立，老年期对整个人生的回顾与整合。个体进入老年期，身体机能发生变化，身体健康状况开始下滑，人生中的巅峰体验感逐渐减弱。主要表现在老年人退休以后的家庭地位、社会地位发生变化，逐渐经历重要社会关系人员离世，经历或面临丧偶的风险，他们对过去的经历变得模糊，未来变得有限，价值观念与年轻人有代沟，他们面临着自我认同危机问题。老年人需要对自我重新认识，对自己的整个人生进行反思和回顾。他们最终会承认现实以接受自我，实现自我认同开始老年生活①。

在埃里克森的人格心理学中，老年人一旦进入生命晚期，就会对过去的生活进行回顾和评价，如果能够对自己的一生进行积极评价，认为自己的生命是充满成就和有意义的，那么就具有成就感，就会开始新的生活。如果对过去产生不满和失望的消极心理，老年人就会沉溺于这种负面情绪，很难从中抽离。老年阶段的任务是调整以获取自我认同，并与周围的人保持一种和谐的关系。老年人的自我认同感提高，有助于老年人保持积极乐观的心态，更好地度过晚年。

（二）老年保洁工的自我认同危机

老年保洁工的自我认同危机主要体现在以下几个方面：一是自我价值否定；二是个人身份认同危机；三是群体归属危机。老年保洁工自我认同危机的最为主要的原因在于自我意义的丧失，老年人社会角色转变困难，部分老年保洁工在进入劳动力市场之前，表现出自我认同危机，

① 朱晶．自我的整合与发展：老年期的一项重要任务［J］．社会心理科学，2014（22）：24-28.

缺乏自我存在的价值感。自我意义的危机会导致个人的定向危机，表现出对生活的目标性缺失，对未来生活产生一种迷茫感。老年保洁工群体的自我认同危机主要有以下几个方面。

一是老年保洁工群体的自我价值否定。老年人处于人生中的老化和衰退时期，在生理上的老化和心理上的矛盾冲突使得老年人继续思考，“我是谁，我该成为什么样的人”。在这过程中就会产生一种矛盾冲突，自我价值的呈现就会随时丧失。老年人从人生的巅峰状态走向迷失衰落，从年轻力壮到身体机能衰退，从工作到退休，从家庭之主到无工作状态，就是从家庭和工作单位（公司）的中心地位到边缘状态，甚至脱离了原来的圈子而找不到归属，老年人就会产生一种失落感和消极心理。

THS（男，65岁）：我在上班之前，有一段时间实在太无聊了，一天无所事事，就是在想，这个生活怎么过，家里的子女回家以后，看到他们的心情不好。我想是不是因为我不上班没有经济收入，给他们带来了麻烦？一直有些疑虑。顿时觉得老了，没有任何价值，感觉生活没有意义，每天就是吃饭、看电视、睡觉，很无聊。

问：后来怎么样了？

THS：过了一段时间，我老伴儿（妻子）就生病了，病了很长一段时间。我最终还是把她带出来了，我们就在后面（民房）租了一个房子。我们两个都在这里上班，过一天算一天。

问：为什么搬出来住？

THS：因为儿媳妇觉得我们不讲卫生，生活习惯不同，为了缓解家庭矛盾就搬出来了。

问：还有其他的原因吗？

THS：与他们一起居住，总感觉自己没有为家庭做出贡献，有点多余。只要看到子女一天不高兴，就会想是不是自己的原因，心理压力大。

问：搬出来住有什么变化？

THS：生活要充实一点，有了经济收入，不给他们添麻烦。(NM07)

二是老年保洁工群体的身份认同危机。个体身份认同危机是老人自我认同缺失的重要表现。通常情况下，个人身份认同是人们通过生活经验对自我进行反思的一个过程，是对自我身份的一种认可和确立。如果没有找准自己的定位，没有正确认识自己的身份，就会产生一种自我冲突与矛盾、困惑，从而导致身份认同危机。老年保洁工在进入保洁公司的初期，角色适应困难，也会导致身份认同危机。老年保洁工的身份认同危机不仅表现在进入劳动力市场之前，同时也表现在进入劳动场域的初期。这种身份的确立包含个体对自己身份的期待和接纳，在身份确立过程中会出现自我冲突、困惑和选择。

个体在任何一次角色转变过程中，都需要接纳自己，认同自己的身份。老年保洁工群体从年轻力壮到身体机能衰退，从人生巅峰状态滑落到无业甚至无收入的状态，从家庭支柱、家庭之主到家庭“闲人”状态。他们从中心地位到逐渐被边缘化，甚至脱离了原来的圈子而找不到归属。他们在角色转变过程中没有找准自己的位置，没有正确认识自己的身份，严重影响了其晚年生活。

老年保洁工在进入保洁公司的初期，对自我身份的认同产生困惑，角色适应困难，导致其身份认同危机。这种身份的确立包含个体对自我身份的期待和接纳，在身份确立过程中会出现自我冲突、困惑和选择。心理学家埃里克森认为，个体进入老年期，需要解决的主要任务是自我冲突，实现自我整合。当老年保洁工不能建立并保持自我认同感，就会出现自我认同危机。老年保洁工的自我身份认同危机主要表现在两个方面：一方面是自我身份认同困难。当前，由于保洁工的职业社会声望不高，工资待遇较低，老年保洁工对其自身职业的认可度也较低。有些老年保洁工从其他职业声望较高的职业中转向保洁服务业，从其职业流动来看，是一种从高到低的向下流动，即从较高职业声望的职业中流向较低职业声望的职业，这是导致自我身份认同较低的重要原因。最为直接的表现就是，老年保洁工在选择工作地点的时候，基本都是远离自己的居住地，远离自己的“熟人圈”。虽然他们是一名事实上的保洁工，但是内心还未真正接受这个职业。另一方面是角色转变困难。老年保洁工在进入保洁公司后，往往受到公司制度及管理人员的约束。他们可能是刚从其他岗位退休下来的老年人，也可能是更高层级的管理者，难以适应被人管理和约束的角色。大部分老年保洁工来自农村，他们在农村的生产活动相对自由，突然受到公司制度及管理人员的约束，在较短时间内也很难适应当前的角色。

三是群体归属危机。人类是一种群居动物，社会中的任何个体都离不开群体生活。人们在社会交往过程中形成了自己的圈子，社交圈由自己的亲人、朋辈群体再到同事等逐渐扩大，正如费孝通先生的“差序格局”一样，个人的交往圈子是以个人为中心，不断向外扩展的过程。同样，个体进入老年期以后，社会交往对其心理健康有重要的影响。即老年人对群体的认识和评价有助于调动老年人的主观能动性，增强群体归属感。但是在现实的社会中，特别是城市流动老年人、农村空巢老人、独居老人、郊区失地老人进入城市生活以后，相对隔离的城市生活使得老年人的交往受阻，社交圈逐渐变小、活动空间逐渐变窄，老年保洁工很难找到属于自己的群体。外界的客观因素阻碍了老年保洁工的社会交往，使老年保洁工找不到群体归属感，加上老年人因年老体衰，学习交往能力等在逐渐降低，进一步削弱了老年人的社会交往水平。当老年人失去群体归宿感，就会开始厌倦团体活动，自我封闭而引发心理疾病。

大部分老年保洁工在进入保洁服务公司之后的初期，表现出无群体归属感。如上文所述，老年保洁工群体的自我认同危机与自我价值否定，是导致其群体归属危机的重要原因。老年保洁工群体在劳动过程中缺乏归属感，不仅使其找不到劳动参与的价值和意义，还会使其产生孤独感。当老年人失去群体归宿感，最终导致其厌倦团体活动，自我封闭而引发心理疾病。他们只有通过加入一个团队或组织，并调适自己在团队中的角色，发挥自身在团队中的作用，才能够找到群体归属感。老年保洁工呈现的群体归属危机问题，可能会诱发一些老年心理疾病，这不利于老年保洁工的劳动参与行动，还会降低老年保洁工的劳动效率。

（三）劳动参与：老年保洁工获取认同的重要方式

获取认同是个体实现价值的一种体现，也是其参与劳动的动力源泉。自我认同感包含自我认同、群体认同、职业认同和价值认同。在调研过程中发现，老年保洁工在进入保洁服务业之前，为了体现自我价值而选择再次进入劳动力市场。在进入劳动力市场以后，在角色转变的过程中也需要得到自己及他人的认可，以更好地适应当前的工作，其中城市流动老人表现尤为明显。同时，也有老年人选择外出劳动参与作为其获取认同的一种价值选择，积极体现老年价值的存在，以获取或重树在家庭中的重要作用。也有老年人认为自己受到了家人的歧视，因此，老人通过自己的劳动来养活自己，证明自己的能力。

首先是获取家人的认同。为了证明自己的社会价值，自己有能力创造价值，可以自己养老，不会为家庭带来任何负担，他们开始扩大自己的社会交往圈子，通过各种方式再次进入劳动力市场参与劳动。劳动参与是老年保洁工证明自己价值存在的一个重要方式，也是实现自我价值的一种方式。

其次是得到朋辈群体的认同。老年保洁工在劳动参与过程中，需要得到朋辈群体的支持和认同。朋辈群体的直接支持可以增强老年人的自信心和社会交往能力。得到朋辈群体的认同，可以使老年保洁工在心理上获取一种归属感，使自己的工作得到认可，使老年保洁工群体的价值得到认可。这对提升老年人劳动参与的积极性有重要作用。

最后是在劳动参与过程中，自我价值的认同。老年保洁工劳动参与的价值在得到他人认可的同时，还需要他们的自我认同，即对保洁工这个身份的肯定。老年保洁工在劳动参与过程中的自我价值肯定，可以帮助其实现角色的转变，更好地适应当前的工作。在劳动参与过程中找到劳动的意义和价值。

问：您的户籍地是哪里？

GTH（女，62岁）：我老家是四川。

问：您丈夫从事什么职业？

GTH：我的丈夫也是保洁工，我们在两家不同的保洁公司上班。

问：是什么原因才来这里生活？

GTH：来这里生活，是我的儿子接来的，说隔得远了没有人照顾我们，让我们来一起住，方便照顾。

问：出来上班的主要目的是什么？

GTH：来这里以后才发现儿子的压力大，儿媳妇一天不高兴，觉得我们无能力。我们觉得这样不行，有点瞧不起我们。我有脚有手的，我自己出来上班，看你怎么说，（证明自己有能力，上班的目的就是获取家人的认同）我们自己养活自己。（NM08）

在交流的过程中发现，有些老年保洁工为了获取家人的认同，为了证明自己有能力，体现出自己的价值而来上班。更进一步说明，老人对社会、家庭是有价值的，因此价值认同十分重要。

五、自我价值实现的动机

（一）自我实现的理论内涵

马斯洛在需求层次理论中提到，人类的需求有五个层次，其中自我实现是人的最高层次需求。马斯洛认为人的需求分为两大类：一类是匮乏性需求；另一类是成长性需求。成长性需求就是自我实现，是个体基本需求得到满足以后，受到更高层次的超越性动机的驱动①，匮乏性需要是自我实现之下的生理需要、安全需要、爱和归属需要、自尊需要。在匮乏性需要被满足的情况下，例如个体在社会生活中得到了足够的爱与尊重，自身的基本生理需求得以满足，在工作中得到了足够的尊严，才会有成长性需求的动机。马斯洛认为，自我实现的最终表现就是一种“高峰体验”。马克思也提出了自我实现概念，与马斯洛持有相同的观点，他提道：“被看作个人自己自我提出的目的，因而被看作自我实现，主体的物化，也就是实在的自由”②。认为自我实现是人在满足了基本的生存需求以后的发展需要，自我实现是人不断发展的一种必然性的体现。马克思认为自我实现是个体朝向目标的过程，通过社会实践个体最终能够获得自由而全面的发展。从马克思和马斯洛关于自我实现的概念来看，自我实现是一种处于高峰状态的心里体验，是一个人较高精神状态在实践中的体现。老年保洁工在劳动实践过程中有一种自我价值

① 马斯洛．人性能达到的境界［M］．方士华，译．北京：燕山出版社，2013：6.

② 马克思，恩格斯．马克思恩格斯全集（第46卷）［M］．北京：人民出版社，2003：27.

实现的认识和感受，他们老年生活中的物质、安全、爱与归属的需求已经得到满足，就会去生活中寻找自己的快乐，满足自己的精神需求。老年保洁工在劳动参与过程中展现出来的自我价值实现，体现出老年保洁工更高的精神追求。由此可见，老年保洁工的劳动参与是老年精神生活中的一个重要部分。足以说明，社会经济参与对老年人的精神满足起着重要的作用。老年保洁工参与社会经济活动不仅可以满足其养老的物质需求，还可以满足老年人的精神生活需要。

（二）老年保洁工的自我价值实现

当前，保洁工的职业声望与薪资待遇较低，导致保洁服务市场中年轻劳动力短缺，这给老年人进入保洁服务市场提供了机会。老年保洁工劳动参与的动机各不相同，他们劳动参与的主要动机有获取劳务收入、获取认同、保持身心健康和逆向反哺。然而，在调查过程中发现，老年保洁工也有更高层次的追求，其劳动参与的目的是实现自我价值。这部分老年保洁工主要来自城镇退休职工，他们长期在城市生活，有丰富的社会经验，对保洁服务工作有较高的价值认同感。他们认为人老了不仅可以发挥自己的价值，也可以为社会做出贡献。

案例一（NM08）：

问：您以前干什么工作？

GTH（女，60岁）：1992年在浙江打工，1996年一直到退休都在上海的一个服装厂上班，算是服装厂的技术工人，一直到50岁，公司要求我们退休。

问：退休后就来干这个工作吗？

GTH：退休后回家带了几年的孙子。孙子上学了，我就来这里了，在这里都干了好几年了。

问：您为什么要干这个工作？

GTH：因为年龄的原因，很多地方都不招50岁以上的老年人。我们找不到其他工作，只能去餐馆打临时工或做我们这行（保洁工）。我们这个工作又要比餐馆轻松一点，没有多少文化就只能干这个了。

问：您觉得干保洁有意义吗？

GTH：老年人也可以发挥我们自己的优势，发挥我们的价值。说实话我来做这个也不主要是为了挣钱，我们老年人也有自己的价值，来打扫卫生可以为城市环境卫生做贡献，我觉得很光荣。有些人可能看不起这个行业，但是如果没有我们这个群体，城市的生活环境将不知道是什么样子，可能是臭气熏天，满街垃圾。

案例二（NM10）：

TX（男，67）：我是1992年来这里，我一直在大十字做百货生意，我以前手下也有十几个工人帮我干。我挣钱了帮我儿子开了一个出租车公司，花了几百万元。现在也不差钱用了，房子都有好几套。

问：您来这里上班的目的是什么？

TX：上班可以实现我们老年人的价值。年龄逐渐大了，好多年没有做生意了。一天吃了饭就在家里躺起，这好像失去了生活的意义。我们老了也要发挥我们的价值，使生活变得更加充实。

问：您觉得干保洁工作有意义吗？

TX：意义大，国家一直都在倡导环保，提倡生态。我们要为环境卫生做自己的贡献。我们不能只做垃圾的生产者，我们还要发挥老年人的价值，维护小区的清洁卫生。年轻人不干这个工作，总有人来干啦！

从保洁工GTH和TX的访谈可以看出，关于保洁工作的意义与价值，不再是为了基本的生活需要，而是为了实现自我价值。老年保洁工的劳动参与不仅可以创造价值和财富，还可以实现自我价值。可以为城市的环境卫生贡献自己的力量，发挥老年人的作用。这部分老年人对保洁工这个职业的热爱，更多的是想实现自己的价值，是一种主动的选择。在劳动中找到了自己的意义所在，他们很快适应了保洁工这一角色。从 GTH 与 TX 两位老人的现状可以看出，他们有自己的退休工资可满足基本的物质需要。劳动参与的目的就是实现自我价值，通过劳动参与的形式，丰富老年生活，满足自身精神需要。

本章小结

老年保洁工的劳动参与行动是在一定推力和拉力相互作用下形成的，老年保洁工劳动参与行动动机就是推力，老年保洁工劳动参与的结构因素就是其行为发生的拉力。帕森斯认为，在个体行动中，行动动机是激发个体行为发生并导向某一目标的内部驱力。然而，老年保洁工劳动参与的行动动机主要来自外在的结构性因素的影响，在外部结构性因素的驱使下参与劳动。老年保洁工劳动参与的动机各不相同，他们在劳动参与行动中有一个或多个动机。但无论如何，老年保洁工都至少有一个动机推动其参与劳动，同时老年保洁工的劳动参与动机是多重的。调查发现，老年保洁工群体劳动参与的行动动机主要表现在五个方面：获取劳动报酬；逆向反哺；维持身心健康；获取认同；自我实现。这五大动机中排在首位的是获取劳动报酬以弥补养老金的不足，其次才是逆向反哺以帮助子女、锻炼身体维持身心健康、获取认同和自我实现。老年保洁工群体劳动参与的行动动机与马斯洛需求层次理论一样，个体的行为选择必须要优先满足其基本生存问题，最后才是追求自我、实现自我。老年保洁工为了进一步提升老年生活质量，选择了外出劳动参与也是对现实社会环境的一种能动反应，是内因与外因共同作用的结果。

老年保洁工的劳动参与行动是在结构性制度障碍背景下发生的，是保洁服务劳动力市场的需要，更体现出处于社会底层的老年群体养老资源的匮乏。养老资源包括资金、服务、机会、关照和社会支持氛围，还包括政策体系（王思斌 1999），抑或是经济资源、情感资源、时间资源和服务资源（穆光宗 1999）。根据《中华人民共和国老年人权益保障法》规定，对老年人的赡养包括对老年人进行经济上的供养、生活上的照料和精神上的慰藉。可将养老资源划分为三大类，即物质资源、精神资源和日常生活照料。从老年保洁工劳动参与的行动动机来看，老年保洁工劳动参与主要是为了满足其养老资源。当前，我国养老资源相对匮乏，特别是城市流动老年人口的养老问题越发突出，他们只有通过劳动参与的方式，把劳动转化成为其他方面的养老资源。他们参与劳动不外乎有两个方面的需要：一是物质上的需要，如获取劳动报酬弥补养老金的不足，维持自身基本的物质需要；二是精神满足的需要，如获取报酬帮助子女、获取认同和自我价值的实现。劳动参与也是锻炼身体的一种重要方式，通过劳动不仅可以获取劳务收入还可以锻炼身体，达到“一石二鸟”的作用。正如吉登斯所言“人的能动性存在无意识成分，并不是所有的行为都有动机，可能是行动者对环境的监控和反应”。在老年保洁工劳动参与行动中，也会有无动机行为的表现，是对传统农耕文化的延续、转移和发展。

他们选择劳动参与行动也是一种对现实环境的反映，在农村生活中，没有退休一说，人们都是尽其所能地参与劳动，劳动参与已经成为日常生活中必不可少的内容。在新的城市生活中，他们通过从事保洁工作来替代农村原有的生活方式和生活习惯，劳动参与已经成为老年保洁工新旧生活顺利过渡的重要方式，使其日常生活变得更有价值和意义。因此，老年保洁工的劳动参与行动是内因与外因共同作用的结果，也是老年劳动力市场的需要和养老资源转移的结果。

第五章　老年保洁工“进场”前的行动策略

当前，我国老年劳动就业保障制度还不够完善，老年保洁工劳动参与机会和信息资源的获取都受到了限制，他们很难通过正式的渠道进入劳动场域。老年保洁工在进入保洁服务市场时需要跨越制度障碍，通过非正式的方式获取资源。在进入劳动场域之前，他们主动建构社会支持系统，利用“强关系”和“弱关系”获取信息资源，找寻目标场域关键人并利用规则，采取行动策略进入劳动场域。

一、非正式社会支持网络的自我建构

社会支持网络是个体在沟通与交流的过程中能够维持其社会身份，并获得情绪、物质、服务、信息等方面的支持，逐渐融入新的社会①。“它是一种由社区、社会网络或信任伙伴所提供的可感知实际的工具性或表达性的支持，”②“它暗示了向需要帮助的人提供某种积极的互动或

① 王思斌．社会工作综合能力［M］．北京：中国社会出版社，2010：145.

② Lin N. Social support, Life Events, and Depression [M]. Orlando, FL: Academic Press, 1986: 17-30.

有益的行为"①。老年保洁工在进入劳动场域时需要得到他人的支持与帮助，包括有血缘关系的近亲属、朋辈群体及其他社群。社会关系网络随着个体在不同情景中而发生变化，可以由行动者自行做出解释并划分人际交往圈。这些交往圈的亲疏远近，也可以根据行动者在特定的情境中来划分和区别。老年保洁工作为劳动场域中的特殊行动者，其劳动参与面临着结构性制度障碍、传统养老文化束缚等方面的困境，他们只有主动获取社会支持才能够顺利进入劳动场域。

社会支持网络与社会关系、社会交往有重要的关系。社会支持网络是个体在社会交往和互动中产生的一种社会关系，这种关系体现出个体间的关系是一种利于个体行动的积极的关系。费孝通用"差序格局"这一概念来概括中国人的社会关系网络，他认为"中国人的社会关系网络，就像把一块石头丢在水里，水面上所发生的一圈圈向外推出去的波纹，每个人都是社会影响所推出的圈子的中心，被圈子的波纹所触及就发生联系。每个人在某一时间、某一地点所运用的圈子是不一定相同的。"② 中国人的社会关系网络是由一个个人逐渐向外推广，是一种私人关系网络所连接起来的社会关系网络。老年保洁工作为劳动场域中的特殊行动者，在劳动场域中需要与不同的群体交往，他们的劳动参与行为才能顺利实现。老年保洁工在"进场"前需要与自己产生关系的群体进行交往互动，利用这些资源以获取劳动参与的机会，这也是老年保洁工能否顺利进入劳动力市场最为关键的一步。

老年人如何走出家庭成为一名保洁工，他们需要采取各种策略来获取家庭成员的支持。在传统文化中，家才是老年人最终的归宿。家是老年人养老最重要的责任主体。老年人走出家庭参与劳动除了需要得到家

① Hupcey J E. Clarifying the Social Support Theory-research Linkage [J]. Journal of Advanced Nursing, 1998 (27): 1231-1241.

② 费孝通．乡土中国［M］. 北京：生活. 读书. 新知三联书店，2019：49.

庭成员的支持外，还需要获取其他社会关系人员的支持。随着老年人自身角色由中心向边缘的转变，加上受传统养老文化、“面子观”、伦理观等因素的影响，他们需要得到子女及其他重要社会群体的支持。这种支持包括提供信息资源等实质性帮助和获取同情心等情感支持，是个体在社会行动中受尊重、被支持、被理解的情感体验。一般而言，社会支持系统对被支持主体是一种主动、积极的支持，只有良好的社会支持系统才有利于个体的行动。然而，在我国实施渐进式延迟退休政策之前，老年保洁工劳动参与行动的社会支持系统是不完善的甚至是缺失的，因为社会和学术界对于老年劳动参与的伦理问题并未形成一致意见。积极人口老龄化理论认为要积极看待老年人，发挥老年人的价值，而有些人认为老年人到了退休年龄应该在家颐养天年，好好享受老年生活。这些观念使人们的价值观念处于回避与支持的矛盾之中。老年保洁工在文化结构、制度结构的双重影响下，不得不主动建构社会支持系统并获取支持，可以说是一种被动的支持。老年保洁工在主动建构社会支持系统过程中，采取的行动策略主要有以下几个方面。

（一）获取子女的支持

随着年龄的增长，老年人在家庭和社会中的角色发生了变化，从主要社会角色转变成为次一级的角色。年轻人开始担负起家庭的重任，在家庭和社会中扮演着重要角色，他们的意见和建议对老年人的劳动参与行动至关重要。年轻人能否支持老年人外出参与社会经济活动，主要在于子女的经济能力以及对老年劳动参与的价值认同。子女的支持有利于老年人的劳动参与行动。

调查发现，老年保洁工劳动参与都需要获取子女的支持，子女的支持对老年人的劳动参与起着决定性作用。对于是否支持老年劳动参与，年轻人表现出矛盾的心理状态。如果支持老年人参与劳动，他们可能面临着负面的评价，“不孝顺、不懂事”的评价使其产生心理压力。因为在传统文化中，老年人理应在家颐养天年，安享晚年生活，老年劳动参与在传统养老文化中不被认可。如果不支持老年人参与劳动，他们也有一种未能满足老年人意愿和不尊重老年人的矛盾心理。也有年轻人认为，父母外出劳动参与是一件没有“面子”的事情，支持老年劳动参与使他们心理产生内疚感。也有少部分年轻人对老年劳动参与持中立态度，他们尊重老年人的选择。无论子女的态度如何，老年保洁工在劳动参与行动中都需要主动获取子女的支持和认同。

李某：我今年 37 岁了，我媳妇也在上班，两个人的工资有些时候（公司效益不好的时候）加起来不到 10000 元，有两个小孩，每月还房贷 3672 元，还车贷 2200 元。压力还是有的，老大在读一年级，老二在读幼儿园（大班），这两个小孩的花销也不小，两个小孩的兴趣班花费、吃喝拉撒大概要 2500 元。还好有信用卡，不然难得很。

问：您支持父母做保洁服务吗？

李某：我最开始是不愿意他们出去的。你说出去吧，年纪也大了，怕腿脚不方便出现意外。不让他们去吧，我自己也没有多少钱给他们，但是在家吃饭是没有问题的，不会让他们挨饿。说实话，最开始的时候还是觉得这个“脸”有些挂不住（觉得父母做保洁没有面子）。别人家的老年人都在家休息，我自己的父母却在外打扫卫生，心里面也过不去。

问：父母出去做保洁为什么没有面子呢？

李某：别人家的父母都在家里养老，或在外旅游。自己的父母却还要上班。家里的亲戚朋友都会说我们当小的（子女）不孝顺。同样都是人，为什么别人的父母可以在家休养，而我自己的父母还要出去受苦，换做谁都会觉得没有面子。

问：您最终支持他们吗？

李某：最后还是同意他们去。不支持他们去，好像也不尊重他们的想法。

问：父母外出做保洁，他们为家庭做了哪些贡献？

李某：贡献肯定有，这两个老年人年轻的时候在农村生活，农村的生活非常辛苦。现在老了，开始是想把他们接来城市里休息，也方便照顾。他们最开始是不想来的，说不习惯，怕给我们增加负担。后来是生娃娃了，他们才来这里，帮助我们带娃娃，一直到老二上小班，他们才出去做保洁。说来惭愧，现在他们两个老年人的工资还在补贴家用，他们去上班帮我们，我们是要轻松一点。

从上述的访谈中可以看出，子女对老年劳动参与行动体现出一种矛盾的心理，作为子女而言，不想父母太劳累，但也不得不尊重他们的选择。

如何获取子女的支持？老年保洁工采取的策略是向上对比。当子女不支持或保持中立态度时，老年人会用各种策略主动获取支持。很多老年人通过谈心的方式，向家庭成员表达自己外出劳动参与的决定，解释自己外出劳动参与的条件及能力，表达自己的强烈意愿。首先是表明自己的身体健康，能够胜任保洁工作，即使他们的身体处于亚健康状态，也把自己描述成为身强力壮的人，劳动参与不会使自己的身体健康状况恶化而为家庭带来风险；其次是帮助子女寻求心理平衡，通常与子女谈及“别人家”的老年人，“某某人开着小车来扫街，某某家开宝马车也来打扫卫生”等等。认为“别人家比自己的经济条件好都在劳动，也可以通过劳动参与获取更多经济收入，劳动参与并不是一件没有面子的事情，劳动参与与子女无关，是老年人的一种自愿选择，凭劳动挣钱也很光荣”；最后是表明自己不习惯城市生活，需要劳动参与充实生活。

因大多数老年人都是流动老人、失地老人，他们长期在农村生活，城市的生活使他们变得孤独、无聊，需要靠劳动来充实生活，达到获取收入、锻炼身体、社会交往、自我价值实现的目的。老年保洁工这种主动获取子女支持的行为，足以说明劳动参与对老年人的重要性。

问：您上班是否得到子女的支持？

LPG（女，60 岁）：出来上班是要得到他们的支持，如果悄悄出来上班，他们会不高兴，一家人就不孝和（和睦），不说清楚的话，儿子儿媳会以为我怕做繁杂的家务活，所以要说清楚出来上班的原因，开始的时候也是不同意的，讲了很多道理他们才勉强同意。

问：如果子女不支持您出来工作，您会怎么办？

LPG：不支持也很正常，他们有自己的想法和面子观。出来上班是我自己的事情，找好方法就可以了。

问：您通过什么方式获取他们的支持？

LPG：开始的时候是说想出来找个事情干，他（儿子）说“出来做哪样（没有必要上班），家里又不是没有饭吃”。我觉得不行，在家里面一天闲得无聊，我得想个办法去挣点零用钱，那天是家里的孙孙在过生日，大家在一起吃饭，大家心情都很好，我就说“我已经找好事情（工作）了，还有几天就要去上班，我主要是在家无聊”。最终还是勉强答应了，说“注意身体和安全”，最后没有说什么。(NM13)

从上述的访谈来看，老年保洁工的劳动参与行动还需要得到子女的支持。他们认为获得子女支持，家庭才能和睦。在主动获取子女支持的方法上，他们有大局观且考虑周全，他们劳动参与的理由充分且方式得当，更为重要的是顾及了子女及其他家庭成员的面子。在我国传统养老文化中，老年人应该在家颐养天年而不是参与劳动。同时，保洁工的职业声望并不高，得不到社会的认可，有人甚至认为干保洁工作是一件没有面子的事情。因此，他们说服子女以获取支持显得十分重要。老年人有丰富的社会交往经验，加上他们对自己子女的了解，获取子女的支持就相对容易。

（二）同胞兄妹的同情

同情是对他人的不幸与苦难产生关怀、理解的情感反应，是一种感同身受和关心的心理。在人际交往过程中，同情心是一种重要的情感表达方式。当我们展现出对他人的关心和理解，他们会感到被认同和尊重，从而建立起更加密切的关系。在面对他人的困难和需要时，我们需要用心去倾听和理解，可以促进社会成员之间的互动和合作，减少社会冲突和矛盾。在社会交往过程中，我们不仅要同情他人，还需要得到他人的同情。老年人外出从事保洁服务工作，还需得到其同胞兄弟姐妹的认同和支持。获取自己同胞兄弟姐妹的认可和同情，可以增强老年保洁工劳动参与的信心。老年人的同胞兄弟姐妹对其家庭情况都很熟悉，他们的意见和建议，对老年保洁工是否劳动参与具有重要的参考价值。

老年保洁工获取自己同胞兄弟姐妹的支持，采取的行动策略是同情心理。他们认为，任何家庭和个体遇到经济困难，都会选择劳动参与且需要兄弟姐妹的理解和支持。因为他们的兄弟姐妹就是子女的舅舅、叔叔、姑妈和姨妈，这些长辈的意见和建议对维持良好的家庭关系十分重要。舅舅作为母亲的同胞兄弟，在家庭中享有较高的社会地位和决策权。在中国传统文化中，舅舅在家庭或家族中都会受到尊敬，例如在某些地区，外甥结婚时，舅舅坐上位，甚至在母亲过世后的事务中，舅舅也能行使类似祖母或外祖母的权威。获取同胞兄弟姐妹的支持，主要有两个方面的原因：一方面可以为自己的劳动参与提出中肯的建议，因为他们熟悉自己的基本情况；另一方面是为了能够化解劳动参与中的困难，家庭子女如果不支持他们劳动参与，他们会通过自己的兄弟姐妹帮助自己获取劳动参与的机会。同情心理是任何个体都需要的，是激发老年劳动参与行动发生的重要因素，可以增强老年劳动参与行动的信心，使整个行动得以较好完成。

LPG（女，66 岁）：我在和他舅舅通话的过程中，大家都没有忍住哭了。

问：为什么哭呢？

LPG：他舅舅说，“我苦了一辈子了，该休息了（意思是不去做保洁），没有必要出去上班”。我说“他爸爸（丈夫）重病在身，家里用钱的地方还很多，出去做保洁可以贴补家用”。但是儿子也不想我出去，再难都不会让我们饿着，很孝顺。聊了很多，最后他舅舅还是支持我，并叮嘱我说“注意身体就是”。

问：他的支持很重要吗？

LPG：重要啊，如果他不支持我来上班，他不知道家里的情况，也不会理解儿子的苦处，自己的子女也会觉得没有面子，可能会引起一些矛盾。

问：会引起什么矛盾呢？

LPG：毕竟是自己的弟弟，他也知道我们在农村辛苦了大半辈子，现在应该是享福（颐养天年）的时候了。儿子也在城市买了房子，不沟通好的话，他们可能认为是儿子儿媳逼我出来上班的。他舅舅说话也很直，脾气也不好，怕他们两个有些误会，也要给自己子女留些面子。

问：您弟弟的支持对您做保洁工作有什么影响？

LPG：他支持我，我心里就有底了，这个选择应该是对的。我出来上班也可以为家庭分担一下。家庭和睦也很重要，这些亲戚关系也很重要。他支持我出来上班，起码会减少对儿子的误会，这样的话家庭就和

睦了。(NM13)

老年人在获取他人同情和支持的过程中，对自己的子女采取委婉的方式表达自己的意愿，而对自己的同胞兄弟姐妹却采用实事求是的方法，面对不同的群体采取不同的策略，在寻求他们支持的同时，也能得到他们的理解和同情。

(三）朋辈群体的理解

在老人再次进入劳动力市场前，除了子女、同胞兄弟姐妹外，朋辈群体也是影响老年人劳动参与的重要因素。老年人的朋辈群体是除了自己的子女、兄弟姐妹以外的亲密关系群体，是老年人在社会交往的“同心圆”中处于中间部分的重要社会关系人员。[①] 在劳动过程中朋辈群体发挥着重要的作用，他们可以提供情感和实际支持，同事之间的互相帮助、分享经验和情感支持可以减轻工作压力，提高员工的工作满意度和幸福感。朋辈群体还是知识和技能传递的重要渠道，通过与经验丰富的朋辈群体互动，快速掌握工作所需的知识和技能，这种非正式的学习方式往往比正式培训更为有效。朋辈群体之间的良性竞争可以激发员工的潜能，提高工作效率和质量。在组织文化的传播中朋辈群体起到关键作用，新员工通过观察和模仿其行为，能够更快地融入团队，接受并遵守公司的规章制度和文化价值观。多样化的朋辈群体可以带来不同的观点和思维方式，有助于促进创新和更有效地解决问题。良好的朋辈关系有助于员工的心理健康，在工作中遇到困难或挫折时，朋辈群体的支持和理解可以帮助员工渡过难关，减少焦虑和抑郁情绪。积极的朋辈关系有助于增强员工对团队和公司的归属感，当公司员工感受到自己是团

① 倪赤丹．社会支持理论：社会工作研究的新“范式”［J］．广东工业大学学报（社会科学版），2013（3）：58-65.

队的一部分，并且得到同事的认可和支持时，他们更有可能表现出高水平的工作投入和忠诚度。

老年保洁工在进入职场之前，朋辈群体主要在职业咨询、信息获取、社会关系等方面提供支持，其目的是获取劳动参与的机会。老年保洁工常常通过向朋辈群体倾诉自己的家庭状况和劳动参与的意愿，获取他们的理解和支持。这里的理解一词，有同情的含义，但主要是指朋辈群体能够理解其劳动参与行动，知晓其行动动机及行动面临的困境，需要得到朋辈群体的心理支持和实际帮助的一种心理。希望朋辈群体在理解的基础上提供信息资源，或是直接提供劳动参与的机会。

朋辈群体在老年保洁工劳动参与机会的获取中起着重要作用，他们的朋辈群体中有部分老年人已经在保洁服务公司工作，通过他们获取信息和劳动参与机会更加容易。除此之外，朋辈群体中还有来自其他职业的群体，老年保洁工的劳动参与也需要得到他们的支持和认同，以寻求心理安慰。老年人与其朋辈群体交流时，可直接获取劳动参与的信息资源，可了解哪些公司有工作的机会，工资待遇怎么样，是否有熟人在保洁公司工作，工作地点的交通是否方便等。一般而言，在同一个公司上班的老年保洁工群体，都是由几个关系紧密的朋辈群体组成。因为这些群体获取信息资源的渠道基本相同，是通过熟人介绍的方式进入公司。同时，与“熟人”群体在同一个公司上班，对他们的利益维护、信息获取、社会交往都有利。因此，朋辈群体作为老年保洁工社会支持系统中重要的群体，通常都是利用“理解”这个策略来获取认同和支持。朋辈群体的理解与支持，以及他们提供的信息资源能够有效促进老年保洁工的劳动参与行动。

问：除了您的家人以外，还得到了哪些人的支持？

GTH（女，62岁）：认识的朋友也很重要。

问：您朋友是如何帮助您找工作的？

GTH：他们帮我提供信息，她给我说“公司最近缺人，在招聘”，听说公司按时发工资，一个月有4天的休息。最后帮我找了公司领导才进入公司的。

问：您的朋友现在在哪里工作？

GTH：就在我们公司，我们负责的区域不一样。

问：您和您朋友交往多久了？

GTH：也没有多久，就两三年的时间。我们是一个小区的，时间长了就熟悉了，大家走动比较多，成为了朋友。

问：您是如何获取朋友的帮助和信任的？

GTH：都朋友关系了，什么都好说。主要是家里经济越来越困难，在家无聊，出来上班不仅可以帮助家里增加收入，还可以锻炼身体。关键是要得到她的理解，然后才可能得到帮助。当然了，请人家帮忙，还不是要维系好关系，多走动啊。

问：您刚刚讲的理解是什么意思？

GTH：理解就是将心比心，站在对方的角度来考虑问题。只要能够理解你的人，都不会为难你，还可能会帮助你。

问：您是如何获取她的理解的？

GTH：我就直接摆明了我家的处境，确实是啊，在城市生活压力大，家庭开销大，生活过得紧巴巴的。出来上班是有些累，但可以为子女减轻负担。(NM008)

获取朋辈群体的理解和支持，能够有效促进老年保洁工的劳动参与行动，他们提供的信息可以直接帮助老年保洁工获取劳动参与的机会。在网络时代，招聘信息基本都是在网上发布。老年人面临数字鸿沟问题，他们获取信息的渠道受限，获取劳动参与的机会也会受到限制。因此，老年保洁工获取朋辈群体的支持和理解，对老年保洁工劳动参与行动有重要的影响，对部分信息闭塞的老年人而言，在其劳动参与行动中起着决定性作用。

（四）其他社群的帮扶

老年保洁工劳动参与过程中，还需要得到劳动场域中其他社群的支持，主要有公司普通员工、管理人员、服务对象等群体，这些群体对老年保洁工劳动参与行动有重要的作用。这些群体中的部分人在劳动场域中掌握着重要资源，甚至能够直接决定老年保洁工的劳动参与。在调研过程中发现，这些“弱关系”社会群体在老年保洁工劳动参与过程中也起着重要的作用。这些群体间的异质性强，他们可以提供不同的信息、社会关系等资源。他们是老年保洁工与劳动力市场之间联系最为密切的群体，是老年保洁工与保洁服务劳动力市场的重要纽带，也是老年人社会交往关系中的重要组成部分。

老年保洁工群体与这些群体建立交往关系，对其获取劳动参与机会十分重要。在调查过程中发现，在老年保洁工所居住的小区中，他们与物业公司的保洁员或管理人员建立起服务关系，通过较长时间的主动交往，逐步与保洁工群体建立起联系。他们可以从侧面了解这一职业的基本情况，例如招聘规则、薪资待遇、公司相关管理规定等。这为老年人进入这个行业提供了基础信息，为其做出劳动参与决策准备条件，帮助他们选择理想的公司。同时，在保洁服务场域中的服务对象也很重要。调研中发现，老年保洁工与服务对象之间的社会支持关系，是老年保洁工劳动参与机会获取的“关键人”，对老年保洁工劳动参与有重要的作用。老年人与在职保洁工及其管理人员之间的互动，与这些群体建立起良好的交往关系，获取他们的支持和理解，帮助自己进入劳动力市场。因此，社会关系网络中的重要社群所提供的信息对老人选择保洁服务工作有着至关重要的作用。

为了获取他们的支持和帮助，老年保洁工采取的行动策略就是通过各种方式获取对方的直接帮扶。公司的普通员工可以为其提供劳动参与的信息，公司管理人员可以直接为其提供劳动参与的机会，服务对象也可以利用自身的社会关系网络，为其提供各种劳动机会和信息，有时候服务对象可能会成为其获取劳动参与机会的“关键人”。当然，获取这些群体的帮助都是建立在良好社会交往关系的基础之上的，同时也不排除双方有利益交换的情况。他们直接求助于这些群体，可以提高老年人劳动参与的成功率。对于城市流动老人、郊区失地老人，这种直接的帮扶非常重要，因为以地缘和血缘关系所构成的熟人社会关系变成了“半熟人”社会关系，他们主要依靠这些弱关系群体获取信息与机会，并且所获取的信息更加直接有效。

老年保洁工在劳动参与过程中的社会支持系统还比较脆弱。在我国实施渐进式延迟退休政策之前，老年劳动参与缺乏国家行政事业机关或正式社会服务组织所提供的正式社会支持系统。他们为了获取劳动参与的机会，自我建构非正式社会支持系统。从子女、同胞兄弟姐妹、朋辈群体到其他重要关系人员，这些非正式的社会支持系统都还不完善，是一种被动获取的过程。在当前的制度结构背景下，老年保洁工只有自我建构社会支持系统，使自己在劳动参与中处于有利地位，其自我建构的支持系统能够从心理支持到实际帮扶上发挥作用。

二、“强关系”与“弱关系”的利用

格兰诺维特提出了强关系、弱关系理论，他认为社会个体的人际关系网络可以分为强关系网络和弱关系网络两类。“强关系是指个体的社会网络关系同质性强、异质性弱，人际关系紧密，主要依靠情感因素来维系人际关系。弱关系是个体的社会网络同质性较弱、异质性较强，人际关系不紧密，没有太多的情感因素维系人际关系。他认为关系的强弱决定了个体能够获取信息的性质和达到行动目标的可能性。在信息的传播上，弱关系和强关系的作用相同。在社会网络中，获取新信息，弱关系比强关系的作用更大"①。因此，个人在找工作的过程中弱关系起着重要作用，因为弱关系可以提供更多信息源并更可靠。边燕杰与格兰诺维特的观点不同，他认为在中国特殊的社会关系网络中，强关系比弱关系更为重要，人们通常是通过强关系获取新信息。即“社会个体在获取信息资源的时候，通过与不熟悉的人交往获取的信息比通过熟悉的人交往获取的信息更多更广，这个假设是基于西方国家的社会交往方式。中国是一个人情社会、伦理本位的社会，因此信息的传递也是人情关系网络的传播，所以强弱关系理论在中国并不具有普遍解释力"②。“职业流动者的社会网络主要是由亲属和朋友两类强关系构成，社会网络发挥作用的形式以提供人情为主，以传递信息为辅，这些作用在转型经济时代尤为突出"③。边燕杰教授认为老年保洁工在信息资源获取的过程中，“强关系”与“弱关系”资源都在利用。在调查过程中发现，老年保洁工劳动参与信息资源的获取主要是通过“弱关系”，但也有“强关系”资源的利用。

（一）强势的“弱关系”

弱关系主要指那些通过短暂的交往所建立起来的一种关系，存在交往频率较低、交往时间较短、互动频率较低、情感亲密度低的特点。社

---

① 马克·格兰诺维特．找工作：关系人与职业生涯的研究［M］．张文宏，译．上海：华东师范大学出版社，2020：134.

② 边燕杰．社会网络与求职过程［M］．牛津：牛津大学出版社，1999：178.

③ 边燕杰，张文宏．经济体制、社会网络与职业流动［J］．中国社会科学，2001（2）：77-89，206.

会交往中的弱关系与日常交往中的“陌生人”关系相近，在探讨“陌生人”与“弱关系”之间的关系时，在网络时代“基于陌生人社交平台建立的弱关系，可以帮助用户寻找亲密关系、实现社交功能、获取经济利益、进行娱乐消遣，即体现出部分‘强关系’的性质。在急剧城市化、人际关系原子化、频繁城乡城际人口流动的语境下，都市人逐渐对陌生人降低敏感性，在移动应用上渴望与陌生人交流”①。在快速城镇化过程中，传统熟人社会关系发生了变化，依靠“强关系”获取信息的作用在逐渐减弱，特别是在智能化、信息化时代，信息获取不再局限于传统的人际传播途径，人们能够利用各种技术设备获取信息。相反，在半熟人社会中的“弱关系”，对个体获取信息的作用越来越大。

老年保洁工进入公司主要是通过“熟人”及“熟人的熟人”获取信息，那么这些“熟人”到底是哪些人？他们与这些“熟人”又是怎样互动的？同时，这些老年人之间又是如何利用这些人际关系进入公司？从保洁阿姨FT的案例可以看出，他们利用熟人社会关系的思维方式依然没有变化，但是这里的“熟人”已经不再是传统熟人社会中的熟人，不再是传统社会中以血缘、地缘或业缘所建立起来的熟人。

问：您通过什么方式获取公司招聘信息？

FT（女，65岁）：我们都是通过“熟人”介绍来的，只要你一问这些打扫卫生的阿姨，她们都会给你说的，也不会骗人。

问：您说的熟人是谁？

FT：我不是住在T区嘛，想出来找个事情做，看到在我们小区打扫卫生的王阿姨，和她聊天，一来二去就熟了。

问：是朋友关系嘛？

① 许德娅，刘亭亭．强势弱关系与熟络陌生人：基于移动应用的社交研究［J］．新闻大学，2021（3）：49-61.

FT：也算嘛，才认识不到一年的时间，王阿姨人也很好。

问：你们认识多久后她才介绍你来上班？

FT：我们认识的时间也不长，可能认识一个月左右就帮我介绍了这个工作。

问：您了解王阿姨的家庭情况吗？

FT：哎，就是见过几次面，相互了解了一下，家里面的情况就不清楚了。（NM09）

老年保洁工FT在进入保洁服务公司前，主要通过“弱关系”获取信息资源，通过利用这些信息资源进入保洁公司或者劳务公司。老年保洁工FT所说的熟人，与传统熟人社会中的熟人有一定的区别。传统的熟人社会关系是指以地缘、血缘或业缘而形成的一种社会交往关系。老年保洁工FT讲述的熟人主要是指城市流动老人进入城市生活一段时间以后，为了获取劳动参与信息资源，与陌生人有过几次交往而形成的一种普通的人际关系，有些甚至是一面之缘或萍水相逢。因此按照强弱关系理论来看，老年保洁工FT所说的熟人关系其实就是“弱关系”。

从调研的数据来看，有61.3%的老年保洁工是通过他人介绍进入公司工作，即通过“弱关系”获取信息资源进入劳动场域。在传统熟人社会中的熟人，主要是指自己的亲戚、朋友等具有亲密交往和较高互动频率的人际交往关系，这种关系在传统的农村社会交往关系中普遍存在。然而，在快速城镇化过程中，老年保洁工的社会交往关系发生了变化，由原来的熟人社会关系变成了半熟人社会关系。城市生活空间、社会交往等发生了巨大的变化，对于从农村流向城市的老年人而言，原有熟人社会关系逐渐弱化甚至出现了断裂，老年保洁工在获取信息、交流交往中难以利用传统的熟人社会关系。加上老年人的社交逐渐弱化，他们只有依靠弱关系获取劳动参与的信息。因此，老年保洁工在劳动参与行动中，信息资源的获取主要依靠弱关系。这与格兰诺维特最初提出的“强关系与弱关系”理论相符，这可能与我国社会转型有一定的关系。

（二）弱化的“强关系”

强关系通常存在于具有密切社会交往的亲戚、朋友和同事之间，通常是由血缘和地缘等关系形成的。上文提到来自农村的流动老人、失地老人主要是通过“弱关系”获取信息资源，进而成为老年保洁工。对于在城市生活时间较长，熟悉并适应了城市生活的城市老年人而言，他们劳动参与信息获取的方式则不同。他们进入保洁公司或物业公司的方式很难依赖于传统熟人社会，即“强关系”在逐渐弱化。他们进入保洁公司是通过与人交流获取信息，抑或是自己主动到保洁公司毛遂自荐。大部分老年保洁工从农村到城市生活，他们逐渐熟悉了城市的生活环境，对城市的生活与人际交往都有一定的了解，能有效利用“弱关系”来获取资源。

在所调查的老年保洁工群体中，超过60%的老年保洁工是通过“弱关系”获取信息资源。有20%的老年保洁工是通过招聘广告获取信息，他们在自己居住的小区广告栏发现招聘信息，主动与公司沟通获取工作机会。还有约20%的老年保洁工是通过熟人介绍的，这些通过熟人介绍进入保洁公司的老年人，他们在城市中生活时间较长，有自己的社会交往圈子，以地缘、业缘或血缘形成的熟人关系网络有利于他们劳动参与，但是利用熟人关系获取劳动参与机会的老年保洁工相对较少。总体而言，城郊失地老年保洁工群体运用“强关系”获取信息资源的比例较高。他们大部分都集中居住在安置小区，虽然居住空间发生了变化，但是原来的熟人社会关系依旧存在，还是主要依靠“强关系”获取信息资源。

老年保洁工劳动参与行动中，“强关系”弱化的原因主要有两个方面。一方面，农村原有的熟人社会关系网络开始断裂，传统熟人社会关系对老年保洁工劳动参与的作用日渐式微。在快速城镇化背景下，老年保洁工从农村流入城市，原有熟人社会网络中的群体开始流向不同地域的城市中，他们居住的地理位置相隔较远，社会关系也逐渐变得疏远，农村原有的熟人社会关系发生了变化，由熟人社会过渡到城市社区的半熟人社会。因此，他们很难利用以地缘、血缘、业缘等因素建立起来的社会关系，即“强关系”在老年保洁工劳动参与行动中逐渐弱化。随着老年保洁工劳动参与中“强关系”的逐渐弱化，他们主动利用“弱关系”来获取信息资源。另一方面，在信息时代的今天，公司招聘信息的发布以网络为主，老年保洁工获取信息的方式也发生了变化。当前人们获取信息的方式主要通过网络平台、智能手机、计算机等终端设备，老年保洁工群体为了获取劳动参与的机会，即使他们不能熟练使用智能手机、计算机等通信工具，也会主动适应这些变化。随着社会分工越来越细，公司招聘信息的发布主要通过网络平台发布，还会委托劳务公司招聘员工。因此，老年保洁工在劳动参与过程中不得不利用“弱关系”来获取信息。

大部分老年保洁工群体主要来自农村，即使他们定居在城市，其建立的社会关系资源也主要在农村。在城镇化过程中，原来以地缘、血缘所形成的社会关系资源逐渐原子化，这些资源分散在不同区域，难以形成关系网络为其利用，他们所积累的社会关系资源逐渐失去了利用价值，在其劳动参与过程中不能有效发挥作用。因此，在社会结构转型过程中，老年保洁工群体的社会关系资源也发生了变化，其信息资源的获取由原来的强关系变成了弱关系，强关系资源在其劳动参与行动中的作用逐渐弱化。

三、找寻劳动场域“关键人”

老年保洁工在获取劳动参与的信息以后，无法依靠正式的程序进入公司，他们还需要搭建关系网络，找寻关系网络中“关键人”，最终进入劳动场域。这个“关键人”是老年保洁工劳动参与中资源获取最为关键的环节。资源分为配置性资源和权威性资源，“权威性资源是指人们对客观物质世界所拥有的控制能力，即对人的支配能力，配置性资源是指对物的支配能力”①。老年保洁工作为劳动场域中的特殊行动者，在结构性制度障碍背景下参与劳动，不但需要获取信息资源，还需要获取人际关系资源。老年保洁工找寻关键人，就是获取社会资源或社会资本的过程。“结构在资源的可获取性与控制方面形成了金字塔形状；位置越高，占据者越少；位置越高，具有的结构视野越好。资源不但可以被个人占有，也嵌入于社会网络之中，可以通过关系网络摄取”②。老年保洁工作为老年劳动力市场中的特殊行动者，在获取劳动参与机会时，也有相应的社会资源可以被利用。如何获取这些社会资源以帮助其进入劳动场域，其采取的策略就是找寻控制资源的关键人。

（一）目标劳动场域的选择

社会行动者在获取社会资源的过程中，主要通过利益博弈而做出选择。社会行动者在行动过程中获取了社会资本，社会资本通过行动者而起作用，形成社会资本的再生产，同时社会资本也有益于行动者达到目

① 陈建伟．时空结构中的资源、权力与实践——评吉登斯《历史唯物主义的当代批判：权力、财产与国家》［J］．社会发展，2015（1）：234-242.

② 林南．社会资本关于社会结构与行动的理论［M］．张磊，译．上海：上海人民出版社，2005：78.

的。“如果有机会，所有行动者都会采取行动维持和获得有价值的资源，以促进他们的自我利益”①。这是行动者以获取有价值资源为主的工具性行动和目的性行动，目的性行动必须要通过互动才能被理解，在社会交往中有了一定深度的人际交往关系，社会资源的利用和获取才成为一种可能。

目标劳动场域是老年保洁工在进入保洁服务市场之前具有优先排序的备选公司。老年保洁工的劳动参与行动需要在具有一定组织制度和社会关系的公司中实现，即老年保洁工劳动场域的选择不仅是劳动场所的地域选择，同时也是一种组织制度和社会关系的选择。G 市的保洁公司、物业公司或劳务公司对一线员工不提供住宿，因此公司地域选择要符合老年人的出行要求。组织制度和社会关系的选择，需要符合老年人的价值判断和自身劳动利益。保洁工的劳动报酬与福利待遇有其行规，同一行业中员工福利待遇大同小异。因此，老年人会根据自己的判断，在目标劳动场域中按照优先顺序选择适合自己的公司。

一般情况下，老年保洁工在劳动参与过程中优先选择交通便利，离居住地距离适中的公司。调查显示，老年保洁工的工作地点离居住地的道路交通平均距离为六七千米，最远的有 11 千米，最近的距离有 0.5 千米。他们乘坐交通工具的时间控制在 40 分钟车程范围内，加上路途中耗费的其他时间，路途时间控制在一个小时内。通勤距离的控制，与保洁服务行业工作时间有重要的关系。他们上班时间较早，通常是在早上 6：50 至 7：20 打卡上班。下班时间通常是在下午六点，有部分特殊场所下班时间更晚，例如广场、道路、街道等可能在凌晨一点才下班。因此，他们在工作地点的选择上有一定的要求，选择太远的工作地点不利于自身的出行，选择自己居住的小区有违职业伦理。同时，老年保洁

① 安东尼·吉登斯．社会的构成［M］．李康，李猛，译．北京：生活·读书·新知三联书店，1998：33.

工并不会优先选择自己居住的小区，主要原因是本小区的“熟人”群体较多不利于工作的开展，在工作过程中也容易产生矛盾和纠纷。同时，部分老年保洁工对自己职业的认同度较低，他们认为保洁服务工作不够体面，觉得干保洁工作很没有面子，会为家庭和子女带来一些负面的评价，因此他们也会主动选择去其他地方工作。

除了地域选择以外，同时还要考量公司提供的各种福利待遇、管理制度及人际关系是否适合自己。其选择的标准主要有三个方面：一是公司提供的薪资待遇，他们通常会选择工资待遇较高，有加班费、节日慰问、意外保险的公司；二是公司的管理制度，例如公司的请假制度、工作质量考核制度等；三是公司中的“熟人”关系，通过熟人关系可以考察公司的诚信问题，例如公司是否按时发放工资、是否兑现各项福利制度等。在没有制度保障的背景下他们会主动规避由制度带来的各项风险。老年保洁工群体选择目标公司的标准并不一致，并且他们在做出选择的时候所面临的情况各不相同，但是其选择目标公司的标准都是有利于自身利益的理性选择。

（二）找寻场域中的“关键人”

受到制度结构的限制，老年保洁工获取信息资源以后，有时候还是无法通过正常程序进入劳动场域，还需要继续与目标场域中的“关键人”建立关系。老年保洁工获取社会资源主要是通过与场域中“关键人”的交往而获得。这里的“关键人”主要是指能够决定老年保洁工身份的人，或者是很大程度上能够影响老年保洁工劳动参与的人。目标劳动场域中的“关键人”不仅是指劳务公司或者保洁公司中的主要管理人员，还包含与目标劳动场域有重要利益关系的人。例如劳动场域与公司有重要利益关系的股东、甲方公司管理人员、与甲方公司有重要利益关系的服务对象等，这些群体在老年保洁工进入劳动场域过程中起着重要的作用。

在调查中发现，G 市老年保洁工在找寻关键人的过程中，主要有两种模式，一种是间接的关系链接，老年保洁工与关键人之间是一种间接交往的关系；另一种是直接关系模式，即老年保洁工与关键人之间是一种直接的交往关系。通常情况下，老年保洁工与关键人的关系都是一种间接关系，他们找寻关键人的过程就是在托关系。通过间接关系寻找关键人的时间较长，效率较低。通过直接关系模式效率较高，只需要建立一次关系链接就可以直接进入目标场域。老年保洁工在劳动场域中的权利结构失衡，所拥有的资源有限，他们必须要用相应的资源来换取关键人的准入。在急需老年保洁工的时间段，他们可以轻松进入目标场域。除此以外，他们需要找寻关键人获取资源，这中间就存在权力寻租问题。然而老年人为了能够获取劳动参与的机会，他们不得不选择这条道路。

（三）与“关键人”的交往策略

与“关键人”的交往策略，首先以礼物作为交往的纽带。在个体与陌生群体的交往过程中，一方向另一方赠送礼物，以表达个人交往的意愿或友好关系。礼物在社会交往过程中的功能就是送礼一方向受礼方传递意愿、信息和情感的一种载体。老年保洁工与目标劳动场域中的关键人建立起联系之后，为了获取劳动参与的机会，他们会向这些关键人赠送礼物。老年保洁工的经济来源有限，通常情况下赠送的礼物主要有香烟、酒、茶、饮品、食用油及家乡土特产等。他们会根据关键人的喜好，赠送不同的礼物。所送的礼物要根据个人特征和爱好，送礼的方式要合适，送礼的分量要足以表达自己的情感与想要传递的信息。关键人接受了老年保洁工的礼物以后，他们之间的关系就会更进一步。“雇主与工人之间有稳健的互惠行为倾向，在不同条件下双方的互惠程度存在差异；损失风险下雇佣双方互惠的触发需要二重条件，既需要赠礼水平的提高，也需要互惠能够提高自身收益”①。赠送礼物的方式不仅可帮助老年保洁工获取劳动参与的机会，还可帮助维护其劳动权益。

其次是深度沟通获取同情。老年保洁工在与关键人建立交往关系后，他们为了能够更好地工作，在工作过程中减少各种障碍，他们会与关键人积极深入地沟通和交往。在此基础上逐渐建立一种相互信任、友好、亲密的交往关系。老年保洁工在与关键人建立起较为亲密的关系以后，会主动向对方倾诉自己目前遇到的困难，获取关键人的同情和帮助。老年保洁工在与关键人建立起较为亲密的关系以后，会主动向对方倾诉自己目前遇到的困难，获取关键人的同情和帮助。

最后是聚会宴请，是确定关系与临门一脚的饭局。老年保洁工在与关键人的交往过程中，宴请是确定雇佣关系最为关键的环节。宴请的对象是公司的主要管理人员、关键人、中间介绍人等，宴请的目的就是为了进一步巩固关系，为其劳动参与提供机会。

问：您是通过什么方式来公司上班的？

XHW（女，65岁）：我为了获得上班的机会，我通过一个朋友介绍，认识了公司的副总，最后我请了我们副总经理吃饭，最终得到这个机会。

问：为什么要请他吃饭？

XHW：人家有权啦！可以要你来上班，也可以不要你上班。还好有我朋友的引荐，她与领导关系好，不然人家不来吃饭。

问：您可以去其他地方上班呀？

XHW：其他地方也可以，但是离家远，没有这里的条件好。

---

① 武志伟，殷明．劳动雇佣关系中互惠的触发机制和影响因素探究——基于礼物交换实验结果的分析［J］．中央财经大学学报，2022（11）：89-101.

问：条件好是指什么？

XHW：离家近，待遇好，我一个人干了两个人的地方（一个人干两份工作），公司给我一个人开工资后，还要另外加半个人的工资给我。我们一个人每月是2100元，我干好了，公司另外给我加1000元，最后我一个人就可以领3100元的工资。

问：在这里的老年人都要请他们吃饭或送礼才能上班吗？

XHW：这个我就不知道了，你去问别人，他们又不会给你讲真话。我来这里是因为刚好缺人，我是碰到有几个老年人被辞退了才得到的机会。

问：为什么辞退了老年人又招聘您？

XHW：听说那几个老年人干了有四五年的时间，说年纪大了不敢再要了，也没有保险。正好前段时间有几个50来岁的阿姨来公司询问招聘的事情，想进来上班，他们就把那几个老年人辞退了。最后不知道什么原因那几个没有来，他们公司缺人，我就碰到这个机会，找了熟人介绍就来了。还听说被辞退的那几个阿姨去劳动局告了公司，好像也没用，最后还是离开了公司……（HX32）

从访谈过程中可以看出，老年劳动者为了能够获取劳动参与的机会，通过与关键人进行交往互动，通过送礼、宴请形式来实现劳动参与行动。同时也可看出，老年保洁工劳动参与机会的获取，是人情与关系在起作用，缺乏相关制度的保障。由此可知，老年保洁工在劳动参与过程中面临诸多困境，公司在用工过程中存在权力寻租的问题，这就是在老年劳动场域中雇佣双方权力结构失衡的体现，也是权力结构失衡带来的后果。

四、支配性规则与规范性规则的利用

吉登斯认为“规则”主要是由行动者在行动时所依赖的各种正式制度、非正式制度以及各种有意义的符号构成，正式制度是指行动者在行动过程中所遵守的政治、经济、法律制度等规范性制度，即支配性规则；非正式制度则是对行动者的行动发生影响的各种心理、习俗以及文化因素等，即规范性规则。除此以外，规则还包括各种有意义的社会文化性符号，即表意性规则。吉登斯认为社会中的“资源”也可以划分为配置性资源和权威性资源两种，权威性资源是指行动者所拥有的权威和各种社会资本等等；配置性资源则指各种物质实体性资源。他认为，“规范性规则经过程式化后往往会形成法律制度；支配性规则同各种配置性资源相结合形成了政治制度；而表意性规则同语言、符号相结合形成了语言文化制度。因此，社会结构就是规则和资源共同作用下的产物”①。老年保洁工在进入劳动力市场中，在结构性制度障碍的背景下是如何利用各种资源进入劳动场域，主要表现为以下几个方面。

（一）支配性规则的利用

根据吉登斯关于规则的类型划分，支配性资源主要是指目前社会中正在运行的各种政治、经济、法律制度。在我国实施渐进式延迟退休政策之前，所实行的劳动法规、退休制度和劳动保障制度，都不利于老年人的劳动参与、经济参与、社会参与。老年保洁工为了能够与公司达成雇佣关系，双方都在积极利用现有的制度。

首先是积极配合伪造身份办理入职。为了能够顺利雇用老年保洁

① 张云鹏．试论吉登斯的结构二重性［J］．社会科学战线，2005（4）：275-277.

工，使得缺少工人的公司能够有效运行，部分公司帮助老年人伪造身份办理入职。老年保洁工为了获取劳动参与的机会，他们也积极配合公司伪造身份办理入职手续。根据相关法规规定，公司必须要为其职工购买保险才能入职。参与劳动的老年人难以购买保险，办理入职就比较困难。即使公司愿意购买相应保险，由于年龄等因素的限制，公司也无法帮老年人购买“五险”。老年保洁工不属于劳动年龄人口，他们不能像法律意义上的劳动者一样购买相应的保险。他们只能购买意外伤害保险，且意外伤害保险的保金低，投保范围较窄，不能与法律意义上的劳动者一样享受同等的劳动保险待遇。有部分高龄老年人购买意外伤害保险都很困难，公司只有通过伪造身份信息帮助老年保洁工办理入职。老年保洁工主动协助公司伪造身份获取劳动参与的机会，雇佣双方通过伪造证据签订劳务协议，只有用这样的方式公司才能通过劳动监察部门的检查。但是伪造身份购买的保险对老年保洁工基本不起作用，只是为了应付相关政府部门的检查。在调研过程中，一位 71 岁的保洁工人诉说了他在进入保洁行业过程中伪造身份的违规操作。

HYQ（男，71 岁）：我们这个公司是属于物业公司的第三方公司，是一个劳务公司。我们在进入这个公司的时候，公司需要给我们所有的工人买保险。我们一起干的老年人有差不多七八十个，全部人的年龄都在 60 岁以上。但公司的管理人员说超过 60 岁以后，我们就买不了工伤保险等。劳务公司为了能够让我们来报名的老年人都能正常上班，那就必须要买保险，听说是怕劳动局来检查。公司本来是不想招聘这么多老年人的，但是这个楼盘这么大，需要大量的保洁工，又招不到年轻人来干保洁。最后公司让我们每人交 120 元为我们办理假身份证，这样就可以买保险了。他们说是帮助我们更改身份证的年龄。实事求是地讲，这些人（公司管理人员）还是有良心的。最后我们每人花了 110 元，退了10元给我们。

问：办理假身份证能帮你们自己买保险吗？

HYQ：我们也不知道，如果身份证是假的，那最终买的保险就不是我们享受啊。我们也是一头雾水（不知道真实情况）。但是每个月要从我们的工资里面扣10元作为保险费。我想应该是交了。

问：交了保险应该有保单，你们有保单吗？

HYQ：没有看到过。听别人说，我们交的那些保险和办理的假身份证，是为了应付劳动监察部门来检查。

问：你们都不去询问保险问题吗？

HYQ：问过的，我们主管说给我们买了，具体怎么样，我们都不清楚……（HX20）

从上述访谈中可以看出，保洁服务市场劳动力资源匮乏，劳务公司或物业公司面临伪造身份的风险雇用老年人。这就是他们对支配性规则的利用，最终目的是双方形成法律意义上的雇佣关系。

由于缺乏相应法律制度来保障老年人的劳动参与，导致老年劳动力市场较为混乱，劳动力市场存在违规行为。伪造身份购买保险的行为就是老年保洁工与劳务公司利用现有的制度漏洞，是对现有支配性规则的利用，双方需要达到的目的就是使雇佣关系形成。

其次是签订不合理的劳务协议。老年保洁工在进入劳动力市场过程中，雇佣方与老年保洁工签订劳务协议形成雇佣关系。根据劳动法相关规定，只有劳动年龄人口才可以签订劳动合同，不在该范围内的劳动关系一般签订劳务协议。用工单位可以在用工协议（或劳务协议）中明确自己的责任和风险，但在签订的劳务协议中老年保洁工几乎没有任何权利可言。雇佣双方的权责关系并不平等，其最终目的是把使用老年工的风险降到最低。例如在签订的劳务协议条款中，“乙方除了本职工作以外，还需要服从甲方安排的其他工作。”“甲方解雇乙方只需要提前3天通知”等等。面临这些困难，老年保洁工无计可施，他们在雇佣关系中处于弱势，只能按照雇佣单位的要求签订协议。还有部分公司并未与老年保洁工签订合同，只是通过口头协议的方式让老年人进入公司。即使签订了劳务协议，这些协议中并没有规定劳动者的权利和义务，更没有正常劳动者所享受的各种福利待遇。

（二）规范性规则的利用

规范性规则是对行动者的行动产生影响的各种心理、习俗以及文化等非正式制度。公司除了利用支配性规则来获取利益，同时还利用老年劳动者的劳动参与热情、积极老龄化的价值理念以及勤劳的文化心理来获取利益。城市流动老人、失地老人进入城市中，他们的生产生活方式、社会关系等都发生了变化。他们原有的日出而作、日落而息的生产生活方式，以及老年人淳朴善良、勤劳的品质是促进其劳动参与的重要因素。作为雇用老年人的保洁公司或者物业公司，他们利用老年人自身所具有的这些价值观念及文化心理，特别是勤劳吃苦的品质，向老年保洁工提供劳动参与的机会并从中获利，但是在劳动过程中又通过各种方式来限制老年保洁工的权利，最终使得老年保洁工的利益受到侵害。

传统的伦理价值观念、人情、面子与关系对老年保洁工群体的影响极深，他们通过利用各种“关系”向公司中的关键人获取劳动参与的机会。劳务双方通过建立私人关系，最终确定为雇佣关系。正是老年保洁工运用了这些非正式的程序与方式，才使得雇佣者或关键人有权力寻租的机会。从老年保洁工与其雇佣者在支配性规则和规范性规则的利用过程中可以看出，老年保洁工在劳动场域中处于不利的一方，但是为了获取劳动参与的机会，他们只有妥协。雇佣者抓住老年保洁工劳动参与的积极心理，进一步利用规范性规则达成雇佣关系。这些传统文化或规范性规则在老年保洁工雇佣关系达成中发挥着巨大的作用。

本章小结

帕森斯认为在单元行动中，行动者需要依据一定的行动规则来行动。在结构性制度障碍背景下，老年保洁工进入劳动场域之前，他们需要突破制度障碍采取行之有效的策略，为进入目标劳动场域做好准备。这些行动规则包括规范性规则和支配性规则，即制度性规则与非制度性规则，老年保洁工更多的是在利用规范性规则，而雇佣公司则是利用支配性规则。老年保洁工在利用这些规则的同时发挥主观能动性，采取的具体行动策略有以下几个方面。

一是自我建构社会支持系统。即获取子女、兄弟姐妹、朋辈群体、其他重要社群的支持。社会支持系统对老年保洁工劳动参与具有积极的影响作用，不同的社会支持系统对老年保洁工产生的作用不同。以血缘关系为基础建立起来的支持系统主要是一种心理支持。例如子女、同胞兄弟姐妹的支持是维系和谐家庭关系的基本前提，也是老年保洁工获得安全感的基础。而朋辈群体和场域中的其他社群的支持则是实际的帮助，他们可以为老年保洁工提供信息资源，提供劳动参与的机会。这些群体的支持对老年保洁工不是一种主动积极支持的关系，是他们为了劳动参与行动做好准备而自我建构的支持系统，也是他们能力范围内能够主动获取的最大支持系统。同时，老年保洁工劳动参与的社会支持系统还远远不止这些，还包括政府、社会大众、非营利性公益组织等等，这些支持系统处于缺位状态，还未真正发挥其作用。

二是老年保洁工的信息资源获取。信息资源是决定老年保洁工劳动参与行动的关键，是老年保洁工进入劳动场域的第一步。在获取信息资源的过程中，他们通过“强关系”和“弱关系”获取信息资源。强弱关系在他们获取信息的过程中起着重要作用，但主要表现出两种特征：一种是“强关系”逐渐弱化；另一种是“弱关系”逐渐增强。即老年保洁工在求职信息获取过程中以血缘、地缘为基础建立起来的社会关系在逐渐弱化，而相对陌生、交往不甚密切的弱关系发挥着重要作用。这更进一步说明了老年保洁工劳动参与过程中，原有农村“熟人”社会关系网络发生变化，生活在城市“半熟人”社会关系中，他们不得不通过弱关系获取信息资源。

三是选择目标劳动场域与找寻“关键人”。老年保洁工在获取信息资源以后，通过权衡利弊做出选择。选择好目标劳动场域以后，通过“关键人”利用情理性工具进入劳动场域。他们通过正式或非正式渠道进入保洁服务市场，老年保洁工利用规范性规则进入目标劳动场域。关键人与规则的利用是老年保洁工获取劳动参与权利的重要策略，即通过情、理、法工具理性手段的策略。

老年保洁工的“资源找寻”已成为一种常态性行动策略，这正是老年保洁工群体流动性大的根源。同时，在保洁服务行业内部流动就需要各种“资源”，正因如此，他们随时在积累“资源”，并随时为获取“资源”做好准备。快速流动的背后是缺乏相关制度规范，在结构性制度障碍的背景下，规范性规则起着支配作用，当然，老年保洁工劳动权益也受到侵犯。

第六章　老年保洁工“进场”后的行动策略

权力是“在特定的社会关系中，即使遇到其他人的抵制，仍能实现自己意愿的一种能力”[1]。帕森斯把权力视为一种系统资源，他认为“权力是一种保证集体组织系统中各个单位履行有约束力的义务的普遍化能力”[2]。吉登斯在此基础上对权力概念进行了重新阐释，“资源是权力得以实施的媒介，是社会再生产通过具体行为得以实现的常规要素”[3]。他将“权力”看成是行动者所具有的“转换”能力，即能动性的体现，同时“权力”又是行动者在行动过程中的一种支配能力，是资源分配不对称带来的结果。老年保洁工在劳动过程中面临着权力结构失衡的困境，他们通过发挥主观能动性并利用劳动场域中的“资源”与“规则”，以“权力”制衡的方式进一步调整劳动场域中的权力关系结构。

① 马克斯·韦伯．社会学的基本概念［M］．钱永祥，等，译．桂林：广西师范大学出版社，2004：71-72.

② T. Parsons. Sociological Theory and Modern Society ［M］. New York：Free press，1967：308-331.

③ 安东尼·吉登斯．社会的构成［M］．李康、李猛，译．北京：生活·读书·新知三联书店，1998：80.

一、老年保洁工的角色转变与价值认同

老年保洁工群体进入公司后，首先是角色转变与适应。老年保洁工群体进入新的工作环境中，面临新的社会关系。同时，他们的身体机能在逐渐下降，加上保洁服务工作劳动强度大，很难快速适应当前的工作，他们在角色转变过程中面临种种困境。

（一）老年保洁工的角色转变

角色理论是老年社会学家解释个体如何适应衰老的最早尝试。它关注老年人角色变化的出发点是其在角色变化与调适过程中所遇到的问题，并解释老年人为何要参与社会。老年人适应衰老的途径主要有两个方面：一方面要正确认识角色变换的客观必然性；另一方面是积极参与社会经济活动，寻求新的次一级角色①。在进入老年期后，老年保洁工群体的角色转变相对缓慢。老年保洁工的角色转变不仅仅是工作内容和家庭地位的变化，更是从一级角色到次一级角色的转变。不同类型的老年保洁工群体，角色转变与角色适应的时长并不相同。来自农村的老年保洁工，他们对保洁工这个角色的认可度较高，角色适应相对较快。而来自其他行业的老年保洁工，他们在这个角色转变过程中面临着较多的困境。

1. 角色扮演面临的困境

首先是角色适应缓慢。老年人在曾经一段时期扮演着重要的社会角色，年老后他们面临着角色中断和新角色转变的困境。他们的生命周期

① 段世江，张辉．老年人社会参与的概念和理论基础研究［J］．河北大学成人教育学院学报，2008（3）：82-84.

从中年逐渐转为老年，从年富力强到身体机能逐渐退化，接受新的社会角色相对缓慢。当前，我国保洁服务工作的职业声望相对较低，社会对保洁工这个职业的认同度较低。他们从原来的岗位上或具有一定影响的职位中退下来，进入职业声望较低的保洁服务公司，抑或是从其他普通职业流入保洁服务领域。因此，从职业流动来看，这是一种自上而下或平行流动，这使他们产生心理落差，很难快速适应新的社会角色。角色适应缓慢使老年人产生工作职责判断失准和工作内容的不明晰，不利于老年人的劳动参与行动。

问：您适应了现在的工作吗？

TX（男，67 岁）：才来不久，还是有些不适应。

问：是什么原因呢？

TX：我们主管是一个 40 多岁的中年人，有些时候一点点做得不好就把我们叫去开会，训斥我们这些老年人，说这也不行那也不行。

问：除了工作内容外，他还管其他的吗？

TX：其他倒管不了。我原来做百货生意的时候，我手底下也有十几个人帮我干，我是老板，一直干了 20 多年，现在好了，风水轮流转，来打扫卫生还被别人管。哎，在家也无聊，实在不行就不干了。（NM10）

从老年保洁工 TX 的案例中可以看出，他原来是个体工商户，扮演着老板的角色，有较高的社会地位。但是在做保洁服务工作的过程中，面临着被人管，有很多限制，导致角色转变困难，面临角色中断的风险。老年保洁工在角色转变过程中面临角色失调的风险，角色失调或失败会导致老年保洁工劳动参与行动的中断，阻碍其继续劳动参与。

其次是角色扮演困难。老年保洁工的主要工作内容是为住宅、公司、商业区、城市道路及行政事业单位等公共区域进行卫生清洁。在工作过程中他们都希望成为优秀员工，并得到服务对象和公司的认可，对自身扮演的角色期待较高。但作为一名新员工，他们的工作技能与方法都需要进一步提升，与自身的角色期待并不相符。同时，他们的劳动报酬与公司绩效考核息息相关，G 市老年保洁工的工作绩效考核主要有两个方面：一是服务对象的考核；二是公司管理人员的考核。如果有一方考核不合格，就会影响到老年保洁工的薪酬待遇。在工作绩效考核过程中，老年保洁工的角色期待与角色扮演相冲突，他们其实在很努力地工作，但是与自己的期待有一定的距离，这会导致老年保洁工角色转变失败。除了工作考核以外，相对恶劣的工作环境和较低的薪资待遇也会影响到老年保洁工的角色扮演，会进一步阻碍老年保洁工群体的角色转变。

问：您适应了这个工作吗？

GWC：还没有完全适应，哪个行业都有自己的难处。

问：不适应当前工作的原因是什么？

GWC：一天都在垃圾堆里面，与垃圾打交道。影响个人卫生。回到家里面，他们都嫌弃我身上的臭味。一起住的时间长了，与儿媳妇就有一些矛盾。我们现在准备搬出来了，自己租房子住。他们年轻人讲究（讲卫生）一些，要求我天天洗澡换洗衣服，工作太累没有办法保持天天换洗衣服，早上换了去，晚上回家还是会有。年纪大了没有办法，有些时候也太累了，到家了没有及时换，所以我们决定搬出来住，不影响他们。做这个工作就是受人管，稍微有一点不好，就会被批评，可能还会扣工资。我现在很纠结到底还要不要继续干下去。（YY07）

老年保洁工 GWC 的案例说明，老年保洁工工作内容具有一定的特殊性，恶劣的工作环境不仅会影响自身角色扮演，还会影响家庭日常生活。家庭成员对其角色扮演的期待较高，但在扮演角色过程中往往会出现角色期待与现实的差异，最终会导致角色扮演失败。

2. 老年保洁工的角色调适

老年保洁工在角色转变与角色适应过程中面临很多困境，究其原因主要有几个方面：一是思维方式和行为模式固化。随着年龄的增长，老年人的思维方式和行为模式固化，接受新鲜事物的意愿和能力下降。他们进入保洁服务行业后，需要较长时间逐步适应相对陌生的劳动场域。同时他们要受到公司管理制度的约束，例如清洁标准、奖惩制度和员工守则等。老年保洁工长期的行为模式和思维方式在短时间内难以改变，特别是来自农村的流动老人，他们在农业生产活动中相对自由，可根据自己的时间安排农事活动，不受任何人和相关制度的约束，这种不受约束的行为模式与遵守公司制度形成鲜明对比，短时间内难以适应当前的工作。二是缺乏岗前培训。普通的保洁工作相对简单，对工作技能的要求较低，大部分公司都没有对保洁工进行岗前培训，导致其对保洁工的角色认知较少。由于缺乏岗前培训，老年保洁工群体对公司环境、公司文化制度等了解较少。他们办理入职后就直接上岗，导致没有缓冲时间来适应公司环境。部分老年保洁工缺乏劳动技能培训，在劳动过程中的效率较低，导致其角色扮演失败。三是保洁工的职业社会声望较低。保洁服务行业由于工作时间长、薪资待遇低，且准入门槛低，吸引了许多老年人加入。但由于保洁工的职业社会声望较低，老年保洁工的角色期望与现实环境有较大差距，最终影响老年保洁工的角色认同。

社会角色的扮演是一个动态复杂的过程，它涉及个体对社会角色的认知、理解和实际行动。社会角色的扮演主要有三个阶段：第一阶段是角色期待，“人们在承担了某一种社会角色时，首先遇到的就是社会或他人对这一角色的期待，角色期待就是社会或个人对某个角色表现出特定行为的期待”①。为更好地承担角色，在这一阶段，人们应尽力了解社会或他人对这一角色的要求与期望；第二阶段是对角色的领悟，即个人对角色规范和角色要求的理解。在这个阶段中个体需要深入理解自己所扮演角色的责任和义务，以及如何在实际情境中体现这些规范和要求。这不仅包括了对角色外在行为的理解，还包括了对角色内在价值和意义的认识；第三阶段是角色的实践，是角色承担的实际活动或过程，通过对某一角色的领悟进行角色扮演。在这个阶段中个体开始将自己对角色的理解转化为实际行动，在实际情境中扮演好自己的角色。这需要个体不断地试错、学习和积累经验，以便更好地适应和掌握角色扮演的技能和方法。个人对角色的领悟与实践达成一致，那么角色扮演就成功了。

老年保洁工在角色扮演过程中面临很多困难，他们需要克服各种困难，逐渐适应新的社会角色。首先是保洁工的角色期待，即保洁工是做什么的，要做一个别人眼中的好保洁工。公司在招聘保洁工的过程中就明确了他们的职责，同时，老年保洁工在劳动过程中需要不断观察和交流，进一步了解保洁工这个角色。其次是老年保洁工对新角色的领悟，老年保洁工结合自身能力，提前了解保洁工作的相关内容，学习相关的劳动技能，调整自己的行为。最后是角色实践，从相对自由的农民到有制度约束的保洁工，他们不断克服各种困难，尝试扮演保洁工的角色。从着装打扮到一言一行都会受到新角色的影响，扮演好保洁工这个新的社会角色需要较长的时间。随着劳动技能的提升，以及对工作内容与环境的熟悉，老年保洁工对新角色有了全面的认识，在工作场域中建立起良好的社会关系。老年保洁工在劳动过程中不断调适，角色扮演与角色

---

① 郑杭生．社会学概论新修［M］．北京：中国人民大学出版社，2008：116.

期待基本一致，他们最终适应了新的社会角色。

（二）老年保洁工的自我价值认同

自我认同即自我同一性，是对与自己有相同性和一致性事物的认知。个体有同一性认知必然伴随着差异性认知。自我价值认同主要是指“个体或社会共同体（民族、国家等）通过相互交往，而在观念上对某一或某类价值的认同和共享，是人们对自身在社会生活中的价值定位和定向，并表现为共同价值观念的形成”①。老年保洁工群体的自我价值认同包括群内相似性和群间差异性。他们的自我价值认同需要经历三个阶段：一是将自己归为某一社群；二是认为自己有该群体的普遍特征；三是评价自己所在群体与其他社群的优劣声誉等。如果顺利通过这三个阶段，个体的自我价值认同感就能得以提升和发展。

在调查过程中发现，老年保洁工群体表现出消极的职业认同。大部分老年保洁工对自己的职业评价较低，导致自我认同度较低。当然，也有少部分老年保洁工群体对这一职业有积极的评价。他们认为保洁服务职业是社会分工的重要组成部分，也是社会中不可缺少的一个职业，应该尊重保洁工这个职业。自我价值认同度的高低与其职业的垂直流动、经济收入有关，例如来自农村且文化程度较低的老年人，对保洁服务业的职业认可度相对较高。当前的保洁服务虽然呈现蓬勃发展的态势，但保洁工群体的职业认同和社会认同度较低。主要表现在保洁职业的社会声望较低，工作环境较差，薪资待遇较低。因此，老年保洁工群体对保洁这个职业的认同度较低，导致其自我价值认同度较低。

---

① 邱钰斌．价值认同理论考察及核心价值观教育启示［J］．西南民族大学学报（人文社版），2009（11）：235-237.

案例一

问：您觉得保洁工这个职业怎么样？

DSW（女，63岁）：这个职业没有人看得上，但是自己能力有限，只能选择这个职业。

问：您认为保洁工是否有价值？

DSW：就是扫地打扫卫生，有什么价值。

问：您会在意其他人对保洁工的评价吗？

DSW：评价有好有坏，我不在意。

问：您更希望其他人怎么评价保洁工？

DSW：别人怎么评价那是别人的事，我也管不了啊。（HX33）

案例二

问：您以前是做什么工作的？

QH（女，60岁）：我以前是在浙江的服装厂做服装的。

问：您认为保洁工有价值吗？

QH：我觉得我们这个职业也很好的，没有我们打扫卫生，城市将会乱成什么样子，我认为我们这个职业的价值很大。

问：当别人对保洁工有不好的评价，您会反驳吗？

QH：对我们这个群体的评价也是有好有坏，有素养的人并不会觉得我们这个职业不好。

问：您认为消极评价保洁工的原因是什么？

QH：个人觉得是观念问题，当然与自己所处的社会地位有一定的关系。（NM03）

职业价值认同度的提升有利于劳动效率的提高，有利于职工提升劳动参与的幸福感和获得感。如何帮助老年保洁工群体提升自我价值认同感，主要有两种方式：一是老年保洁工群体的自我调适，老年保洁工在进入劳动场域以后，主动与雇佣者、管理者及朋辈群体交往互动，获取家庭成员的认可，以此来提升自我价值认同感；二是公司管理部门的介入，通过教育培训、绩效奖励等提升老年保洁工的自我价值认同感。

首先是雇佣部门职业价值认同感的培养。通过教育培训的方式促使老年保洁工提高自我价值认同感，是一种外部力量的被动调适。老年保洁工进入保洁公司以后，公司管理人员通过教育培训的方式，提升老年保洁工对保洁服务工作的认识，进一步转变其负面的职业价值评判，提高老年保洁工自我价值认同感。公司通常从职业价值和公司文化培训入手，让老年人进一步认识到保洁工这个角色的社会价值。同时，用平等的职业价值理念和奉献社会的公司文化引导老年保洁工深入认识保洁工的作用。公司管理人员还从老年人自身的社会价值开发，挖掘老年人的先天优势，充分发挥老年人的价值和作用。老年保洁工在劳动过程中发现自己的价值和作用，降低老年人由职业垂直流动带来的心理落差，逐渐意识到保洁服务的意义和价值。

其次是在劳动过程中找到自己的价值。老年保洁工在劳动过程中不仅可以收获由劳务收入所带来的满足感，而且在劳动过程中得到了服务对象和管理人员的肯定和认同，他们有很强的幸福感和获得感，这是一种主动的价值认同调适。老年保洁工在劳动过程中，可能因为自己的无私奉献而得到小区业主或购买服务者的赞赏，获得他们馈赠的礼物、语言的赞美、业绩的肯定等等。调查发现有老年保洁工因为非常敬业，把小区楼道及业主家的大门都打扫得很干净，因此获得了业主赠送的礼物，还为他们送了锦旗，公司对老年保洁工的行为高度赞赏并予以嘉奖。老年保洁工群体在劳动过程中得到他人的肯定，找到了自己存在的价值和意义，增强了他们的幸福感和获得感。他们在劳动过程中不断调整自己，逐步认同保洁工的职业价值。

最后是家庭成员、朋辈群体的价值认同。家庭成员、朋辈群体对老年保洁工的价值认同也可以提升老年保洁工的自我价值认同感。老年保洁工在劳动过程中所创造的价值，不仅体现在物质方面有获得感，而且在精神层面也有一种幸福感。老年保洁工通过劳动获取报酬，可以帮助家庭增加收入，提升家庭的生活质量。在与朋辈群体的交往互动中，他们会展现出自身的价值和意义。这可以改变家庭成员或朋辈群体对他们的价值评判，甚至可能会改变自己的家庭地位，逐渐强化老年保洁工劳动参与的社会支持系统。正是由劳动参与所带来的结构性变化，提升了老年保洁工群体的自我认同感。

老年保洁工的自我价值认同对其劳动参与行动有重要的意义，积极的自我价值认同有助于提升其劳动效率，消极的价值认同可能会中断老年保洁工的劳动参与行为。老年保洁工在刚刚进入劳动力市场时，对保洁服务职业的认同度不高，同时老年保洁工群体的自我价值认同度也较低。他们为了达到劳动参与的目的，在劳动过程中主动调适自己，找到了劳动参与带来的价值。劳动参与确实改变了老年保洁工所处的社会结构，他们劳动参与的社会支持系统得以改善。角色适应与自我价值认同感的提升是老年保洁工劳动参与行动再生产不断持续的基本条件，这也是老年保洁工劳动参与行动不断发展的关键因素。

二、雇佣双方的权力结构失衡

老年劳动参与是老年人社会参与的重要形式，也是老年人应有的权利。在劳务公司或者在保洁公司从事保洁工作的老年人，他们从劳动参与机会的获取到劳动过程中的权益维护，都存在权力结构失衡的问题。在资源与权力的转换过程中，老年保洁工始终处于弱势地位。同时，在结构性制度障碍背景下，老年劳动力市场的监督与管理缺位，老年劳动权益维护是难上加难。由于老年劳动场域中的权力结构失衡，老年保洁工劳动过程中的权益维护困境主要体现在以下几个方面。

（一）用工部门的风险转移

外包是提升企业组织核心竞争力的重要战略，人力资源外包是企业实施外包业务的一个方面。“推动企业人力资源管理外包的动力有两个方面。经济全球化是主要外部动力，提升企业组织的核心竞争力是内部动力。”① 企业人力资源的外包与“被外包”，是站在不同主体视角对企业人力资源外包的不同表述。站在企业视角来看，企业人力资源外包是提升企业组织核心竞争力和经营绩效的关键。然而老年保洁工群体“被外包”，公司不仅仅是为了提高服务效率和质量以提升企业的核心竞争力，也是为了降低雇用老年劳动者的风险。同时，从劳动者视角来看，老年保洁工“被外包”意味着多重身份的分离。通过外包形式逐渐将公司与劳动者的权责关系分离，最终将风险转移到老年保洁工身上。

老年保洁工在“被外包”的过程中，需要处理好几个群体之间的社会关系，包括老年劳动力雇佣部门、用工部门、服务对象、政府部门等。老年保洁工在劳动参与过程中与这些群体有着重要且复杂的社会关系，其目的就是使劳动参与行动能够顺利实施，维护好自己的劳动权益。

首先是老年保洁工与雇佣部门、用工部门之间的雇佣关系。老年保洁工与雇佣部门之间为雇佣关系，雇佣部门一般包括物业公司、劳务公司和保洁公司等，物业公司、劳务公司与保洁公司的类型与层次不同，可能与老年保洁工的关系也不同。调查过程中发现，大部分物业公司并不直接雇用老年保洁工，他们基本上都是通过保洁公司或者劳务公司购

① 田新华．企业人力资源管理外包研究［D］．厦门大学，2009.

买劳务服务。老年保洁工的用工部门有两种类型，即用工部门直接雇用或通过第三方间接雇用老年保洁工。用工部门就是购买服务方，即甲方，主要是物业服务公司及保洁公司。用工部门可能会直接聘用老年保洁工，也有可能是通过第三方间接购买老年保洁工的劳务服务。雇佣部门就是直接雇用老年保洁工的公司，因此用工部门与雇佣部门有可能是同一家公司，也有可能是不同的公司。调查显示，很少有物业公司直接雇用老年保洁工，有少部分规模较小层级较低的物业公司直接雇用老年保洁工。保洁公司的主要功能就是为社会直接提供保洁服务，他们一般是直接雇用保洁工，同时也雇用老年保洁工。然而劳务公司比较特殊，它主要是向劳动力市场提供劳务服务，直接雇佣劳动力为第三方服务或直接代工，同时也雇用老年保洁工。

其次是老年保洁工与服务对象之间的关系。服务对象就是直接享受老年保洁工保洁服务的主体，即直接享受老年保洁工服务的对象。一般来说，享受这些服务的对象都是隶属于各个群体的社会个体，如以地缘因素居住在一个小区的居民，以业缘因素在一起共事的政府部门、企事业单位、公司等工作人员。老年保洁工与其直接服务对象的关系也十分重要，服务对象的评价直接影响老年保洁工群体的绩效考核，间接影响其劳动报酬的获取。如果服务对象的评价较高，会得到约定的上限劳动报酬。反之，获得评价较低，也会获取较低的劳动报酬。同时，服务对象与物业公司或者保洁公司之间的关系密切，他们有权选择物业公司或保洁公司提供的服务，是一种直接的利益交易关系，也可以不选择这个物业公司而选择那个物业公司。老年保洁工处理好与服务对象的关系，在劳动参与机会获取和权益维护上都有重要的作用。

最后是老年保洁工与政府主管部门之间的关系。政府相关部门扮演着市场秩序的维护者、劳动权益保护者的角色，他们的主要职责是维护劳动力市场的公平与正义。当前老年劳动参与相关制度还不健全，政府相关部门就会出现执法无据的问题，同时，老年劳动力市场还会产生权利寻租问题，不利于老年人的劳动参与行动。在调查过程中发现，政府相关部门的工作人员根据当前的制度法规，积极帮助老年保洁工群体化解各种矛盾问题，在劳动力市场中发挥着重要的作用。一般而言，老年保洁工可以直接与用工部门形成雇佣关系，但是现实中直接达成雇佣关系的相对较少。在调研过程中发现，物业公司将保洁服务外包给劳务公司或保洁公司，大部分老年保洁工受雇于劳务公司。出现这种外包现象有两个方面的原因：一是为了精细化管理，提高服务品质；二是为了转移风险，降低管理服务过程中的成本。由于老年保洁工的流动性大且用工风险高，物业服务公司为了规避风险，最终把保洁服务外包给劳务公司、保洁公司。从劳动个体与用工部门之间的关系来看，老年保洁工与用工部门并没有形成直接的雇佣关系，而是受雇于第三方劳务公司。因此，从劳动关系来看，老年保洁工与用工部门之间是一种“外包”与“被外包”的关系。

问：你们为什么要将保洁服务外包？

李经理（男，42 岁）：主要原因是我们可以减少管理成本，提升服务效率。还可以通过合同来履行我们的权利以确保服务质量。同时，这个行业（保洁服务）人员的流动性很大，很难招聘到合适的保洁员，很少有年轻人来干这个，关键是聘用老年人有很大的风险。

问：你们外包保洁服务意味着就少挣钱吗？

李经理：当然从公司角度讲是要少挣一些，但是风险小。按照劳动法规，我们按照规范的流程，很难招聘到保洁员，招聘来的多数都是60 岁以上的老年人，这个风险就大了。

问：聘用老年人有哪些风险？

李经理：老年人不像年轻人一样可以购买五险，特别是工伤保险对我们企业来讲非常重要。其他意外险也很少，只能够买保金较低、保险范围较窄的意外险。如果用工过程中出现问题，我们承担的风险就更大，只要出两三个意外事故，我们一年的利润就少了大半。这样来算，保洁外包出去还是赚，只购买服务，不承担风险。（Q01）

从上述案例可以看出，由于保洁服务市场中劳动力资源供需矛盾突出，出现年轻劳动力供不应求的现象，加上保洁工的流动性大，物业公司很难快速招聘到年轻保洁服务人员。在现有的制度结构背景下雇用老年劳动力面临诸多风险，物业公司直接委托第三方公司做保洁服务，确保公司能够平稳运行。因此，在保洁服务市场中出现了老年保洁工“被外包”的现象。老年保洁工“被外包”是在特定社会结构中所形成的，形成因素如下：首先是老年劳动保障制度还不够完善，雇佣部门用工风险大；其次是现代企业管理制度的变迁，社会分工越来越细，为了提高公司的效率实行精细化管理，部分业务外包可以提高服务品质；最后是保洁服务市场中年轻劳动力资源的供不应求，老年保洁工逐渐成为保洁服务市场的重要力量。这些结构性因素导致老年保洁工群体“被外包”。然而，在老年保洁工的雇佣关系中，雇佣一方如何规避聘用老年人所带来的风险，他们使用的方法非常相似，即运用风险转移的方法将雇用老年人的风险降到最低，雇佣部门甚至不用承担风险，最终将用工风险转移到老年保洁工的身上。

（二）非正式的雇佣关系

老年保洁工“被外包”是用工部门为了转移各种风险，那么他们“被外包”后风险最终转给谁？用什么方式转移？一是口头协议，二是签订权责不等的劳务合同。

《民法典》第四百九十六条规定：“当事人订立合同，可以采用书面形式、口头形式或者其他形式”①。《合同法》第十条规定：“当事人订立合同，有书面形式、口头形式和其他形式。法律、行政法规规定采用书面形式的，应当采用书面形式。当事人约定采用书面形式的，应当采用书面形式”②。从目前的劳动法规来看，口头协议也属于合同的一种形式。但前提是双方都认可，才具有法律效力。如果一方违约，主张一方需要提供相应的证据才能维护自身的合法利益。口头协议中主张一方所提供的证据类型包括录音录像、证人证词等。但是法律规定必须要签订书面合同的，如果采用口头约定的形式，可以视为无效。

部分老年保洁工通过口头协议的方式与雇佣单位进行立约，与劳务用工部门建立起雇佣关系。据调查数据显示，G 市有 26.2%的老年保洁工是以口头协议的形式来确定雇佣关系，还有 19.7%的老年保洁工没有任何协议，足以说明部分老年保洁工群体的契约意识淡薄。老年保洁工的文化素质较低，法治意识淡薄，是老年保洁工采用口头协议方式确立雇佣关系的直接原因。老年保洁工与公司的口头协议没有证人证词，更没有录音录像，只是一种以相互信任为基础建立起来的契约关系，举证困难。老年保洁工与雇佣部门的口头协议内容相对简单，口头协议的主要内容包括工作地点、工作时间、每天工作时长、工资与福利待遇等。双方并未从一些细节上做出详细约定，如果出现矛盾与纠纷，口头协议无法生效。因此，依据口头协议确定雇佣关系的老年保洁工群体的雇佣关系是一种非正式的雇佣关系。

问：您上班是否签订了劳动合同？

① 中国法制出版社．中华人民共和国民法典［Z］．中国法制出版社，2022（6）：179.

② 中国法制出版社．中华人民共和国劳动合同法［Z］．中国法制出版社，2022（8）：95.

WXS（女，65 岁）：我来这里上班没有签合同，我是通过别人介绍来的，我和我们主管说了一下工资待遇，上班时间、地点等就来上班了，没有签合同。

问：您通过口头协议确定雇佣关系，是否有相应的证据证明你们之间的雇佣关系和协议内容？

WXS：这个不需要嘛！

问：如果在劳动过程中出现了意外或者劳动纠纷，您会怎么办？

WXS：这个没有想过，打扫卫生应该不会出现意外。

问：您希望签订相关协议吗？

WXS：当然了，去找老板签协议，他们会觉得我不相信他们，怕他们不要我在这里做了（害怕被辞退）。（NM02）

从上述访谈中可以看出，虽然老年保洁工希望能够签订正式协议，但是部分劳务公司为了自身利益而阻碍老年保洁工签订劳务协议，最终只能以口头协议的形式确定雇佣关系。这也说明在劳务市场中老年保洁工与雇佣部门的权力结构失衡。老年保洁工在劳动过程中出现意外事故或者出现其他问题，口头协议可能就失去了契约的功能。没有证据的口头协议最多只能证明劳务雇佣关系的存在。至于责任与权利问题，老年保洁工处于绝对劣势。

口头协议给老年保洁工群体带来诸多的风险。例如在劳动过程中出现意外事故，所有的风险都是由老年保洁工自己承担。如果老年保洁工能够有效利用各种资源，其自身权益有可能得到维护。如果老年保洁工不能够有效利用各种资源和规则，那么自己的劳动权益将得不到有效维护。他们在劳动过程中出现意外，口头协议可能就失去了契约的功能，即便是政府部门介入也无济于事，因为没有证据的口头协议很难确定雇佣双方的责任与权利问题。例如老年保洁工蔡阿姨（63 岁）在某劳务公司上班，在上班过程中不小心摔倒在楼道的梯子上，造成大腿骨折。找到公司负责人，他们一再推脱，声称与自己公司无关，理由是没有按照公司的要求工作而造成伤害，公司不负责任。当她的家人介入以后，要求政府相关部门调查，走司法程序要求劳务公司为蔡阿姨的工伤负责。但劳务公司以各种理由推脱，首先是没有具体的合同条款规定双方的责任，只是口头协议达成的劳务关系，双方权责难分。其次是老年人劳动参与并不适用于现行的劳动法，执法部门很难解决类似问题。拖了一年多都未解决，最终这次意外伤害带来的损失还是蔡阿姨自己承担。从这个例子可以看出，老年保洁工在雇佣关系中处于弱势地位。

（三）雇佣双方权责不对等

签订劳动合同是劳动者与雇佣单位之间劳动关系正式确立的标志。签订劳动合同的前提条件是劳动者未达到退休年龄。而老年保洁工则超出了劳动年龄人口所规定的年龄范畴，只有通过签订劳务合同来确定短暂的劳务关系。虽然劳动合同与劳务合同具有同等法律效率，但是雇佣单位为了转移用工风险，与老年保洁工签订了权责不等的劳务合同。

无论是劳动合同还是劳务协议，平等、自愿是雇佣双方达成契约关系的基础。合同或协议的内容对雇佣双方都是平等的，并规定雇佣双方的权利和责任。然而老年保洁工与雇佣部门签订的劳务协议，并没有真正体现出协议的功能和作用。从形式上看，雇佣者和劳动者之间的关系是合理合法的，从签订劳务协议的内容来看，仍存在诸多的不合理条款。协议中只是体现出劳务公司的权益，并没有体现出老年保洁工的权利。如某公司的劳务合同规定“双方均可提前3天书面或口头通知对方解除本协议。”同时，协议中未提及老年保洁工的权利（详见附录3）。因此老年保洁工在签订劳务合同的过程中，没有任何劳动权益保障。这种不平等劳务协议的签订，就是劳务雇佣公司与用工部门之间的另外一种风险转移方法，把老年劳动过程中的风险最终转移给老年人，公司却不承担任何责任。风险转移的背后是一种极不平等的劳动关系，其原因是用工部门或者雇佣方所拥有的资源与老年保洁工所拥有资源的不对等。绝大部分老年保洁工文化素质较低，甚至部分老年人是文盲，在签订劳务合同的过程中，老年保洁工对劳务协议的内容一知半解，且大部分老年人视力较差，无法看清楚劳务合同里面的具体内容。在签订劳务协议时，用工单位也没有明确告知老年保洁工劳务合同的具体内容。老年保洁工只有与雇佣方、用工部门产生利益冲突时才关注自己签订的劳务协议。

公司随意辞退老年保洁工是劳务关系不平等的一个重要体现。调研发现，某劳务公司第一天面试并签约一位新员工，第二天直接辞退了在本公司有两年工作经历的老年保洁工。公司给出的理由就是公司减少老年人的比重，直接把老年保洁工辞退。当老年人接到辞退通知的时候，他们感到愤怒和无助。在所签订的劳务协议中也明确规定，雇佣方有随时辞退员工的权力。这种不平等的权力与义务关系，使得老年保洁工在劳动过程中无法有效维护自身的权益，老年保洁工与公司的雇佣关系中权力结构严重失衡。

QH（女，60 岁）：我们来公司上班的时候，我们是签了合同的，我们签了两份，但是老板一直都不拿给我们，我们问了两次了，老板都是说还在履行合同的手续，没有盖章，还不能拿。我们都已经在这里上班三年了，一直到现在都没有拿到。我们也不知道里面写了什么，我们眼睛也不好，字又看不清楚，还有几个阿姨和我一起的，她们更恼火，她们没有文化，写自己的名字都写不好，都是我帮忙写的，她本人按个手印就行了。（NM03）

公司单方持有劳务协议，劳务关系形同虚设。公司以各种理由说服老年保洁工单方持有劳务合同，如以“公司正在履行盖章、签字手续”为理由，有些老年保洁工直到离职都没有拿到劳务协议。劳务合同至少是一式两份，劳动者与公司应该各持一份。但调查显示，绝大部分公司中都是一式一份，并且这份劳务合同由劳务公司存留，更为严重的是，老年保洁工连劳务合同的内容都不清楚。也有劳务公司是签订一式两份，但是这些劳务合同都由劳务公司单方持有，这也是雇佣双方权责不平等的具体体现，导致老年劳动力市场中权力结构的失衡。

（四）老年劳动参与制度体系不完善

当前，政府相关部门还未主动介入老年劳动力市场，部分区域出现监管的真空状态。一方面，相关政府部门行使监管权力需要有法规制度作为依据。目前，关于老年劳动参与的相关制度还不完善，执法过程中无法可依、执法无据。另一方面，老年劳动参与现象是近年来的新事物，只是在部分行业中出现。政府相关部门还未主动介入到老年劳动力市场，处于被动执法状态。老年保洁工到政府相关部门维权，作为执法人员也有难处，由于没有相关制度依据，他们在执法过程中面临种种困境。在保洁服务市场中的劳务纠纷需要政府相关部门介入，以维护老年劳动力市场的公平与正义，但是政府相关部门由于无法可依，很难及时化解矛盾。老年保洁工在维权过程中严重依赖司法部门，出现维权时间长效率低的问题。政府部门在制度建设、市场监管、市场秩序维护方面还需要加强。

WYH（某区劳动监察大队工作人员）：你们这些老年人都这么大年纪了，不在家里休息…… 你们这个工资问题我们尽量帮你们去追，你们这个也不在劳动法的保护范围，我们也没有办法，我给你们登记好，

你们回去等消息吧。（Q04）

这是老年保洁工集体维权过程中，某区劳动监察大队工作人员与维权老年保洁工群体的对话。此次劳务纠纷由于劳务公司长期拖欠老年保洁工工资而引发，劳务公司由于经营不善破产，被迫关门停止营业。然而这个劳务公司雇用的老年保洁工还有 3 个月的工资未发放，多次与劳务公司谈判无果，就直接来到区政府劳动监察大队进行维权。在这个维权的过程中，老年人跑过很多部门，包括劳动监察大队、法律援助中心、法院等，持续时间长达 8 个月，经过多次转折，找到当地法律援助中心，在律师的引导下追要劳动报酬。由于老年保洁工无法提供相关举证材料，法律援助中心无法帮助老年人，他们需要自己请律师打官司。辗转两年多的时间，这些老年保洁工群体的劳务费依然没有发放。请律师打官司追要劳务费，在他们看来是不现实的，律师费用平摊到每个老年人，人均要五六千元才能解决问题。加上每一个老年人的想法不一样，很难组织起来维护自身权益。此事最终没有继续往下走，当然他们的劳务费也依然没有拿到。

从上述工作人员的话语中我们可以看出，劳动执法部门工作人员面临的困境是，首先是老年劳动者不在劳动法的保障范围内，在执法过程中无法可依，无法用相关的法律制度来帮助维护老年保洁工的基本权益。其次是政府相关部门工作人员未从根本上解决问题，并没有从制度建设和老年劳动力市场中的结构性问题着手。最后是政府相关部门工作人员的价值观念陈旧，与积极人口老龄化理念不相符，他们把老年人自身当成问题的根源，并没有积极看待老年群体。在人口老龄化的大背景下，应该积极应对人口老龄化问题，老年人可以发挥自己的特长，主动参与社会经济活动，积极参与劳动。

老年保洁工维护自身劳动权益的过程十分艰难，雇佣部门以各种方式来规避风险，加剧了雇佣者与劳动者之间的矛盾。但是政府相关部门作为市场秩序的维护者并没有主动介入，导致老年劳动力市场的监管存在真空状态。没有政府相关部门参与到老年劳动力市场中，导致老年劳动场域中的结构失衡，雇佣者拥有更多的资源和权力，在场域中占绝对优势，而老年保洁工成为弱势群体。由于老年劳动力市场维权过程十分艰难，在政府相关部门都无法有效解决的情境下，老年保洁工群体会利用所有资源与雇佣者进行博弈。

三、老年保洁工劳动权益的维护

老年保洁工在劳动参与过程中为了维护自身的权利和利益，通过与雇佣方、管理人员的互动，采取各种行动策略改变既有的利益格局，与雇佣单位进行“权利斗争”，进一步维持自身在劳动场域中的有利位置。通过发挥老年保洁工自身的能动性，利用资源来改变结构，使劳动场域中的权力结构趋向平衡。当老年保洁工的权益受到侵占，他们通常采取如下的行动策略。

（一）与管理者讨价还价

在劳动过程中，与老年保洁工交往互动最多的是公司管理人员，从每天早上的晨会到工作检查再到工作考核，都需要与公司部门主管进行互动。交往双方的利益交汇点在于绩效考核，即部门主管利用各种考核指标对老年保洁工的服务质量进行考核，监督他们做好保洁服务工作。其中最重要的考核指标就是服务对象的满意度，如果服务对象有投诉，就会被扣除相应的绩效。同时还有其他考核指标，例如工作过程中接打电话、抽烟、聊天等，公司也会扣除部分绩效。他们的绩效与劳动报酬挂钩，根据公司管理规定扣除相应的工资。老年保洁工“被外包”以后，第三方公司为了赚取更多差价，公司不得不减少保洁工的数量，增加保洁工的劳动工作量。当他们面临各种考核并不断增加工作量，劳动量增加了，工资收入却变少了，致使本来就不高的工资雪上加霜。因此，老年保洁工也不得不采取行动来应对这种困境。

问：您每月的工资有多少？

QH（女，60岁）：我们保底工资是1900元，加上全勤300元，最高可以拿到2200元。

问：您最高能够领取多少工资？

QH：有些时候还不到1900元，在这里上班快一年了，还没有领过2200元。

问：这是什么原因呢？

QH：因为要考核呀，被人投诉了就要扣工资，每次是扣100元。在劳动过程中接打电话每次扣100元，工作时间抽烟也会被罚100元（每次）。

问：你们有多少人能拿到2200元的工资？

QH：不多，个别人能拿到。

问：为什么有那么多人都要被扣呢？

QH：打扫卫生的地方到处都是摄像头，公司查看监控，只要有违规都会被处罚。你说接个电话很正常啊，但是公司就这样规定。有紧急事情必须要接电话时，大家都是跑到没有监控的地方。有些时候不注意就被发现了。有些人是抽烟被罚。（NM03）

经调查G市老年保洁工的平均工资在2000元左右，最低工资为1900元，最高是2200元。单从老年保洁工的工资标准来看，也达到了G市的最低工资标准。他们相对较低的工资待遇，加上各种考核，每月实际领取的工资还不到最低工资。劳动报酬是老年保洁工的核心利益，当他们的利益受到侵害时，他们也会采取各种措施来维护自身的权利。

问：如何考核老年保洁工的工资绩效？

李某（劳务公司财务主管）：公司有规定，员工工资发放是有一定的标准，但是只有公司的少数人知道这个标准。公司对保洁工的工资标准是有一个区间设置，其实他们最终拿到的工资基本都是下限，有的还不到下限。一般情况下，能够拿到上限工资的人不能超过30%，因此在具体的管理和操作中也有一些不明文的规章制度。

问：具体的考核指标有哪些呢？

李某（劳务公司财务主管）：这个就很多了，比如业主投诉、工作过程中接打电话、抽烟等。属于部门负责人来定，但是都是需要提前给保洁工讲的。同时还会根据上月的问题形成考核指标进行考核，比如业主投诉最多的地方、总公司要求的质量考核等等，都是一种口头协议的形式，通过这些考核指标核算他们的工资。（Q03）

公司考核指标都是管理人员根据公司利益而设定的，是一种非正式的管理制度。服务对象投诉，老年保洁工将会受到公司处罚，上班时间不能接打电话，上班时间不能抽烟，等等，这些规定是公司的管理制度，其目的是提升劳动效率。但部分公司把这些规定作为减少开支或降低成本的方式，不但不利于公司的管理绩效，还会降低工人的劳动积极性。霍桑实验已经证明，金钱并不是刺激劳动者提升劳动生产率的唯一因素，想要提升劳动生产效率，要调动劳动者的生产积极性，还需要从职工的心理、态度、情感方面努力，即管理者与员工之间要保持密切的沟通，善于倾听员工的意见，了解员工本人及家庭情况，在一定程度上满足员工在感情上的慰藉，使员工有安全感和归属感，进一步提高员工的满足感。因此，公司在管理过程中要有更多的人文关怀，不能仅用金钱来刺激老年保洁工群体。公司管理人员需要与老年保洁工群体保持密切沟通，维护好老年保洁工群体的集体利益。老年保洁工的工作量相对较大，工作环境差，工资待遇低，工作时间长，还需要面临各种考核，很难提升老年保洁工的生产积极性。老年保洁工在劳动过程中面临各种并不人性化的规章制度，他们也会采取行动策略来维护自身利益，即与公司讨价还价。

老年保洁工的合法权益受到侵犯，他们通常采取的行动策略就是讨价还价。当他们在工作过程中受到不公平待遇时，如遇到公司绩效考核扣工资并增加工作量等问题，老年保洁工会采取多种策略应对，他们最常用的方式是降低工作效率。老年保洁工群体与公司讨价还价。当管理人员在场督促或者有视频监控的区域他们表现出较高的效率，在没有视频监控区域或管理人员不在场的时候就故意降低工作效率。在降低劳动效率的同时不接受额外安排的其他工作，并要求公司不予扣工资或者额外给予一定的加班费，管理人员在面临来自集体的压力以后只有妥协，口头答应给予额外加班费，但所承诺的加班费并没有兑现。虽然很难兑现加班费并拿回被扣掉的工资，但老年保洁工认为额外干了工作，公司就欠他们的“情”，他们对公司的不满心理在一定程度上就抵消了。这是中国特殊文化背景下的一种现象，他们这种行为心理体现出传统文化中的“礼尚往来”，当公司欠他们的“情”后，公司也应该还他们的“情”，这才符合传统的人际交往逻辑。通常情况下，个体自身利益受到侵犯时理应正面回应并争取。他们不但没有继续反抗，而是按照公司要求完成任务，他们把这种额外工作当作是一种可与公司交换的商品。他们把这种礼尚往来的交往逻辑，推演到他们的工作环境中，从而使自己本来不满的心理状态得到调整。而公司为了控制成本，并不会发放加班费，且依然会克扣老年保洁工的工资。

当老年保洁工面临被无故辞退时，他们则采取同样的行动策略。当公司保洁人员不足而招不到年轻人时，雇佣部门才愿意雇用老年人。只要公司有新人来，不论其年龄有多大，雇佣部门都会因招聘新人而辞掉老人，老年保洁工是最先被辞退的对象，公司这样做的目的主要是转移聘用老年人的风险以降低成本。当老年人劳动权益受到威胁时，他们采取的行动策略就是与老板讨价还价，做出让步的选择。老年保洁工在面对自己被辞退的风险时，他们首先采取博弈的方式适当让步，希望公司为其提供劳动参与的机会。雇佣双方讨价还价后，自己做出妥协以保留工作机会，但是此时老年保洁工的劳动权益受损。其次是老年保洁工动用身边的资源，即托人找关系，通过公司管理人员为自己争取权益。最后是双方相互妥协，公司以为其保留工作机会而提出条件，老年保洁工则面临增加工作量或者降薪。老年保洁工为了保住自己来之不易的工作机会，选择妥协并接受其他附加条件。

（二）同质群体抱团获利

古话说“物以类聚，人以群分”，无疑是在讲群体的同质性问题。同质群体因为有很多共同的特征而聚在一起，老年保洁工群体也是如此，具有共同特征的老年保洁工群体会聚到一起形成同质群体。这里的同质群体不仅是因年龄的相似性而聚在一起的群体，还包括在劳动过程中面临同样困境的群体。受到不公正待遇的老年保洁工群体团结一致，共同维护自身利益。同质性较强的老年保洁工群体不仅有很多共同话语，而且在劳动场域中面临的困境都相似乃至相同。特别是劳务公司中各种非正式的规章制度，以及管理人员和雇佣者为了自身利益而采取的各种管理措施，在一定程度上影响了老年保洁工的劳动权益，对于老年保洁工而言，单凭个体的力量难以应对各种外部挑战。当老年保洁工群体因劳动权益问题与老板或者管理人员发生冲突时，他们采取的一种策略是拉拢同质群体与雇佣者、管理人员等进行利益博弈。他们只有向公司施加群体压力，才能改变原有的利益结构，维护自己的劳动利益。在他们看来，团结起来挑战雇佣部门的权力结构，这种方式比其他方式更为有效，可以在短期内看到效果。

TJQ（男，73岁）：我们公司也是有几个月没有发工资给我们了，我们去公司问了很多次，公司说没有钱，现在发不了工资。最后这个劳务公司（属于乙方公司）破产，没有在这里做了。物业公司让我们大家都留下来继续工作，以确保保洁服务的不间断。物业公司把我们推荐给新来的这个劳务公司，并且承诺所拖欠的工资，由新的公司负责发放。但是新来的劳务公司并没有发放原公司拖欠的工资，实在没有办法了，我们几十个老年人团结起来，一起到某区劳动监察大队报案，最后劳动监察大队帮我们立案了。我们只有通过这种方式来追要我们的工资，凭我们个人的力量是解决不了问题的，我们必须要团结起来才可以要到工资。（HX22）

从上述TJQ面临的问题来看，拖欠工资是老年保洁工经常面临的问题。他们在劳动过程中不仅有拖欠工资的问题，还有劳动参与机会的不平等、同工不同酬、劳动保障欠缺等多方面的问题。如何化解这些问题，仅凭老年保洁工个人的资源难以解决，最终他们通过团结同质群体获取利益。如何拉拢同质群体抱团获利，他们必须要与同事保持友好关系，以便在自身利益受到侵犯时得到他们的帮助。在与老年保洁工一起工作的过程中发现，这些老年人一起吃饭，一起上下班，都有说有笑，人际关系十分融洽。就如前文所述的一样，当遇到公司要裁员，或者公司恶意欠薪的问题，他们会为了同事的利益以集体名义给公司施加压力，使问题得到妥善解决。他们在劳动过程中遇到困难，解决问题的措施并不是用法律法规等方式，而是通过群体内部解决。一方面是他们的维权意识不高，另一方面是通过正式的维权途径并不能有效解决问题，即使通过政府相关部门来维权，最终还是得不偿失。

WSH（男，63岁）：由于劳务公司不发工资，我们就一起罢工，集体不上班，然后物业公司的负责人就来了，问我们为什么不上班，我们就反映了我们的诉求。主要是因为几个月的工资没有发，有些老年人家里就等着这点工资。公司几次许下的诺言都没有兑现，物业公司的副总经理站出来，为我们的工资问题做出了回应，并保证会按时发放工资。最后我们大家团结一致，齐心协力，最终拿到了工资。如果我们大家都不团结，那我们的工资就遥遥无期，不知道什么时候才能够拿到。

问：您的同事都这么团结吗？

WSH：也不是全部，都是大家关系好的才这样，还是有人不团结、不合群。我们一起上班的老年人中，有超过三分之二的老年人还是很团结的，大家关系好，相处也很好。有什么困难，只要别人说，意见就很容易统一，大家就想办法相互帮助。

问：你们为什么这么团结？

WSH：不团结不行啦，特别是在公司遇到困难以后，单枪匹马是解决不了问题的。大家团结一致问题才会得到解决。这是我们干保洁这么多年积累的经验。

问：你们有这样的经历吗？

WSH：有啊，就是公司拖欠我们三个月的工资不发，公司领导说困难，让我们大家宽限10天，我们都信了。就一直等，等了半个月都没有消息，我们大家就组织起来罢工，最后公司基本没有人打扫卫生，物业公司又施压，必须要维护小区环境卫生。最后，公司妥协了，发了两个月的工资给我们。如果是一两个人这样，那基本就要不到工资。

问：你们平时是怎么相处的？

WSH：我们大家都相互理解，友好相处就行。工作上有困难，大家相互帮助。（HX28）

从保洁工 WSH 的经历可以看到，当老年保洁工遇到劳动权益问题时，在没有制度保障的前提下，凭个人一己之力，很难维护自身利益，因为公司有很多理由拖欠工资。如果他们主动团结起来罢工，当罢工可能损害公司利益时，公司就会妥协，最终解决老年保洁工的权益问题。老年保洁工如何才能团结同事？他们采取的策略是与同事友好相处。老年保洁工在劳动过程中非常注重同事之间的关系，只有处理好同事关系，最终才能形成一个利益集团。如果在平时的工作和生活中与同事的关系不融洽，那就很难形成一个利益群体，最终自身的问题也得不到解决。因为他们尝试过单独行动的方案，最终都以失败告终。老年保洁工群体通过抱团获利的方式与公司抗衡，使劳动场域中的权力结构得以调适。

保持良好的同事关系是老年保洁工维护权益形成群体力量的基础，也是老年保洁工群体采取集体行动的策略。如果与同事相处不融洽，同事之间的关系不和谐，也会受到这个组织的排挤。因此，同质群体抱团获利，也是他们的一种行动策略。老年保洁工与同事保持融洽关系有利于维护其劳动权益。这背后的结构性因素是拥有资源的不对等，权力结构失衡。即使没有相应的制度来规范老年保洁工的劳动场域，老年保洁工自身也会通过发挥主观能动性，打破原有的制度结构，构建另外一种结构来平衡场域中的权力关系。当老年保洁工遇到劳动权益纠纷问题时，由于缺乏制度保障，单凭个人去争取利益非常困难，当与同事友好相处，形成一个利益集体就会好很多。例如公司不按期发放工资，他们主动团结起来进行集体罢工，当罢工可能损害到物业公司的利益时，公司将会妥协以解决老年保洁工的权益问题。如果在平时的工作和生活中，与同事之间的关系不融洽，自己遇到困难时，也很难得到其他人的帮助。老年保洁工在劳动过程中非常注重同事之间的关系，因为只有处理好同事关系，最终才能形成一个利益团体，也只有形成内部利益团体才能够与公司抗衡，使劳动场域中的权力结构得以调适。

（三）无限期的集体维权

在劳动过程中，老年保洁工自身的权益受到侵害，除了上述采取的集体行动以外，老年保洁工还会采取集体维权的行动策略。集体维权的道路虽然面临诸多困难，但也是最为理性的策略。在上述所有行动策略失败以后，他们不得不抓住最后一根稻草，采取集体维权的行动策略来维护自己的利益。然而，没有制度保障是老年保洁工在维护自身权益过程中面临的最大挑战。

老年保洁工也相信用法律手段是解决矛盾争端的最好选择，但是他们也知道走法律路线维护自身权益十分困难。首先是自身文化素质较低，对当前的制度法规一知半解。通过法律程序来维护自身劳动权益，他们需要花钱请专业的律师，这对于薪资较低的老年保洁工而言又是另外一个困境。其次是集体意识难以统一。当遇到劳动权益问题而采取集体行动时，在老年保洁工群体内部的意见有时难以统一，有些人很看重这些利益，而部分人可能觉得没有必要走法律程序。再次是维权时间很长。遇到有些棘手的利益问题，老年保洁工在维权的道路上一走就是两三年，主要原因是他们不知道找哪些政府部门。走完这些部门的流程并得到他们的回复需要较长的时间，因此维权的时间成本非常高。最后是维权成本高。老年保洁工在维权过程中，需要的不仅仅是时间，还需要人力、物力和财力。他们并不专业，需要请专业的律师来解决问题，这就无形中增加了他们的维权成本。

在调研过程中发现一个集体维权事件，HD 物业公司拖欠老年保洁工工资，该案例中一共有 43 名老年人集体维权。他们最开始到属地的劳动局，要求劳动局为他们的工资拖欠主持公道并尽快发放工资，劳动局的工作人员回复尽快帮助他们处理。但是一拖就是两个月，最终没有得到任何回应。第二次有 32 名老年保洁工集体进入劳动局，要求工作人员予以解决拖欠工资问题。劳动局的工作人员与物业公司负责人电话沟通，回复可以在一周内发放拖欠的工资。一个星期过了，他们的工资依然没有发放，43 名老年保洁工集体罢工。在罢工两天以后，公司管理人员对接并回复两周内解决工资问题，但依然没有领到工资。最后 HD 物业公司因资金周转问题宣布破产，43 名老年保洁工的工资遥遥无期。他们再次来到劳动局，工作人员回复，他们不在其管理的范围内，理由是不属于劳动年龄人口，要求他们到劳动执法监察大队。到了劳动监察大队，又走了两个月的流程，最后劳动监察大队无法解决问题，要求他们到区法律援助中心。法律援助中心找相应的律师义务帮助，最终也是不了了之，回复的理由是 HD 物业公司不在本区注册，他们也管不了，要求他们到所属区的法律援助中心，由于路途远，他们的领头人把材料交到物业公司注册地所属地法律援助中心，最后的回复是无法解决，需要请专业的律师解决问题。走完这些流程用了差不多两年的时间，最后他们因为请律师的费用太高而放弃，两年多的时间依然没有解决拖欠的工资。从这个案例我们可以看出，老年保洁工在维权的道路上十分艰难。

从上述老年保洁工的维权案例可以看出，在维权的过程中需要花费大量的精力、人力、物力和财力。通常情况下，他们不会选择集体维权的行动策略。即使自己的利益最终能够得到有效维护，这个过程也是漫长而艰难的。

四、环境适应与需求增长的调适

老年保洁工在进入劳动力市场后，发挥自身的主观能动性，转变自己的角色，在劳动过程中不断提升自我价值认同感。调适并改变原有的利益结构使自己不断适应新环境。

（一）环境适应与自我满足

老年保洁工进入劳动场域以后，不断调适自我状态以适应新的环境。他们与雇佣者、管理人员斗智斗勇，以维护自身的劳动权益。他们把这些常态化的行动策略运用到不同的公司或劳动场域中，形成老年保洁工群体的行动逻辑。在劳动过程中，他们的心里表现出一种自我满足的状态，既要达到劳动参与的目的，又要学会满足现状。他们在劳动参与过程中面临着诸多困境，制度机制的缺失使其权益得不到有效维护，他们不得不主动去适应当前的环境。

问：您对当前的工作是否满意？

WCL（男，67）：还算满意，要懂得满足。好不容易找个事情干，也不能有太高的要求，毕竟自己年纪大了，也没有什么文化、技能。

问：在当前工作中您最不满意的是什么？

WCL：最不满意的就是工资低了，人少的时候我们是两班倒，我们这里晚上的人流量大，工作量大，下午6点半来，要做到凌晨1点后才可以回家。

问：您工作中最满意的是什么？

WCL：是老板给了上班的机会，生活感觉要充实一些。

问：您对未来有什么期望？

WCL：希望就是政府有相关的制度来维护我们的权益。劳动是光荣的，但是感觉有些地方还是不公平，比如我们一起上班的主管，他们都可以购买“五险”，我们就得不到。找个打扫卫生的工作来干，还需要找各种关系才能来，这不公平。（XW04）

从与老年保洁工 WCL 对话中可以看出，他们适应了当前的环境后，对工作还有很多不满意的地方。他们随遇而安的心理状态，有利于其劳动参与行动的再生产。他们即使对现有的制度结构怀有不满，依然要去主动适应当前的环境。从老年保洁工随遇而安的心理状态可以看出，他们不仅适应了当前的工作，而且已经融入了新的场域中。同时，他们深知处于老年劳动参与结构性制度困境中，并希望改善现有的制度结构状态，为他们劳动参与提供良好的制度环境。

（二）老年精神文化需求得以满足

新时代的老年保洁工走向劳动力市场参与劳动，说明了老年劳动参与的最终目的不只是满足物质需求，更是为了满足老年精神文化需要。首先他们传承了勤俭持家、艰苦奋斗的精神。老年保洁工的工作是又脏又累，即使他们年老仍然要发挥自己的余热奉献社会，这是一种崇高的精神传递。其次是能够摆脱传统养老文化，进一步寻求自我价值。这种自我价值体现在两个方面：一方面是继续为社会创造价值；另一方面是在劳动中实现自我价值。老年保洁工参与劳动并不只是为了物质需求，还包括帮助子女、锻炼身体和实现自我价值。在获取劳动报酬的同时可以为社会做出自己应有的贡献。最后是积极人口老龄化价值理念的实践。老年保洁工劳动参与行动是在中国文化背景下，是一种自下而上的积极老龄化价值理念的实践。积极人口老龄化的价值理念就是赋予老年人参与社会经济活动的权力，积极看待老年人，老年人自身也要积极参与社会经济活动，进一步发挥老年人的价值。

老年保洁工在劳动过程中不断满足自己精神文化需求，这对老年保洁工劳动参与行动的再生产有重要的意义，是他们持续劳动参与的动力源泉。劳动参与能够创造价值，为老年保洁工带来愉悦，满足他们交往交流以排解孤独感的需求，进一步丰富老年人的精神文化生活。因此，劳动参与也是满足老年人文化需要的重要途径，他们在劳动过程中获得安全感和幸福感，可以为社区奉献自己的劳动而实现自我价值，同时还可以通过劳动获取报酬的满足感和获得感，这对于长期生活在农村的老年人而言更容易融入城市生活。

（三）从"养儿防老"到独立自主：老年保洁工养老理念的转变

"养儿防老"的价值理念在小农经济时代十分盛行。在农业文明时代，男性劳动力是农业生产活动中的关键因素，从人口生产到养老送终，再到家庭财产继承都在强调男性的重要性。在以农业生产为主的社会中，男性的数量直接与农业生产相关，不仅体现在农业生产质量上，而且体现在农业生产的强度上，精耕细作的农业生产需要大量的男性劳动力。在自给自足的小农经济社会中，养儿防老的一个主要目的是减轻老年人在晚年时的劳动负担，进一步使家庭的经济或生计得以更好地维持。随着时代变迁，老年保洁工的养老理念由依靠子女转变为自主养老。

随着社会、经济、科技的不断发展，人民生活质量得到提升，养儿防老的思想观念在逐渐淡化。特别是在我国医疗水平、物质生活水平不断提高的今天，老年人的身体素质与几十年乃至上百年前相比有了很大提升。当前我国的养老保障水平不断提高，人民经济收入水平也不断提高，老年人的养老观念发生了变化。因为人们的物质生活比较充裕，不再担忧自身的养老问题。同时，老年人的养老主体也在逐渐转变，对子女养老、家庭养老的依赖在逐渐弱化。特别是在近些年我国城镇化快速发展过程中表现尤为明显。

在有了一定的物质保障后，老年人的养老不再单独依靠子女。老年人中还存在逆向反哺的现象，即老年人不仅不需要子女的养老，而且还能帮助成年子女。老年人反哺子女的社会现象，是中国城镇化快速发展过程中的特殊现象，这也是在人口老龄化背景下，老年人再次走向劳动力市场的一个重要原因。老人反哺子女的动机，加上劳动力市场的需求，二者不谋而合，使老年人再次进入老年劳动力市场。老年劳动参与是化解人口老龄化问题的重要方式，如果相关部门加以引导、不断建立健全制度，对治理我国人口老龄化导致的劳动力短缺有重要的作用。这种独立自主的养老价值理念的转变，对改善我国人口老龄化具有重要意义。

本章小结

本章主要探讨了老年保洁工进入劳动场域后所采取的行动策略，分析老年保洁工“进场后”的身份建构和结构性制度障碍下所采取的行动策略。老年保洁工在结构性制度障碍背景下利用“规则”和“资源”这两个工具，通过“权力”制衡的方式进一步维护自身的劳动权益。正如吉登斯所言“在权力关系中的弱势方，无论其居于多么不利的地位，他们都可以借助‘资源’这个工具，对权力强势一方进行一定的控制。权力强势一方同样受制于权力弱势一方。通过这种关系的转化，行动者利用并再生产出支配的结构特征”。权力在本质上不具有压制性，只有在某些情境下，权力才具有强制性。无论是“规则”还是“资源”都具有中介性和可转化性，规则可以创造权利与义务，资源可以转化调节社会关系。老年保洁工将资源调动起来，通过权力的运作来操作行动和实现目标。

首先是角色转变与角色适应。老年保洁工再次进入劳动场域，与其在青年时代的劳动场域有所不同，特别是保洁服务领域存在结构性制度障碍问题，在角色转变与适应中面临各种困境。随着时空结构变迁，此时的劳动场域结构不同彼时的劳动场域结构，因此老年保洁工需要不断调整心态并转变角色，实现自我价值认同，融入新的劳动场域。其次是老年保洁工在劳动场域中面临权力结构失衡困境。雇佣部门利用自身所掌控的“资源”，转移老年劳动参与带来的风险，最终将风险转移到老年保洁工自己身上。雇佣部门风险转移的策略主要有几种方式，如老年保洁工的身份伪造、口头协议、劳务协议、“外包”与“非正式”的管理制度等等，面对这些不平等利益结构，老年保洁工只有去主动适应，被迫承担风险，以进一步获取劳动参与的机会。雇佣部门所采取的风险转移，其根源就是老年劳动场域中雇佣双方“权力”的不平衡。最后是老年保洁工应对权力结构失衡所采取的行动策略。为了使劳动参与行为继续下去，老年保洁工不得不采取行动策略，与雇佣者或管理者进行“博弈”，与管理者或雇佣者讨价还价，与“同质”群体抱团获利。老年保洁工在权力结构失衡的困境中，发挥自身的主观能动性，将“资源”和“规则”进行转化，打破原有的不平衡利益关系来维护自身劳动权益。老年保洁工通过劳动参与行动，实现了其劳动参与行动的目的，在劳动中实现自我价值。

第七章　老年保洁工劳动参与的行动再生产

在我国快速人口老龄化的社会背景下，老年劳动参与行动不仅有益于老年人自身，还有益于国家和社会。老年劳动参与面临结构性制度障碍困境，如何使老年劳动参与行动得以延续和发展，老年劳动雇佣部门管理更加规范和有序，政府相关部门能够有效维护老年劳动力市场的公平与正义。需要从积极人口老龄化理论视角建立健全老年劳动参与制度体系，构建全面的社会支持系统，使老年劳动参与的行动再生产持续健康发展。老年保洁工的劳动参与行动是自下而上形成的积极应对人口老龄化的重要举措，更是积极人口老龄化理论的本土化实践。

一、劳动参与的行动再生产及其价值

（一）行动再生产

“行动再生产意指社会主体在行动结构中的行动重复过程，是人类社会的一种普遍现象，它构成了人们日常生活的秩序基础”①。在社会

① 于兰华．失地老人经济参与的行动逻辑分析——基于苏中 N 市 Z 社区的调查［D］．华东理工大学，2015.

实践中行动者上一次的行动记忆会对下一次的行动产生影响，“并作为记忆痕迹，引导新的行动者的行动”①。在日常生活中，很多社会行动都是在循环往复，使行动的再生产得以产生。行动再生产有三个特征：“首先是社会行动再生产的重复性与延续性，社会行动是之前行动的延续，但也并不是简单的延续；其次是行动场域的重复性，即行动者总是在相对固定的场域中重复着行动；最后是再生产机制的互构性，行动再生产过程是行动者与社会互构的过程，是行动者行动实践连续性和行动者反思性相结合的集中体现”②。从社会行动的特征可以看出，社会行动再生产是行动者在日常生活中与社会不断循环互构的过程。因此，社会行动再生产是行动者在一定的社会结构中完成的反复循环的社会行动。行动是在一定的场域中完成和再生产的，这个场域不仅仅是指时空结构，还包含影响行动者社会行动的结构性因素。

老年劳动参与的行动再生产就是老年劳动参与行动的延续和发展。一方面要激发老年人的行动动机，增强老年劳动参与的内驱力。另一方面要为老年劳动参与提供制度支持，做好顶层制度设计，营造良好的老年劳动参与环境。老年劳动参与的行动再生产具有重要意义，劳动参与不仅可以满足老年人自身发展需要，也可以有效化解人口老龄化的社会问题，因此老年劳动参与行动再生产利国利民。

（二）劳动参与行动再生产的价值

首先，老年劳动参与行动再生产是老年人社会参与的重要方式，也是老年人实现自我价值的重要方式。“支持老年人参与社会经济、文化和精神活动，人们在进入老年期以后，还可以参与收入性的和非收入性

① Giddens. The Consitition of Society [M]. Cambridge: Polity Press, 1984: 21-23.

② 安东尼·吉登斯. 社会的构成 [M]. 李康，李猛，译. 北京：生活·读书·新知三联书店，1998：127.

的活动，为社会做出生产性贡献。健康、参与、保障三位一体的最优结合是‘积极老龄化’得以实现的关键”①。这里的参与包括了劳动参与，它是老年人参与社会经济活动的形式之一。老年人在劳动过程中不仅可以获取经济利益，通过劳动获取报酬以弥补养老金不足或帮助子女，劳动参与还能够增强老年人的社会交往能力，提升老年人的精神生活质量，实现自我价值。劳动参与也是有效化解人口老龄化社会问题的重要方式，是实现老人社会价值的重要体现。

其次，老年劳动参与行动再生产是化解老年人养老困境的重要方式。从老年保洁工的构成来看，主要有农村流动老人、郊区失地老人、城市困难老人。这些老年群体从农村进入城市生活，经济收入来源有限，与理想的养老生活还有差距。当前，“我国居家养老在完善养老服务政策体系、健全养老服务网络、创新养老服务模式、强化人才队伍支撑等方面的实践经验以及发展中面临的需求与供给不平衡、管理运行机制不健全等突出问题”②。老年人的养老不仅有物质方面的需求，还有精神层面的需求。老年劳动参与可以帮助他们增加养老收入，可以锻炼身体以维持身体健康，还可以与他人进行交往，减少老年人的孤独感，进一步增进老年人的心理健康。因此，老年劳动参与可以化解养老资源不足的问题，特别有利于生活在基层的老年群体。

最后，老年劳动参与行动再生产能够有效缓解劳动力资源短缺问题。人口老龄化和低生育率将会导致劳动力资源的短缺。我国在未来一段时期内，人口老龄化伴随着低出生率将成为一种新常态，我国在未来一段时期内将会出现劳动力资源短缺现象。老年劳动参与在一定程度上可以缓解劳动力资源的短缺问题。当前我国劳动力市场中出现劳动力资

① 邬沧萍．积极应对人口老龄化理论诠释［J］．老龄科学研究．2013（1）：3-13.

② 刘卫东，李爱．我国居家养老服务发展面临的现实困境及应对策略［J］．东岳论丛．2022（9）：96-103.

源供需矛盾两极分化现象。高素质的劳动力资源在不断增多且面临着较大的竞争，如每年有超过 1000 万的大学毕业生，他们在劳动力市场中面临着激烈的就业竞争压力。选择从事低端重复性劳动生产的人在减少，部分用工部门出现招工难的问题，部分行业出现了劳动力短缺的现象。例如保洁服务业中保洁工短缺问题依然突出。老年劳动参与能有效缓解劳动力资源不足问题，特别是对年轻人相对排斥的行业表现更为明显。G 市保洁工群体中有超过四成的保洁工都是老年人，弥补了保洁行业劳动力不足的问题。

二、老年劳动参与行动再生产的困境

诺斯认为“制度就是社会运行的游戏规则，更规范地说，制度是决定社会成员间相互关系的一系列约束”①。在新制度主义理论中，“制度包括正式的规则、程序或规范，还包括认知规定、道德模范和符号系统”②。制度泛指行动者（个体、组织、政府）行动的规则或规范，也是一种社会结构，其包含正式的制度与非正式的制度。制度的作用就是规制和管控行为，对个体的社会行动具有指导性和约束性，能有效维护社会公平与正义，具有激励性和惩戒性。老年劳动参与的行动再生产需要社会制度来规范和激励。当前的老年劳动力市场面临着结构性制度障碍问题，即老年保洁工劳动保障权益还是依靠非正式制度维系，缺少刚性的制度结构。

---

① 道格拉斯·C. 诺斯. 制度、制度变迁与经济绩效 [M]. 杭行，译. 上海：格致出版社，上海三联书店，上海人民出版社，2008：3.

② Peter A Hall and Rosemary C. R. Taylor. Political Science and the Three New Institutionalism [J]. Political Studies，(199) . XLVI.

（一）老年劳动参与结构性制度障碍

老年劳动者与法律意义上的劳动者之间存在制度壁垒，老年人不属于劳动年龄人口的范畴，因此老年劳动参与就不适用于劳动法，老年人劳动就业保障权益受限。同时，在我国实施渐进式延迟退休政策之前，他们还受退休制度的限制，达到退休年龄后很难再次进入劳动力市场，特别是城镇退休职工表现更为明显。目前，我国老年人的年龄划分为60周岁及以上，即60周岁及以上的人口为老年人。达到退休年龄后参与劳动就不适用于劳动法，老年劳动参与行动会受到当前退休制度的影响。

本书认为，老年劳动参与的结构性制度障碍就是指由于劳动者达到退休年龄后不属于法律意义上的劳动者，其劳动参与无法与其他劳动者（法律意义上的劳动者）享受相同待遇的一种社会现象。在老年劳动参与行动中，是年龄这一结构性因素把老年人与法律意义上的劳动者分割开来，他们付出同样的劳动而享受不同的劳动保障权益。要使老年人与法律意义上的劳动者享受同样的劳动权益，需要把年龄这一结构性因素溶解掉，抑或是建立健全老年劳动参与制度体系，只有这样才能使老年劳动参与的行动再生产良性运行和协调发展。

（二）老年劳动参与面临的制度困境

1. 获取劳动参与机会的困境

首先是传统文化因素影响其劳动参与机会的获取。传统孝文化、“养儿防老”及面子观在一定程度上影响着老年保洁工的劳动参与行为。当人们年老以后应该安享晚年，不应该参与劳动，子女应该赡养父母。部分年轻人会认为老年人参与劳动让自己没有面子，这些文化因素都会影响老年劳动参与。

其次是缺乏平等参与的制度机制。老年人缺乏平等参与劳动的制度机制，也会影响到老年劳动参与行动。当前老年保洁工主要通过关系和人情来获取劳动参与机会，即通过非正式的渠道获取劳动参与的机会，缺乏平等的劳动参与权。没有制度支撑老年劳动参与行动，他们只能够在制度边缘游走，进一步阻碍老年人的劳动参与行动。同时还缺少老年劳动参与的激励机制，对于缺乏劳动参与积极性的老年人，没有外在激励机制，很难有效促进老年人参与劳动。

最后是自身能力不足与信息途径获取受限。当前老年群体自身就业能力不足，他们文化程度普遍偏低，缺乏专业技能，在劳动力市场中缺乏竞争力。这是阻碍老年人获取劳动参与机会的最为直接的影响因素。同时，他们在老年继续教育、老年就业培训方面缺乏机会，影响老年人获取工作的机会。在信息化的今天，老年人面临数字鸿沟问题，获取信息的途径受限。他们在使用智能手机、计算机等方面存在诸多的困难，这也是影响其获取劳动参与机会的重要因素。

2. 劳动过程中的权益维护困境

首先是老年劳动保障制度缺失。老年人不属于劳动年龄人口，他们劳动参与机会获取和劳动权益都得不到制度的保障，老年劳动参与权需要得到法律的保护。老年人在劳动过程中面临着同工不同酬，随意解聘劳工，非正式契约导致劳务纠纷、被外包、被加班等问题。同时还存在工作环境恶劣，薪资待遇较低，劳动安全得不到保障，劳动过程中劳动权益维护困难等问题。这些问题的背后就是缺乏老年劳动参与制度体系和行业规范。

其次是不能平等地享受劳动保险权益。现行的社会养老保险、意外伤害保险等都没有包含老年劳动参与，老年保洁工群体没有养老保险、工伤保险、医疗保险、失业保险等。老年人的劳动参与得不到相应的保障，并无法像其他劳动者一样享受“五险一金”等。无相关保险制度保障老年人的劳动权益，没有第三方来为用工部门分担风险，雇用老年人面临较大的风险，老年人在劳动过程中面临着人身安全得不到有效保障的问题。因此，缺乏基础的劳动保险，对雇佣双方都不利。无论用工方按照正常招聘程序招聘老年人，还是通过非正式渠道招聘老年人，在用工过程中遇到的各类问题也得不到解决，例如在劳动过程中遇到意外伤害等，雇佣方将用各种违规方法将风险转移到老年人身上。

最后是老年劳动监管制度还不完善。老年劳动参与监管制度还不完善是导致老年劳动力市场混乱的主要原因。因缺乏制度依据使得政府相关部门执法无据，政府相关部门在执法过程中可能会出现无法可依的现象，老年劳动力市场监管自然就松懈，最终老年保洁工的权益得不到有效维护。在老年劳动力市场中，政府相关部门是一种被动监管，老年劳动参与的监管被边缘化。

3. 社会支持系统脆弱

老年人再次进入劳动力市场困难重重，面临着劳动参与支持系统脆弱的困境。除了家庭成员及朋辈群体的支持以外，还需要得到政府和社会的支持和认同。一般而言，“社会支持可以分为两类：其一是客观的、实际的或可见的支持，包括物质上的援助和直接服务；其二是主观的、体验到的或情绪上的支持，它指的是个体感受到在社会中被尊重、被支持、被理解的情绪体验和满意程度”①。根据老年保洁工劳动场域的特殊性，其劳动参与过程中面临的困难主要有以下几个方面。

首先是被动获取家庭成员及朋辈群体的社会支持。老年保洁工劳动

① 李强．社会支持与个体心理健康［J］．天津社会科学，1998（1）：67-70.

参与社会支持系统中，家庭成员及朋辈群体的支持是老年保洁工劳动参与支持体系的核心力量。即使老年保洁工外出劳动参与是一种被迫选择，家庭成员的支持对老年人的劳动参与有积极的促进作用。然而受传统文化的影响，当前老年保洁工的家庭成员对其劳动参与行动并不支持，老年保洁工群体被动获取支持。朋辈群体的支持也是促进老年保洁工劳动参与行动的重要因素，但老年劳动参与行动并不为社会所重视，老年劳动参与的良好氛围还没有形成。老年保洁工的朋辈群体对其劳动参与行动始终处于中立态度，只是一种被动的理解和帮扶，这不利于老年保洁工获取社会资源并积极参与社会经济活动。

其次是政府相关部门对老年劳动参与支持力度不大。在快速人口老龄化的社会背景下，出台了渐进式延迟退休政策，鼓励老年人参与劳动。但是相关制度还不够完善，对老年劳动参与的社会支持力度还不大，对老年劳动参与的限定较多。在老年劳动参与行动中政府相关部门掌握着重要资源，在老年劳动就业保障中扮演着重要的社会角色。他们组织制定相关制度法规，是老年劳动力市场公平与正义的维护者，能有效平衡雇佣双方的权利与责任，在老年劳动参与行动中起着重要作用。同时，政府相关部门的制度激励有利于老年保洁工劳动参与行动再生产。然而，当前政府相关部门在老年劳动参与行动中的社会支持力度还不够大，部分地区出现老年劳动监管缺位现象，老年人劳动权益得不到有效维护。同时，部分政府工作人员缺乏积极应对人口老龄化的价值理念，甚至不支持老年人参与劳动。

老年劳动参与缺少社会组织的支持。社会组织主要包括雇用老年人的公司、企业工会、社会工作机构、非政府组织和非营利组织等。社会组织是吸纳老年人参与社会经济活动的主体，同时也是关爱老年劳动参与行动的重要组织。非营利组织、非政府组织等对老年劳动参与行为的关注较少，对老年劳动权益的维护介入度还不够深。作为老年劳动力的雇佣部门通过各种方式限制老年人的劳动参与行动，雇佣双方还存在权责不对等问题，这直接影响老年人劳动参与的积极性和创造性。本书中的老年保洁工群体与劳务公司、物业公司、保洁公司看似是一对矛盾体，其实二者是劳动场域中的利益共同体，社会组织需要积极支持和鼓励老年人的劳动参与行动。

社会支持系统中各主体所表现出来的问题是对老年劳动参与的漠视，这不仅打击了老年劳动参与的积极性，而且也不利于老年保洁工的价值认同，更不利于广大老年人积极加入劳动力市场。因此，目前老年人加入劳动力市场的一个重要影响因素就是老年人外出劳动参与的社会支持系统脆弱，进一步阻碍了老年人再次进入劳动力市场。

4. 参与主体身份建构困难

首先是老年人面临角色中断的风险。影响老年劳动参与行动的因素很多，除了结构性影响因素外，还有老年人自身的价值认同与身份建构问题。老年人再次进入劳动力市场，必须要不断自我调适，实现角色转变和自我身份的建构，才能更好地参与劳动。随着年龄的增加，老年人面临角色转变困难，以及角色中断的风险。

其次是自我价值认同度较低。老年保洁工劳动参与的价值认同会影响到其劳动效率，较差的劳动体验感也会影响其价值认同感。保洁工作的劳动强度本来就大，加上较大的心理压力，对老年人的身体健康产生一定的影响。身份认同度低不利于其劳动参与，长期处于一种被动参与的心理状态，会使老年人心理产生焦虑，会把劳动参与当成一种负担。

最后是缺乏归属感。老年人在劳动参与过程中适应新环境相对较慢，难以融入群体而缺乏归属感，会产生孤独、怀疑和无助心理，他们会对劳动参与的价值产生怀疑。在劳动过程中找不到自身存在的意义与价值，极不利于劳动参与的行动再生产。

三、老年劳动参与行动再生产的路径

老年劳动参与的行动再生产面临着种种困境与挑战，只有健全完善相关制度体系，为老年人提供公平、可持续的竞争环境，才能真正实现老年劳动参与的行动再生产持续健康发展，有效应对深度老龄化问题。在人口老龄化的社会背景下，如何有效化解老年劳动参与行动面临的困境，要用积极人口老龄化理论作为指导，从健康、保障、参与三个方面建立健全老年劳动参与制度体系，促进老年保洁工劳动参与的行动再生产。

（一）强化劳动参与社会支持系统

社会支持系统是个体在社会互动中所建立起来的一种社会关系网络，个体能够在这个社会关系网络中获得来自他人的物质或精神上的帮助和支援，以提高个体适应环境的能力。社会支持系统是一个复杂多维度的支持体系，主要由三个要素构成，即主体、客体和介质。“根据主体的组织属性可以将社会支持主体划分为正式支持主体和非正式支持主体。正式的社会支持主体是指政府或社会组织为社会弱势群体提供的社会支持，这一类社会支持主体具有特定的功能和正式的组织规范，所提供的社会支持有自己明确的标准和程序，并且从事帮助行为的人是经过专业培训的人员。非正式社会支持主体则是遵循自愿原则的个人或群体所提供的精神或物质帮助，其主体没有特定的功能，也没有正式的社会支持的规范，没有经过专业培训，不寻求任何经济回报的社会行为”①。因此，社会个体的社会支持系统不仅包括政府及各种社会服务机构，如

① 范成文．我国老年人体育服务社会支持系统研究［D］．湖南师范大学，2019.

政府相关部门、公司、公益组织、社会团体等，还包括自己的亲人、朋辈群体、同事、合作伙伴等。社会支持系统中的每一个子系统都承担着不同的功能，如自己的亲人能够给予物质和精神上的支持，朋辈群体可以给予情感支持。社会支持系统是影响老年保洁工劳动参与行动的重要因素，是老年保洁工自我价值认同的重要基础。老年保洁工的社会支持主体可以分为几个方面：首先是老年人的子女及家庭重要关系人员，老年人的朋辈群体等；其次是政府相关部门；最后是社会组织，包括老年保洁工雇佣部门、非政府组织、社会团体等。这些社会支持系统对老年保洁工的劳动参与有重要的作用。

首先，加强“积极老龄化”价值理念的宣传，为老年人劳动参与营造良好的社会环境。积极应对人口老龄化的核心理念是强调老年人的独立性和自主性，特别强调老年人参与社会经济活动和文化活动的必要性和重要性。同时，不能把老年人看成是社会的负担，而是要用积极的眼光看待老年群体，老年群体也是一种可被开发的社会资源。积极老龄化的内涵是提高老年人的生活质量，为老年人创造健康、参与和保障的最佳机遇。“提倡老人必须享有健康生活和贡献社会的机会，即需要给予老年人参与社会的机会，且其中参与的老年人不仅仅包括健康老年人，还包含患病和残疾老年人相关群体，因为他们同样可以为社会做出积极贡献。”① 在快速人口老龄化的社会背景下，积极人口老龄化价值理念具有重要的现实意义。因此，需要加强宣传，积极看待老年群体，积极看待人口老龄化问题，在人口老龄化中蕴藏着“银发经济”发展的潜在机遇。加强积极人口老龄化理念的宣传，使人们逐渐转变养儿防老的传统观念。鼓励老年人要有自主养老的价值理念，鼓励和支持老年人外出劳动参与，积极参与到社会经济和文化活动中以实现老年价值。

---

① 邬沧萍，彭青云．重新诠释“积极老龄化”的科学内涵［J］．中国社会工作，2018（17）：28-29.

充分发挥电视、广播、报刊、网络等媒体的作用，积极主动宣传积极老龄化价值理念。引导大众树立正确的价值观，弘扬中华民族的传统美德和社会主义核心价值观，全面弘扬传统孝文化及尊老爱幼的传统美德。最为重要的是扩大老年群体的社会支持网络。从国家、社会、社区三个层面促进老年人劳动参与的社会支持系统建设，政府部门提供宽松的制度环境，营造良好的社会氛围。各类社会组织、社区要积极帮助老年人，为他们创造劳动参与的社会条件。加强宣传教育帮助个体树立积极的老龄化价值理念，帮助他们使用智能设备，从而更好地融入家庭和社会；作为雇佣单位应关注老年保洁工的日常生活和工作，对困难老年保洁工予以帮助。在社会舆论中应多关心老年群体的生存现状，帮助他们树立正确的就业观念。此外形成人人支持老年人参与社会经济活动的良好社会氛围，为鼓励老年人参与劳动营造良好的社会环境，进一步促进老年劳动参与行动的再生产。

其次，强化政府部门、社会组织等正式社会支持主体的支持力度，进一步维护老年人参与的权利。政府部门出台相应的鼓励政策，鼓励老年人走出家门走向社会参与劳动。政府部门作为相关政策的制定者和执行者，扮演好政府在制度制定和执行中的角色。政府相关部门既不能全部包揽，也不能缺位。同时政府部门之间要相互协调，做好顶层制度设计，做好老年劳动参与的社会支持工作。“人类在长寿时代面临各种各样的困难和无助，必须得到国家、社会及他人的帮助，每个老年人在力所能及的时候，参与社会，帮助他人，在自己需要帮助的时候得到帮助，老年人提高生活自理能力，减少对社会的依赖，减少负能量也是对社会的贡献。这就是为什么既强调积极老龄化、老年人的独立性和自主性，又强调参与和保障，充分体现了人与社会的关系。”① 因此，当老

① 邬沧萍，杜鹏．老年价值论：积极应对人口老龄化的理论与实践［M］．北京：中国人口出版社，2019：6-7.

年人在劳动参与过程中面临着各种困境时，政府有责任帮助老年群体。如何有效帮助老年群体？一是制定老年劳动参与相关制度，使政府相关部门工作人员有法可依、依法行政，老年劳动者可以用法律的武器来维护自身权益。二是积极引导社会组织加入老年劳动参与的社会支持系统中，形成跨主体多领域协同支持体系。引导社会组织主动积极加入关爱老年劳动参与的行动中，积极帮助老年人化解劳动过程中遇到的各种困难。三是雇佣部门依据相关法律法规，签订权责对等的劳动契约，对老年人的劳动权益、劳动安全等给予更多的照顾，营造关爱老年劳动者的氛围，不断丰富老年劳动者的精神生活，维护老年劳动者的合法权益。加大政策的支持力度，鼓励社会组织关爱老年劳动参与行动，成立老年劳动者关爱协会，鼓励社会组织介入老年劳动参与行动中，帮助老年人维护其自身合法权益。

最后，强化非正式支持主体的网络建设。老年人的社会支持网络有两个层面，一是老年人的配偶、子女等家庭成员；二是连接家庭与社区的朋辈群体。积极营造和谐的家庭氛围，弘扬传统孝文化和尊老爱老的传统文化，形成家庭成员之间和睦友好、尊重老人的良好环境。尊重老年人的各种选择，无论是老年人选择劳动参与，还是参与其他社会活动，都要尊重他们的选择，劳动参与是老年人的权利。社区要加强老年劳动参与的宣传，社会大众应逐步形成积极老龄化的价值理念，邻里之间、朋辈群体之间相互帮助，可以为老年劳动参与行动提供宽松的环境。朋辈群体可以相互分享信息资源，帮助老年人获取劳动参与的机会。

在积极应对人口老龄化理念中，根据老年人自身的喜好、需求和能力水平，参与各种社会经济活动和各种精神文化活动。利用自身积累的知识经验和长期练就的技能，为家庭、社区和社会做出自己力所能及的贡献。这里的参与应该超越市场的角度，不仅仅是参与社会经济活动，还包括各种志愿活动和社会文化传承活动；不仅包括物质财富的创造，还包括社会价值和精神文化的创造。老年人在参与过程中积极利用自身积累的知识经验和专业技能发挥余热。老年劳动参与、经济参与、隔代照料、老年继续教育等都是其参与社会经济活动的重要方式。“在社会中，每个人必须分工合作，能力的大小不同，社会地位不同，所扮演的角色不同，扮演好自己的角色，根据自身的能力、兴趣、爱好发挥自己的潜能，不断提高自己，使自己全面发展，促进社会全面进步。因此，不管用什么方式，自觉不自觉都是在参与社会，实现自身价值。”① 老年人可被视为社会财富和重要的潜在人力资源而非社会的“负担”，只要能够充分挖掘和利用，都可以成为社会一项宝贵的财富。

老年劳动参与的行动再生产需要有良好的社会氛围和良好的社会支持系统。并赋予老年人以参与的权利，积极人口老龄化的价值理念是化解老年保洁工劳动参与的关键，全社会都要关注老年人“参与”的权利。

（二）完善老年劳动保障制度体系

老年劳动参与行动的核心是劳动权益保障问题，当前我国老年劳动就业保障制度体系还不够完善，这在一定层度上阻碍了低龄老人流向老年劳动力市场。老年人在劳动参与机会获取与权益维护过程中面临诸多困境，其深层原因是缺乏制度保障。在积极应对人口老龄化理论中，保障包括社会保障、经济保障、医疗保障和长期照护等，同时还包括老年人的居住安全、人身安全和食品安全等多个方面。此外，保障还有保护的意义，主要是指要维护老年人的尊严，确保老年人参与的权利，包括参与社会经济活动和其他义务活动。因此，政府相关部门需要不断完善

① 邬沧萍，杜鹏．老年价值论：积极应对人口老龄化的理论与实践［M］．北京：中国人口出版社，2019：6-7.

相关制度体系，保障老年人在劳动就业方面的权益，最终形成一张制度网，保障老年人的劳动权益。建立健全老年劳动权益保障制度体系，需要从以下几个方面完善。

1. 重新定义老年人

年龄因素是导致老年劳动参与结构性制度障碍的直接原因，如何有效化解老年劳动参与行动的制度困境，重新定义老年人也是突破当前制度体系的路径之一。当前我国老年人的年龄划分还是根据 20 世纪 50 年代联合国的划分标准，45 岁至 59 岁为老年前期，即中老年人；60 岁至 89 岁为老年期，即老年人；90 岁至 99 岁为长寿期，100 岁及以上为寿星，即长寿老人。根据《中华人民共和国老年人权益保障法》（2018 年修订）规定，老年人是指 60 周岁以上的公民。然而，随着社会生产力水平的提升，人民生活水平的提高和医疗卫生水平的提升，我国人口平均寿命由新中国成立初期的 51 岁，延长到 2023 年的 78.3 岁。人均寿命的不断延长，为重新定义老年人提供了现实依据。

按照当前 60 岁的标准来划分老年人，在未来一段时期内我国人口老龄化问题将日趋严峻。人口老龄化直接导致劳动力资源短缺，整个社会的养老负担加重。WHO 根据现代人生理、心理结构上的变化将人的年龄界限进行了新的划分：44 岁以下为青年人，45 岁至 59 岁为中年人，60 岁至 74 岁为年轻老人，75 岁至 89 岁为老龄老年人；90 岁以上为长寿老年人。由此，如果“按照期望余寿 15 年作为老年定义的全新标准，中国整个经济社会的老龄化语境将不会如传统老年定义下那么沉重。老年起点将随着人口预期寿命的持续提高而动态变化，将从 2015~2020 年的 61.5 岁提升至 21 世纪中叶的近 70 岁；老年人口的比重仍会呈现出上升趋势，但是提升幅度和速度将不会如传统老年定义下剧烈和迅速；劳动年龄人口比重的变动总体趋于缓和；老年抚养比的提升趋势也不如传统老年定义下之迅速。”① 因此，从技术上划分老年人，可以有效改善老年人的比例，进一步缓解人口老龄化问题。

无论是退休年龄划分还是法定老年人的年龄划分，都是各国根据本国国情、劳动力市场和经济社会发展水平，以及老年人的生理和心理等因素综合划定。随着我国人均寿命的延长，老年人的身体健康状况逐年提升，老年人还有 10 年至 15 年时间可开发。虽然我国开始实施渐进式延迟退休政策，但是老年人的法定年龄与退休年龄并不一致，两种划分标准并不相同。根据我国现行的退休政策，女性的退休年龄从 55 岁逐步延迟至 58 岁，达到退休年龄但不属于老年人。男性退休年龄从 60 岁逐步延迟至 63 岁，其年龄远超过了 60 岁。重新定义老年人，从法律上确认老年人的权利与义务，这样就可以避免由于年龄划分而导致老年劳动参与保障受限问题。

重新定义老年人，还需要修订完善其他相关政策，才能协同推动老年劳动参与行动再生产可持续发展。政府相关部门在制定和修订政策时，需要兼顾到各种特殊群体的利益，既要保障有意愿继续参与劳动的老年群体，又要考虑到无法继续参与劳动的老年群体。在我国快速人口老龄化的背景下，重新定义老年人，尊重老年人身份发展规律和需要，为老年劳动参与做好制度保障。劳动参与是老年人参与社会的重要方式，部分老年人有参与劳动的意愿和需求，我们要满足老年人劳动参与的需求。具有较高的文化水平和专业技能的老年群体，他们还有很多资源可以继续贡献社会。生活在社会底层的老年群体，为了满足自身养老需求，他们也有强烈的劳动参与意愿。但当前我国老年劳动保障制度还不够完善，要使老年人与其他劳动者享有同等权利履行相同义务，重新定义老年人是化解该问题的路径之一。

---

① 卢敏，彭希哲. 基于期望余寿理论的老年定义新思考与中国人口态势重新测算[J]. 人口学刊，2018（4）：5-18.

2. 建立健全劳动权益保障制度体系

老年劳动权益保障制度体系是由一系列制度构成的。老年劳动就业保障政策体系包括老年劳动参与激励制度、劳动权益制度体系、社会支持系统等。在我国老年劳动参与结构性制度障碍背景下，需要补齐政策短板，完善老年劳动就业保障政策体系，保障老年人的劳动权益。

首先是制定并完善老年劳动保障制度。劳动参与是老年人应有的权利，我们要尊重他们的选择。虽然我国有较为完善的劳动法规，如《劳动保障监察条例》《劳动法》《劳动合同法》等政策措施，但是老年劳动参与相关制度还不完善。在某省老年人权益保障条例中，强调了老年人参与社会发展，但是并没有提及老年劳动参与的问题。将老年劳动参与纳入劳动法规，老年人也能享受养老保险、失业保险、医疗保险、工伤保险等，以及平等享受住房公积金。老年劳动者与年轻劳动者一样，可以获取政府提供的专业技能培训和就业能力培训等，老年人也可以平等地享受所在单位评优评先等。针对老年群体的特殊性，保险公司可以设置其他保险项目以鼓励老年人积极参与劳动。同时，加强老年劳动市场的监管，维护老年劳动者的合法权益。提高执法队伍的业务素质，培育其积极老龄化的价值理念。督促雇佣部门遵守相关制度，平等对待老年劳动者，用工部门不能够以年龄来限制老年人的劳动参与行为，对不履行相关政策法规的用工部门给予惩戒。维护好老年人的合法权益，让老年劳动者在劳动过程中更有尊严。

其次是加强老年劳动监察制度建设与实施。在老年劳动力市场中存在执法不严、执法无据的问题，导致政府相关部门在老年人群中的公信力不高。我国目前劳动保障立法表现出的特点是：内容广而散、结构多而乱、层次杂而低。[①] 虽然我国目前有相应的法规《劳动保障监察条例》《劳动法》《劳动合同法》，但是老年人劳动参与制度还不完善，存在执法空白的问题。例如老年人劳动过程中的“被加班”、被公司随意辞退、欠缴保险、随意替换劳动者身份和年龄等问题，在老年保洁工群体中非常普遍。这些问题一直没有得到解决的主要原因是执法无据，导致出现执法真空现象。因此，需要加强老年劳动监察立法，赋予政府相关部门更多的权力，维护老年劳动力市场的公平和正义。加强执法队伍建设，提高执法队伍的业务素质和执法能力。在制度建设相对完善的情况下，政府相关部门要强化执法制裁力度，对违反相关制度的个体及雇佣部门进行严厉惩戒。执法过程中实施网格化管理模式，加强执法人员的考核力度，责任到岗责任到人。只有加强执法力度，才能够切实维护好老年劳动者的劳动合法权益，使老年人更愿意参与劳动，增强老年劳动参与带来的获得感和幸福感。

最后是提升老年劳动参与的待遇。目前从事保洁服务的老年人工资待遇相对较低，工资待遇与当地的最低工资标准基本持平。老年保洁工的劳动强度大、工作环境恶劣，与从事家政服务及保洁服务行业中的年轻人相比，老年保洁工的工资待遇也较低。他们的劳动强度大、工作环境恶劣，需要适当提升老年保洁工的基本工资待遇。他们与其他行业的劳动者一样，应该在享受基本工资待遇的同时还要享受其他同等的劳动待遇，而不应该享受最低工资标准，这样会打击老年人的劳动积极性。目前只有部分资深教授、医生、工程师等退休返聘后待遇较高，但普通老年人达到退休年龄再次进入职场薪资待遇相对较低，大部分老年人的薪资待遇与年轻人形成鲜明对比，可以根据老年人的劳动效率来分配劳动报酬。适当提升薪资待遇和福利待遇，可以有效提升老年人的劳动参

① 王沁宇．我国劳动保障监察制度实施存在的问题及对策研究［D］．广西师范大学，2014.

与行为。

3. 完善辅助政策体系

有了老年劳动保障制度以后，还需要完善各辅助政策体系，进一步促进老年劳动参与的行动再生产。政府部门要出台老年再就业相关政策辅助体系，鼓励老年人外出参与社会经济、文化和精神活动，不仅可以减轻家庭养老负担，还可以增强老年人的身心健康。

首先是积极鼓励老年劳动参与的制度机制。加强积极老龄化价值理念的宣传，把积极老龄化价值理念转变成为具体可执行的措施。鼓励老人积极参与劳动创造社会价值，最终实现自我价值，倡导老年人积极为社会做贡献。老年劳动参与是老年人应有的权利，全社会需要尊重老年人劳动参与的选择。老年人有劳动参与的权利与义务，不得歧视老年劳动参与行为。政府相关部门积极宣传老年劳动参与行为，让全社会认识到老年人不仅不是社会的负担，更是社会潜在的人力资源，能为社会创造财富。鼓励各类社会组织雇用老年人，对雇用老年人的社会组织给予更为宽松的政策支持。

其次是加强老年劳工的保护。老年人作为特殊的群体，处于弱势地位，需要加强老年劳工的保护，使老年人能够发挥自身价值。除了刚性的制度保障以外，还需要柔性的社会关怀。在网格化管理老年劳动者过程中，设置关爱老年劳动者协会或者引入社会工作机构，通过政府购买机构服务以关照老年人的劳动及生活。同时，鼓励其他社会组织进入企业关爱老年人的生产生活，注重老年人的权益维护和精神生活。在企业内部，针对老年劳动者设置专门的休闲服务区，丰富老人的业余生活，营造关爱老人、关爱老年劳动的企业文化。在继承传统养老文化基础上，积极鼓励老年人自主养老，发挥自己在社会经济建设中的作用。

老年劳动参与制度体系的建设是一个漫长的过程，需要在实践中不断完善。同时，为营造全社会都尊重老年人的社会氛围，出台专门针对老年劳动参与的辅助政策，确保老年人的合法权益得到维护。

（三）提升老年健康水平与劳动参与效能

健康是老年劳动参与的基础，没有相对健康的身体和良好的心理素质，老年劳动参与将会成为空中楼阁。健康是一种动态的生命过程，代表着积极健康的老年生活。积极健康的老年生活指的是老年人的身体、心理都需保持积极健康的状态。健康指老年人生活质量不断提高，提升应对因年龄增加衰老带来的各种疾病风险，使各种慢性疾病得到治疗和康复的过程。只有确保老年人身心健康，他们的老年生活才会有意义。老年劳动参与效能的提升，主要有两个方面：一是身心健康；二是劳动技能提升。

首先是提升老年人的健康水平。老年人的劳动参与除了完善外在的结构性制度外，还要不断提升其身心健康水平。老年人身体健康是劳动参与的基础，心理健康是劳动参与获得感和幸福感提升的关键。一是注重老年人的身体健康监测，用工企业要关爱老年人的身体健康状况，并为老年劳动者做好健康制度设计。例如企业内部设置老年人健康中心，定期为老年人检查身体，评估近期的身体健康状况，同时设置心理辅导站，为老年人的心理问题提供心理咨询。也可与医疗机构合作，定期免费为老年劳动者体检。注重老年人的疾病预防，注重老年劳动安全，扩大老年劳动参与者的医疗报销范围，降低老年劳动者因病返贫的风险。二是注重老年人的心理健康管理与排查。老年人的心理健康十分重要，在社区中设立专门的老年心理咨询服务中心，雇佣部门也有必要设立专门针对老年劳动者的心理咨询部门，为老年人的心理健康提供咨询服务。同时，在老年人的日常生产劳动中，应该主动关爱老年人的心理状态，给老年人提供更多的交流空间，维护好老年人的合法劳动权益。针对有心理疾病的老年人要及时介入治疗，使老年人维持健康的心理状态。保持相对健康的身体和愉悦的心理是提高老年劳动生产效能的关键，是老年人劳动参与获得感和幸福感的重要体现，也是他们劳动参与的最终目标。

其次是提升老年人的劳动技能。鼓励老年人与时俱进，不断提升自我革新能力以接受新事物，为老年人的再社会化提供必要的条件。从老年人自身特点及面临的困境来看，政府相关部门需要重点发展老年教育，特别是农村老年人的教育培训工作，最终实现老年教育普及发展。一是要为老年人提供免费教育培训。创新老年教育培训的方式，可以借助现有的大数据平台、网络平台、新媒体等，为老年人提供教育培训，网络在线教育是老人教育培训的一个重要方式。二是要不断更新老年教育的内容，做到与时俱进，注重老人的就业创业能力的提升，在原有的教育教学的基础上提升老年人的再就业能力和水平。三是要注重老人教育培训的普及度，目前的情况是老年教育的城乡差异明显，乡村老人的老年教育培训几乎是空白。因此要注重乡村老年教育的发展。老年就业能力的提升除了教育培训以外，还需要老人对所从事的职业有一定的了解，要对职业有一定的兴趣，只有这样，才能提高老人的劳动效能。

最后是加强老年就业培训，不断提升老年人的劳动技能和再就业能力。培训老年人使用现代智能设备，提升老年人的数字化能力。例如帮助老年人提升使用智能手机、智能 App 的能力等。针对有劳动参与意愿的老年人，根据其专业技能，帮助他们获取劳动参与的信息。同时，还可以根据老年人的特长，对老年人进行培训，增强老年人的就业能力。分类引导老年人就业，根据老年人的身体状况、专业技能、文化状况和劳动力市场的状况，采取双向匹配的就业指导。目前在制度障碍的背景下，老年人主要流向保洁服务行业，这不利于老年人阶层的形成。固化了老年人向多个行业的流动，阶层固化不利于老年人的再就业。鼓励老人去做那些自己喜爱的行业，不仅可以帮助老年人度过一个愉快的老年生活，同时可以发挥老人的特长。

四、老年劳动参与行动再生产的延续

老年劳动参与行动再生产的延续，是指其劳动参与实践的重复性和连续性。行动再生产的延续不仅是指“在场”老年人的劳动参与行动再生产，还包含“未进场”的潜在老年群体的劳动参与行动。老年劳动参与的行动再生产是人口老龄化背景下的必然产物，其存在一定的必然性。从当前社会结构来看，劳动参与行动再生产的延续有一定的可行性。

（一）老年劳动参与行动再生产的可行性分析

在快速城镇化和人口老龄化的背景下，老年保洁工劳动参与行动并非偶然，老年劳动参与是社会发展的必然趋势。随着人们生活水平的提高，人均寿命在不断延长，老年人在退休后的 5 至 10 年仍然可以继续参与劳动。因此，从老年人的整体身体素质来看，老年劳动参与的行动再生产是可行的。劳动参与行动的再生产不仅仅是指现在在劳动场域中老年人不间断的劳动行为，其实还有另外一层含义，那就是在未来也会有更多潜在的老年人继续参与劳动，从时间的连续性来看，这些人有意愿继续劳动。

首先是老年劳动参与可以减轻家庭、社会养老负担。部分处于底层的老年人需要转移养老资源。未来的几十年，我国老年人口数量将不断上升，峰值将到 4.8 亿人左右，社会养老负担较重。老年劳动参与可以减轻国家、社会和家庭的养老负担，需要赋予老年人参与社会经济活动的权利。从我国当前的人口结构来看，未来较长一段时间老年劳动参与将会成为一种必然。

其次是人口平均寿命的延长有利于老年劳动参与行动。我国当前的人均寿命是 78 岁，人均寿命与退休年龄有近 20 年的时间差。从当前的退休政策来看，老年人达到退休年龄以后还有较长的时间，在退休后至少有 5 至 10 年的时间有能力继续参与劳动，这为实现老年参与劳动提供了基础。

最后是劳动参与是老年人最基本的权利。目前关于老年劳动保障的制度法规还不够完善，老年劳动参与得不到制度的保障，老年人的劳动权益也得不到有效维护。无论制度结构如何，老年保洁工在劳动参与过程中形成了他们自己的一套运行规则，这套运行规则不同于制度法规，但它作为行动准则能够指导老年保洁工群体参与劳动实践。完善老年劳动保障制度体系是法治中国建设的必然举措，老年劳动参与制度体系会日趋成熟，进一步促使老年保洁工劳动参与的行动再生产良性运行和协调发展。

老年保洁工劳动参与的行动再生产的时间延续既有其必然性又具有可行性，因此老年保洁工劳动参与行动再生产是有必要的，也是可行的。如果没有老年保洁工劳动参与行动的再生产，老年保洁工乃至保洁公司双方利益都得不到有效保障。

（二）老年劳动参与行动再生产的必然性

老年劳动参与行动再生产将会从保洁服务业向其他行业发展和扩散。在人口老龄化的社会背景下，我们可以预测，老年劳动参与势不可当，将会从劳动密集型产业向其他产业逐步发展。在智能化社会的今天，即使我们人类能够使用机器人及其他智能设备，但是劳动力短缺的问题将会在一个时期内长期存在，特别是在劳动密集型产业中表现更为明显。从西方国家走过的人口老龄化道路可以看出，无论社会有多发达，劳动力短缺问题却一直存在，老年劳动参与成为普遍的社会现象，例如在北欧、日本等老龄化国家，很多行业中都有老年人的身影，比如出租车司机、保洁工等等。

老年保洁工劳动参与行动是在人口老龄化和快速城镇化社会背景下产生的一种社会现象，是社会变迁过程中城市流动老人的养老需求与年轻劳动力资源短缺的一种耦合。从老年保洁工劳动参与行动动机来看，人口老龄化并不是导致老年劳动参与的唯一因素。生活在社会底层的老年人，其养老资源短缺，于是不得不选择继续劳动参与来适应城市生活。但也并非所有老年保洁工的劳动参与动机都是为了转移养老资源，还是有大部分老年人是为了自主养老，丰富老年生活。无论是出于物质保障的被动参与，还是出于精神需要的主动参与，都在一定程度上反映出养老资源的匮乏和中低端保洁服务业劳动力资源短缺问题。从老年人自身养老需求来看，老年劳动参与也将成为一种普遍的社会现象。

老年劳动参与行动再生产将会从发达国家向发展中国家蔓延。其实，人口老龄化是人类社会进步的一个重要体现，但是也会给社会带来一系列问题。从发达国家在几十年前走过的道路来看，中国人口老龄化问题必然要在现有基础上做出一些制度调整，以积极应对人口老龄化的问题。那就是必须要化解在经济发展过程中劳动力资源不足、养老负担重的问题，延迟退休的制度设计迫在眉睫。从西欧国家到亚洲的日本、韩国、新加坡等国，他们在几十年前就面临人口老龄化问题，直到现在还是存在严重的人口老龄化问题。他们采取的一些措施，值得我们反思和借鉴。不解决人口老龄化的社会问题又会带来一系列的其他问题，不利于社会经济的发展。发达国家的生产力水平非常高，但是老年人参与劳动也是不争的事实。我们作为发展中国家，老龄化问题已成事实，可以借鉴其他国家经验和教训，有效化解人口老龄化的社会问题。

（三）老年劳动参与行动的再生产时间延续

老年劳动参与的时间延续是指老年人在劳动参与行动中能够持续不断地向前发展。老年劳动参与行动是一种自发性、集体性的行动，不同于社会动员。老年保洁工劳动参与行动可以说是社会转型过程中出现的一种新事物，其产生和发展都有自己的特殊性。应该积极认识新事物的发展，老年保洁工的劳动参与行动只是老年劳动参与中的一种具体类型，在其他行业中也有老年劳动参与行为，例如在教师、医生、律师、工程等领域都有老年劳动参与行为。但是在这些领域的老年人所拥有的社会资本远远多于生活在社会底层的老年保洁工。他们在劳动场域中面临的困境相对较少，但是依然会面临着与其他普通劳动者享受相同劳动权益的困境。因此，要解决老年劳动参与的时间延续问题，就必须从根本上解决老年人的劳动权益问题。

如何有效保障老年劳动参与的时间延续？首先要建立以老年人为中心的制度体系，以老年人为中心的制度体系主要包含老年人有权选择是否继续劳动，这种选择必须以老年人的意愿为中心。同时，所有制度体系的建构都必须以维护老年劳动权益为中心，鼓励老年人继续劳动以创造更多的价值。其次要完善相关法规制度，形成一套完善的老年劳动参与制度体系，维护老年人的劳动权益。

从老年保洁工劳动参与实践来看，虽然没有完善的制度体系，但老年保洁工的劳动参与实践一直在进行着。从调查来看，G 市老年保洁工劳动参与时间从 60 周岁开始计算，最长的已有 7 年，老年保洁工的劳动参与平均时间长为 3.5 年。老年保洁工的劳动参与行动依然在继续。站在宏观社会的视角来看，老年保洁工的劳动参与行动虽然面临很多困境，但是其行动从未间断。同时，从雇佣部门的招聘情况也可以看出，在我国劳动力市场就业竞争激烈的背景下，保洁公司、物业公司也只能够招聘到老年人。因此，从这种现象可以看出老年劳动参与也成为必然。老年劳动参与行动这个新事物的发展有其重要的结构性因素，在快速人口老龄化与养老保障水平还不够高的背景下，老年劳动参与行动符合社会发展的规律。老年劳动参与现象先于制度建构，因此需要通过完善各项制度来规范老年劳动力市场，使老年劳动参与更为健康、良性地发展。没有制度的介入，老年劳动参与过程中的矛盾就会增多，不利于社会的良性运行和协调发展。

在未来一段时间内，劳动力数量只会减少不会增加，老年人的数量只会越来越多。因此，老年劳动参与行动将会在未来一段时间内成为我们社会的一个大趋势。

放眼未来，我国人口老龄化问题将要持续几十年甚至上百年的时间，我们需要继续做好老年劳动参与的各项工作，为老年劳动参与保驾护航，使老年劳动参与能够持续健康发展。

本章小结

本章主要探讨了人口老龄化背景下老年保洁工劳动参与的意义和价值，老年劳动参与不仅有利于老年人自身的发展，同时还有利于化解人口老龄化所带来的系列社会问题。因此，需要积极鼓励老年劳动参与的行动再生产，确保老年保洁工劳动参与行动的再生产持续健康发展。老年保洁工在劳动参与过程中遇到一系列制度困境，政府相关部门需要做好老年劳动参与的顶层制度建设，为老年保洁工劳动参与提供良好的环境。老年保洁工劳动参与行动的再生产，需要老年劳动场域中各结构要素均衡协调，即制度结构要协调。老年劳动者、雇佣者、政府部门三者在市场中的职权要明确，各主体的责任和义务要明晰。同时，老年劳动参与的社会支持系统还需要不断完善，营造良好的老年劳动参与社会氛围。

如何构建科学完善的老年劳动保障制度体系，本书认为制度体系的建构必须要紧紧围绕老年人的需求。构建以老年人为中心的制度体系，即老年人有权选择是否继续参与劳动，有权选择参与的时间长度，有权选择自己喜欢的职业，并能够享受与其他劳动者（或法律意义上的劳动者）一样的劳动权益。同时，还需要完善老年劳动保障制度体系，主要从以下三个方面着手：首先是强化老年保洁工社会支持系统建设。确保老年保洁工劳动参与行动得到家庭、社会、政府的支持和认同，从积极老龄化视角赋予老年劳动参与更多的意义，积极鼓励相关社会组织关爱老年劳动参与，确保老年劳动者劳动权益的维护，使老年劳动参与行动得到全社会的支持。其次是政府相关部门做好相关制度体系建设。从制度体系构成来看，科学完善的制度体系由一系列小的制度构成，需要完善老年劳动参与机会、权益维护等一系列制度体系，从政策过程来看，在制度设计与制定、制度执行、制度评估、制度修订（发展）等各个环节都要紧紧围绕老年人的需求，用制度结构来平衡劳动场域中雇佣双方的权利。最后是老年保洁工健康与劳动效能的提升。身心健康是老年劳动参与的基础，也是老年人创造价值的源泉，因此要注重老年人的身心健康。不断提升老年人就业能力，加强老年教育的普及，进一步提升老年保洁工劳动参与的能力。只有不断完善制度结构，老年保洁工劳动参与行动的再生产才会成为可能。

第八章　结论与讨论

一、结论

人口老龄化必然导致劳动力资源的短缺，但人口老龄化并不是导致老年保洁工劳动参与的唯一因素。虽然老年保洁工劳动参与行动与人口老龄化有时空的重合，但老年保洁工劳动参与行动是外部结构性因素与其自身需要的耦合。城市的迅速扩张与快速人口老龄化导致城市流动老人、失地老人不断增多，人均寿命持续延长，保洁服务业的发展还不充分，老年劳动参与制度体系不健全等，这些结构性因素是形成老年保洁工劳动参与行动的外部条件。老年保洁工劳动参与的根源在于劳动参与能够满足其自身发展的需要，劳动参与不仅可以满足其物质需求，还可以满足其精神需求，这是激发老年保洁工突破结构性制度障碍而参与劳动的内部驱力。老年劳动参与行动受到当前社会结构的制约，他们突破了结构性制度障碍创造了新的结构，使其行动再生产得以延续和发展，更加凸显出社会结构的制约性与个体行为的能动性特征。

（一）在合理与合法之间的老年劳动参与

老年劳动参与是一种自发性的集体行动，其行为的发生是由外部结构性因素与老年人自身需求的耦合，更加凸显社会结构的制约性与老年保洁工的能动性特征。因此，老年保洁工的劳动参与行动具有合理性。当前我国老年劳动参与相关制度还不完备，即使老年劳动参与的形式合法，但老年人的劳动权益保障受限，劳动参与的行动过程还存在非法现象。

社会结构不仅对老年劳动参与行动具有制约或引导作用，而且这也是老年劳动参与行动得以进行的前提和中介，它使行动成为可能。快速城镇化背景下保洁服务市场的迅速发展急需大量的劳动力资源，这是老年保洁工群体形成的前提条件。中低端保洁服务工作薪资待遇和职业声望较低使年轻人对其产生排斥，这给老年保洁工劳动参与提供了机会。加上我国农村养老保障水平较低，家庭结构的变迁，啃老问题的长期存在，以及家庭养老功能的弱化，这些因素进一步助推了老年保洁工劳动参与行动。随着人均寿命的持续延长，快速城镇化背景下城市流动老人、失地老人的不断增多，这为保洁服务提供了潜在的劳动力资源。这些结构性因素加速了老年保洁工群体的形成。同时，老年保洁工群体自身发展也需要参与劳动。获取劳务收入、锻炼身体、逆向反哺、获取认同和自我实现是老年保洁工劳动参与的内部驱力，他们的这些动机整体符合从物质满足到精神需求的层次。劳动参与能够满足老年人的基本养老需求和自我价值实现，这符合老年人的生存和发展规律。因此，老年保洁工劳动参与行动是内外双重因素相互作用的结果，是外部结构与行动者自身需求的耦合，其行动具有合理性。我国老年人口规模巨大且还在持续增长，进一步加重了社会养老负担。城镇化进程中传统家庭养老模式不能满足老人的需求，家庭的养老功能在弱化，老年劳动参与有利于化解人口老龄化带来的系列问题，从老年劳动参与的行动结果来看也有其合理性。

虽然老年保洁工的劳动参与行动具有合理性，但其行动过程并不完全合法。从我国现行的制度结构来看，老年劳动参与行动已被制度边缘化，在合法与非法之间。现行法规认可老年保洁工与雇佣部门之间的劳务关系，但他们的劳动权益并不在相关制度保障范围内。根据我国现行的劳动法规，老年劳动参与过程中的权益纠纷不适用于劳动法。在结构性制度障碍背景下，老年保洁工采取各种行动策略，主要以关系、人情等手段，即用非法制策略来获取劳动参与机会和自身劳动权益维护。从老年保洁工劳动参与的行动策略来看都合理但不合法，雇佣部门的权责不对等，老年保洁工的劳动权益难以维护。

从老年保洁工劳动参与的整个过程来看，其劳动参与始终处在合理与合法之间。站在劳动者视角来看其行动具有合理性的一面，从劳动过程而言并不完全合法。从宏观结构而言，人口老龄化背景下老年劳动参与具有合理性，但是当前老年劳动参与制度还不够完善，老年劳动力市场中存在非法现象。在结构性制度障碍背景下老年保洁工劳动参与的行动策略，是其对当前社会结构做出的能动反映。

（二）老年劳动参与的行动动机是养老资源的转移

老年劳动参与的行动动机并不仅仅是为了获取劳务收入，还有养老精神需求和自我实现的需要。老年劳动参与的行动动机是多层次的，从物质满足到精神需求满足再到自我价值实现，具体表现在五个方面：增加养老收入；维持身心健康；逆向反哺；获取认同；自我价值实现。这些动机是老年劳动参与的内部驱力，劳动参与是满足其物质与精神生活的重要方式。

一般情况下，养老资源包括物质资源、精神资源和生活照料三个方面。养老物质资源是维持老年人基本生存的物质条件，养老精神资源能满足老年人心理或精神需求，失能老人还需要生活照料。老年劳动参与的行动动机主要是为了满足养老物质资源和精神资源，也有部分老年保洁工是为了实现自我价值。从老年保洁工群体的构成或来源来看，这也在情理之中。老年保洁工群体主要由农村流动老人、郊区失地老人及城市困难老年人群体组成，绝大部分都是农村老人而不是城市居民。这些群体所拥有的养老资源有限，加上农村老年人的养老保障水平还不高，他们通过劳动参与获取报酬，能够满足自身的养老需要。但并不是所有老年保洁工都是为了物质需要而参与劳动，他们劳动参与的目的还包括获取认同、化解孤独感等心理需求和自我价值的实现。

在快速城镇化和人口老龄化的社会背景下，老年保洁工劳动参与行动与养老责任主体转移和养老价值理念转变有重要关系。首先是从家庭养老到自主养老的转变。在快速城镇化过程中，家庭的养老功能在逐渐弱化，父辈与子辈之间的依附关系逐渐减弱，老年人变得更加独立，家庭的养老功能在逐步弱化。现代社会中的家庭规模逐渐小型化，核心家庭的比例在逐渐增多，同时空巢老人、留守老人家庭也在逐渐增多，家庭养老的功能日渐式微。处于社会底层的老年保洁工群体不得不转移养老主体，逐步从家庭养老转向自主养老。其次是从“养儿防老”到自主养老的转变。随着时代的发展，“养儿防老”的价值理念在人们的思想观念中逐渐弱化，老年人的养老文化观念在逐渐转变。在传统农耕社会中主要依靠家庭养老，现代社会中形成了以家庭养老为主，社区养老为辅，机构养老为支撑的养老体系。“老有所养、老有所医、老有所为、老有所学、老有所教、老有所乐”的社会养老目标逐步实现。养老主体在逐渐增多，家庭不再是养老的唯一依靠。在城镇化进程中，老年保洁工不但没有依靠家庭，反而对家庭做出贡献。劳动参与是老年保洁工独立自主或自主养老的集中体现。

在结构性制度障碍背景下，老年保洁工通过利用各种关系、人情等策略参与劳动以获取自己所需，可以看出老年保洁工对养老资源需求的急迫性，我国农村老年人养老保障水平相对较低。这正好展现出“结构二重性”理论中结构与行动的互构关系，老年保洁工受当前社会结构的影响并做出能动反应，这种能动反应促成了老年保洁工劳动参与的行动再生产。

（三）规范性规则在行动中的支配作用

老年保洁工劳动参与机会获取与劳动权益维护都需要在规则的指导下完成，表现为结构对行动的制约作用。在结构性制度障碍背景下，老年保洁工通过发挥主观能动性并突破现有的结构而创造出新的结构。然而，规范性规则与支配性规则在老年保洁工劳动参与行动中发挥的作用有所不同。在结构性制度障碍背景下，老年保洁工无法有效维护自身劳动权益，没有完善的法律法规等支配性规则来支配雇佣双方行为，其采取的行动策略就是用“人情”与“关系”的工具性手段，即利用情感、人情、关系等规范性规则来支配整个行动。如果把老年保洁工劳动参与行动看成是一种理性行动，那么老年保洁工就是用“情”获“利”。“中国人际关系的基本样式就是人情，也就是在血缘关系基础上和儒家伦理道德下发展出来的一种带有社会交换性的社会行为”①。中国人往往是通过“人情”与“关系”来互动。老年保洁工通过利用人情、关系的工具性手段来获取其劳动参与机会并维护其劳动权益，把人情与关系作为一种隐藏于制度之外的另外一套社会规范，它一直存在并指导老年保洁工的劳动参与行动。关系作为老年保洁工劳动参与行动中的隐藏规则，表现形式就是托人情、找关系，是老年保洁工劳动参与行动的行动指南和运作模式。

关系与人情作为工具性手段主要表现在两个方面：首先是在进入劳动力市场之前，通过与熟人的关系、熟人的熟人关系来获取信息资源，

① 翟学伟．中国人的行动逻辑［M］．北京：三联书店，1992：69.

在获取信息资源以后寻找目标劳动场域中的关键人搭建关系获取劳动参与机会；其次是在劳动过程中的权益维护，他们所采取的策略也是通过关系和人情。老年保洁工劳动权益维护主要是利用“情”来化解。老年保洁工在进入保洁服务市场之前，所运用的行动策略是“动之以情”的方式来获取他人的支持，以获得劳动参与的机会。进场后的社会关系处理，所运用的策略也是用人情关系来感化，获取他人的支持和认同。劳动参与过程中有效维护自身权益所采用的方式是情感感化。情理法的运用，在一定程度上能够帮助他们化解劳动参与过程中遇到的危机。劳动参与的行动再生产主要依靠由传统人伦、关系等规范性规则。

人情与关系贯穿于老年保洁工劳动参与行动的整个过程。老年保洁工面临结构性制度障碍即缺乏支配性规则的背景下，关系与人情等规范性规则在老年劳动参与行动中起着重要作用，进一步印证了结构与行动之间的互构关系。老年保洁工的劳动参与行动是在养老资源相对匮乏和老年劳动保障制度缺失的社会结构中做出的能动反映。同时，在其劳动参与过程中形成了一套区别支配性规则的运行规则，即运用情理法的工具性手段替代法治手段。在中国特有的社会背景下，规范性规则先于支配性规则，在缺乏支配性规则的社会结构中，规范性规则对行动起着支配作用。

（四）从合理走向合法：构建“以老年人为中心”的老年劳动参与制度体系

在快速人口老龄化的社会背景下，老年劳动参与行动不仅可以有效化解部分老年人的养老问题，还可以有效减轻国家与社会的养老负担。同时，老年劳动参与也符合老年人参与社会的需求。完善老年劳动参与制度体系有利于法治社会建设，因此老年劳动参与有重要的社会价值。在未来一段时期，老年劳动参与将成为常态。

老年劳动参与是化解劳动力资源不足的关键，是人口老龄化社会的必然走向。一方面是老年劳动参与可以提升老年人的生活质量，老年劳动参与不仅可以满足老年人的物质需求，还可以满足其精神需求。另一方面是老年劳动参与可以有效解决人口老龄化带来的一系列问题。人口老龄化问题是未来一段时期内我国必将面临的主要社会问题，人口老龄化首先导致的是劳动力的短缺。劳动人口数量的减少，将会影响社会经济的发展。我国是一个人口大国，也是一个发展中大国，面临未富先老的问题，当前依然面临养老资源不足的问题。人口老龄化也会加重国家和社会养老负担。“银发资源”的有效开发可以解决劳动力短缺问题，在一定程度上缓解养老金不足的问题。

在结构性制度障碍的背景下，如何构建老年劳动参与制度体系，进一步规范老年劳动参与行动，使老年劳动参与从合理向合法转变。本书认为，构建老年劳动参与制度体系，必须建立以“老年人为中心”的制度体系。我国当前已经开始实施渐进式延迟退休政策，但建设以老年人为中心的老年劳动参与制度体系，是保障老年劳动参与权利的基础。其基本内涵包括三个方面：一是达到退休年龄的老年人有选择是否继续参与劳动的权利，即参与劳动的自主选择权；二是达到退休的老年人有权选择参与劳动的时间，即可以长期也可以短期；三是需要有制度来保障老年人的劳动权益，在劳动过程中更有尊严。老年保洁工是老年人群中的一个特殊群体，老年劳动参与是老年人社会经济参与的一种重要形式，需要得到相应的制度保障，同时也是积极应对我国人口老龄化的必然要求。老年保洁工劳动参与行动能够持续健康发展的关键，就是要建立健全“老年人为中心”老年劳动参与制度体系，具体需要从如下两个方面入手。

一方面是明确老年劳动参与的自主选择权。我国已经开始实施渐进式延迟退休政策，但是老年劳动参与的政策体系还不够完善。劳动参与是我国宪法赋予我们每个人的权利和义务，虽然当前已经延迟了退休年龄，但是还有部分达到退休年龄的老年人依然有参与劳动的动机。因此，我们要尊重老年人继续劳动参与的选择。在现行退休制度的基础上，达到退休年龄的老年人可以根据自己的实际情况选择是否继续参与劳动，老年人可以选择继续参与劳动的时间长度，老年人有选择各种职业的权利。老年劳动参与行为不应受到社会的歧视，雇佣部门不得区别对待老年人。这些选择的背后与老年人的价值选择、专业技能、身体素质、家庭情况等密切相关，顶层制度设计需要考虑到各种特殊群体的现实需求，对特殊人群予以更多的包容，制度设计要服务于老年人，要紧紧围绕老年人的需求，符合社会发展规律，促进老年劳动参与健康发展，只有这样的制度设计才能够满足并符合大众的期望。

另一方面是相对完备的老年劳动保障制度体系。从政策发展的视角来看，老年劳动保障制度体系的建设主要分为政策制定、政策执行、政策评估和政策发展几个阶段。老年劳动保障政策的制定、执行、评估和修订等各环节都需要以老年人的利益需要为中心，政策的制定要从老年人的切身利益出发，政策的执行要依靠老年人来维护，老年人满意是政策评估的基本依据，老年人参与政策制定是政策发展的重要前提。只有坚持这样的政策发展路线才能够维护老年人劳动权益。从政策体系构成来看，科学完备的老年劳动保障制度由一系列的制度构成，应该包含老年劳动参与的社会支持系统、劳动参与机会与信息获取、劳动技能提升、老年健康保障、劳动权益保障、老年劳动监察等。老年人再次进入劳动力市场需要与普通劳动者（或法律意义上的劳动者）一样享有劳动保障权益，履行相应的义务。最终老年劳动参与的行动再生产能够良性运行和协调发展，以满足老年人劳动参与的需求。

二、讨论

积极人口老龄化理念的基本含义是提高老年人的生活质量，创造健康、保障和参与的最佳机遇，它包含三个方面的含义：即健康、保障、参与。其主旨是强调老年人的自主性和独立性，老年人社会经济参与的重要性和必要性。然而从劳动者视角来看，老年保洁工的劳动参与行动与该理念有很多共通之处。老年保洁工劳动参与行动是否是积极人口老龄化理念的本土化实践？这种自下而上的劳动参与实践是否会扩展到其他行业中？进而形成全社会老年人的劳动参与现象？

首先，从老年保洁工劳动参与实践来看，这种行动具有自主性的，体现出老年保洁工劳动参与的积极性和主动性。当前，我国老年劳动保障制度体系还不够完善，老年保洁工的劳动参与行动是一种自发性的行为，并没有相应制度来推动或强制老年劳动参与。他们主动获取劳动参与的机会，并努力通过各种非正式的方式获取保障，这与积极应对人口老龄化的理念倡导有共通之处。在缺乏相应的制度保障体系背景下，老年保洁工的劳动参与行动其实就是积极人口老龄化理念的自下而上的本土化实践，但并不是积极应对人口老龄化理念的全部。积极应对人口老龄化的理念中应对主体应该包括政府、社会组织、社区、个体等，并积极主动帮助老年人实现社会参与，帮助其实现健康与保障的目标。而当前的政府、社会组织、社区都未主动介入，无法有效保障老年保洁工的权益，但老年保洁工的劳动参与行动还是发生了。在中国特有的文化背景下，保障老年劳动参与可能与传统文化价值理念有一定的关系，农村老年人并没有退休一说，无论年龄多大，大部分老年人依然在参与劳动。然而这些农村老年人进入城市以后，原有的生活方式和价值理念对其产生影响，进一步促使老年保洁工的劳动参与行动。从积极人口老龄化的价值理念来看，老年保洁工积极劳动参与行动就是一种自下而上的理论实践。在老年劳动参与实践中最为重要的就是保障，是政府部门对相关资源的社会分配。保障也是积极人口老龄化价值理念中最为重要的，没有保障就无法谈参与和健康，参与的积极性和主动性就会受到影响。在未来一段时期，我国老年人的保障问题、劳动参与问题都会得到有效解决，这会在一定程度上促进老年劳动参与行动。

其次，老年劳动参与是否会延伸到其他领域？人口老龄化是我国在未来很长一段时期所面临的社会问题，人口老龄化必然会带来劳动力资源的短缺。从经济发展的需要来看，老年劳动参与行动是很有必要的，不仅有利于老年人自身养老生活的需要，还有利于社会经济的发展。老年劳动参与是发挥老年人价值的一个重要方式，也是积极应对和化解人口老龄化的重要途径。在劳动力市场就业竞争激烈的背景下，谈论老年人继续参与劳动是不是有些避重就轻。也有观点认为，在未来，机器人和其他智能设备将会解决劳动力资源不足的问题。老年劳动参与是否有违传统伦理道德？面对这些问题，本书认为老年劳动参与是社会发展的必然趋势。纵观西方国家的社会发展道路，老年劳动参与与年轻人的就业并不是一对矛盾关系。使用机器人可以很大程度上减少使用劳动力，但无法完全取代人类劳动。老年劳动参与并不是一种社会强迫而是自主选择。经济发展的最高阶段就是服务业占比的不断提高，还需要更多的劳动力资源。未来一段时间，我国的社会制度体系，包括老年劳动参与制度体系都会得到长足发展。这对于老年劳动参与向其他行业扩展延伸提供了条件。因此，老年劳动参与制度体系将会向其他领域扩展。

参考文献

一、著作及译著类

［1］马克思、恩格斯．马克思恩格斯全集（第4卷）［M］．北京：人民出版社，2012.

［2］马克思．资本论（第一卷）［M］．北京：人民出版社，2018.

［3］习近平．高举中国特色社会主义伟大旗帜为全面建设社会主义现代化国家而团结奋斗——在中国共产党第二十次全国代表大会上的报告［M］．北京：人民出版社，2022.

［4］安东尼·吉登斯．社会的构成［M］．李康，李猛，译．北京：生活·读书·新知三联书店，1998.

［5］安东尼·吉登斯．现代性的后果［M］．田禾，译．南京：译林出版社，2011.

［6］安东尼·吉登斯．社会理论的核心问题——社会分析中的行动、结构与矛盾［M］．郭中华，徐法寅，译．上海：上海译文出版社，2015.

［7］边燕杰．社会网络与地位获得［M］．北京：社会科学文献出版社，2012.

［8］蔡昉．中国劳动与社会保障体制改革30年研究［M］．北京：经济管理出版社，2008.

［9］蔡昉．从人口红利到改革红利［M］．北京：社会科学文献出版社，2014.

［10］丁英顺．日本人口老龄化与老年人力资源开发［M］．北京：中国社会科学出版社，2016.

［11］范斌．福利社会学［M］．北京：社会科学文献出版社，2006.

［12］菲利普·泰勒．趋向老龄化的劳动力：期待与愿景［M］．于戈，译．北京：社会科学文献出版社，2011.

［13］费孝通．乡土中国［M］．北京：人民出版社，2005.

［14］风笑天．社会学研究方法［M］．北京：中国人民大学出版社，2018.

［15］宫留记．资本：社会实践工具——布尔迪厄的资本理论［M］．开封：河南大学出版社，2010.

［16］和春雷．社会保障制度的国际比较［M］．北京：法律出版社，2001.

［17］胡嘉明，张劼颖．废品生活：垃圾场的经济、社群与空间［M］．香港：香港中文大学出版社，2016.

［18］扈秀海．大国养老：越来越多的老年人将如何安置？［M］．北京：人民日报出版社，2019.

［19］贾春增．外国社会学史（修订本）［M］．北京：中国人民大学出版社，2000.

［20］景天魁．福利社会学［M］．北京：北京师范大学出版社，2010.

［21］科林·吉列恩．全球养老保障——改革与发展［M］．北京：中国劳动社会保障出版社，2002.

［22］李建民．人力资本通论［M］．上海：上海三联书店，1999.

［23］李培林，等．当代中国城市化及其影响［M］．北京：社会科学文献出版社，2013.

［24］李强，等．城市化进程中的重大社会问题及其对策研究［M］．北京：经济科学出版社，2009.

［25］李永萍．老年人危机与家庭秩序［M］．北京：社会科学文献出版社，2018.

［26］李沛良．论中国式社会学研究的关联概念与命题［M］．北京：北京大学出版社，1993.

［27］梁漱溟．中国文化要义［M］．上海：上海人民出版社，2005.

［28］林南．社会资本：关于社会结构与行动的理论［M］．张磊，译．北京：社会科学文献出版社，2020.

［29］刘渝琳．养老质量测评：中国老年人口生活质量评价与保障制度［M］．北京：商务印书馆，2007.

［30］路易斯·阿伦森．银发世界［M］．蒋一琦，张光磊，周哲，译．北京：中信出版社，2022.

［31］罗纳德·伯特．结构洞：竞争的社会结构［M］．任敏，等，译．上海：格致出版社，2008.

［32］罗宾·内葛．捡垃圾的人类学家：纽约清洁工纪实［M］．上海：华东师范大学出版社，2018.

［33］罗伯特·K. 殷．案例研究设计与方法［M］．周海涛，译．重庆：重庆大学出版社，2004.

［34］罗伯特·伊斯特．社会保障法［M］．周长征，等，译．北京：中国劳动社会保障出版社，2003.

［35］帕森斯．社会行动的结构［M］．张明德，译．南京：译林出版社，2012.

［36］马克斯·韦伯．经济与社会（上）［M］．林荣远，译．北京：商务印书馆，1998.

［37］马克·格兰诺维特．镶嵌：社会网与经济行动［M］．罗家德，译．北京：社会科学文献出版社，2015.

［38］马克·格兰诺维特．找工作：关系人与职业生涯的研究［M］．张文宏，译．上海：华东师范大学出版社，2020.

［39］马斯洛．动机与人格［M］．许金声，等，译．北京：中国人民大学出版社，2013.

［40］马斯洛．人性能达到的境界［M］．方士华，译．北京：北京燕山出版社，2013.

［41］迈克尔·布若威．制造同意——垄断资本主义劳动过程的变迁［M］．李荣荣，译．北京：商务印书馆，2008.

［42］麦克·布洛维．公共社会学［M］．沈原，等，译．北京：社会科学文献出版社，2015.

［43］梅陈玉婵，林一星，齐铱．老年社会工作［M］．上海：格致出版社，2017.

［44］米什拉．社会政策与福利政策——全球化的视角［M］．郑秉文，译．北京：中国劳动社会保障出版社，2007.

［45］潘锦棠．劳动与职业社会学［M］．北京：红旗出版社，1991.

［46］皮埃尔，布迪厄．实践与反思［M］．李猛，译．北京：中央编译出版社，1998.

［47］齐格蒙·鲍曼．流动的现代性［M］．欧阳景根，译．上海：上海三联书店，2002.

［48］蒙特·鲍曼．废弃的生命［M］．古蕾，胡欣，译．南京：江苏人民出版社，2006.

［49］舒尔茨．老龄化经济学［M］．北京：社会科学文献出版社，2010.

［50］涂尔干．社会分工论［M］．渠东，译．北京：三联书店，2000.

［51］泰德 C. 费晓闻．揭秘老龄化［M］．吴礼敬，等，译．北京：机械工业出版社，2011.

［52］童星，等．交往、适应与融合［M］．北京：社会科学文献出版社，2010.

［53］王爱珠．老年经济学［M］．上海：复旦大学出版社，1996.

［54］王思斌．社会工作综合能力［M］．北京：中国社会出版社，2010.

［55］邬沧萍，杜鹏．老年价值论：积极应对人口老龄化的理论与实践［M］．北京：中国人口出版社，2019.

［56］邬沧萍．社会老年学［M］．北京：中国人民大学出版社，1999.

［57］杨善华．当代西方社会学理论［M］．北京：北京大学出版社，1999.

［58］杨燕绥，赵建国．灵活用工与弹性就业机制——新规则，自由人的梦［M］．北京：中国劳动社会保障出版社，2006.

［59］张凤林．人力资本理论及其应用研究［M］．北京：商务印书馆，2006.

［60］郑杭生．社会学概论新修［M］．北京：中国人民大学出版社，2018.

［61］周晓虹．现代社会心理学［M］．上海：上海人民出版社，2006.

［62］曾小华．文化、制度与社会变革［M］．北京：中国经济出版社，2014.

［63］翟学伟．人情、面子与权力的再生产［M］．北京：北京大学

出版社，2005.

［64］翟学伟．中国人行动的逻辑［M］. 北京：生活．读书．新知三联书店，2017.

［65］侯钧生．西方社会学理论教程（第三版）［M］. 天津：南开大学出版社，2010.

［66］Barrera M，Bloom. Sources of Chinese Tradition［M］. Columbia，NY：Columbia University Press（2nd ed.），1999.

［67］Althear Tinke. Older People in Modern Society（4th Edition）［M］. Long man：London and New York，1997.

［68］Ronald J. Angel and Jacqueline. Who Will Care for Us? —Aging and Long-Tune in Multicultural America［M］. New York：New York University Press，Angel 1997.

二、期刊论文

［1］蔡昉，王美艳．非正规就业与劳动力市场发育——解读中国城镇就业增长［J］. 经济学动态，2004（2）.

［2］蔡昉．二元劳动力市场条件下的就业体制转换［J］. 中国社会科学，1998（2）：11.

［3］蔡昉．如何开启第二次人口红利？［J］. 国际经济评论，2020（2）：42-44.

［4］曹荣荣，郝磊．人口老龄化背景下健康对中老年劳动供给的影响［J］. 经济问题，2018（10）：33-40.

［5］曾毅，李伟，梁志武．中国家庭结构的现状、区域差异及变动趋势［J］. 中国人口科学，1992（2）：1-12+22.

［6］常亚轻，黄健元．农村“养儿防老”模式何以陷入窘境？

[J]. 理论月刊，2019（3）：138-144.

[7] 车茂娟 . 中国家庭养育关系中的“逆反哺模式”[J]. 人口学刊，1990（4）：52-54.

[8] 陈芳，方长春 . 家庭养老功能的弱化与出路：欠发达地区农村养老模式研究 [J]. 人口与发展，2014（2）：99-106.

[9] 陈建伟 . 时空结构中的资源、权力与实践——评吉登斯《历史唯物主义的当代批判：权力、财产与国家》[J]. 社会发展，2015（1）：234-242.

[10] 程杰 . “退而不休”的劳动者：转型中国的一个典型现象 [J]. 劳动经济研究，2014（5）：68-103.

[11] 翟振武，陈佳鞠，李龙 . 2015~2100 年中国人口与老龄化变动趋势 [J]. 人口研究，2017（4）：60-71.

[12] 翟学伟 . 中国人的人情与面子：框架、概念与关联 [J]. 浙江学刊，2021（7）：53-64.

[13] 董国礼，易伍林 . 农民集体维权行动中的结构与文化——江西田头村维权调查 [J]. 华东理工大学学报（人文社会科学版），2016（6）：1-8.

[14] 段世江，张辉 . 老年人社会参与的概念和理论基础研究 [J]. 河北大学成人教育学院学报，2008（3）：82-84.

[15] 丁百仁 . 环卫工人职业认同的影响因素分析 [J]. 武汉理工大学学报（社会科学版），2014（6）：1044-1050.

[16] 丁志宏 . 社会参与对农村高龄老人健康的影响研究 [J]. 兰州学刊，2018（12）：179-195.

[17] 范围 . 从排斥到促进：中国高龄劳动者就业规制的反思与转型 [J]. 中国劳动关系学院学报，2020（2）：43-59.

[18] 封婷 . 日本老龄政策新进展及对中国的启示 [J]. 人口与经

济，2019（4）：79-93.

［19］郭忠华．转换与支配：吉登斯权力思想的诠释［J］．学海，2004（3）：48-54.

［20］郝福庆，王谈凌，鲍文涵．积极应对人口老龄化的战略思考和政策取向［J］．宏观经济管理，2019（2）：43-47+61.

［21］何圆，王伊攀．隔代抚育与子女养老会提前父母的退休年龄吗？——基于 CHARLS 数据的实证分析［J］．人口研究，2015（2）：78-90.

［22］贺雪峰．熟人社会的行动逻辑［J］．华中师范大学学报（人文社会科学版），2004（1）：5-7.

［23］贺雪峰．行动单位与农民行动逻辑的特征［J］．中州学刊，2006（9）：129-133.

［24］胡鞍钢，杨韵新．就业模式转变：从正规化到非正规化——我国城镇非正规就业状况分析［J］．管理世界，2001（2）：69-78.

［25］胡湛，彭希哲．应对中国人口老龄化的治理选择［J］．中国社会科学，2018（12）：134-155+202.

［26］黄宏伟，展进涛，陈超．“新农保”养老金收入对农村老年人劳动供给的影响［J］．中国人口科学，2014（2）：106-115+128.

［27］姜向群，杜鹏．中国老年人的就业状况及其政策研究［J］．中州学刊，2009（10）：109-113.

［28］康红梅．社会排斥背景下底层群体“内卷化”职业身份认同研究——以环卫农民工为例［J］．理论月刊，2016（1）：143-148.

［29］李华晶．以老年人为创业主体的银色创业研究评析与启示［J］．管理学报，2019（3）：465-474.

［30］李江．社会保障对城镇老年人劳动参与的影响——以原城镇居民社会养老保险为例［J］．人口与经济，2015（2）：91-103.

［31］李梦竹．代际经济支持对农村老年人劳动参与的影响——基于 CHARLS2013 的实证研究［J］．调研世界，2018（4）：26-31.

［32］李琴，雷晓燕，赵耀辉．健康对中国中老年人劳动供给的影响［J］．经济学（季刊），2014（3）：917-938.

［33］李俏，朱琳．农村养老方式的区域差异与观念嬗变［J］．西北农林科技大学学报（人文社会科学版），2016（2）：93-102.

［34］李涛．高龄劳动者就业中年龄歧视的法律规制［J］．江海学刊，2019（1）：157-163+255.

［35］李伟，项莹．老年人劳动参与、环境支持与健康水平的关系研究［J］．现代预防医学，2016（15）：2777-2780+2784.

［36］李翌萱．积极老龄化视域下中国老年人经济活动参与研究［J］．兰州学刊，2016（5）：156-163.

［37］廖少宏，宋春玲．我国农村老人的劳动供给行为——来自山东农村的证据［J］．人口与经济，2013（2）：60-68.

［38］廖宇航．健康风险冲击对劳动参与的影响———一个反事实的因果分析［J］．人口与经济，2019（4）：30-46.

［39］刘能．当代中国转型社会中的集体行动：对过去三十年间三次集体行动浪潮的一个回顾［J］．学海，2019（4）：146-152.

［40］刘颂．老年社会参与对心理健康影响探析［J］．人口与社会，2007（4）：38-40.

［41］刘险峰，唐俊．中国高龄老人的社会保障问题初探［J］．中国行政管理，2011（6 ）：20-23.

［42］柳清瑞，孙宇．人口老龄化、老年就业与年龄管理——欧盟国家的经验与启示［J］．经济体制改革，2015（1）：157-162.

［43］卢敏，彭希哲．基于期望余寿理论的老年定义新思考与中国人口态势重新测算［J］．人口学刊，2018（4）：5-18.

［44］裴晓梅．从“疏离”到“参与”：老年人与社会发展关系探讨［J］．学海，2004（1）：113-120.

［45］彭青云．中国城乡老年人劳动参与状况及其趋势分析［J］．老龄科学研究，2018（5）：56-68.

［46］彭希哲，胡湛．当代中国家庭变迁与家庭政策重构［J］．中国社会科学，2015（12）：113-132+207.

［47］邱钰斌．价值认同理论考察及核心价值观教育启示［J］．西南民族大学学报（人文社会科学版），2009（11）：235-237.

［48］任亮，张广利．经济行动、行动主体与社会环境［J］．理论探索，2005（4）：66-70.

［49］申亮，王玉燕．公共服务外包中的协作机制研究：一个演化博弈分析［J］．管理评论，2017（3）：219-230.

［50］宋健，王记文，秦婷婷．孙子女照料与老年人就业的关系研究［J］．人口与经济，2018（3）：92-103.

［51］沈毅．黄光国的“人情与面子”模型及相关挑战——从“差序格局”看关系的分类及其要素［J］．中国社会心理学评论，2006（1）：255-277.

［52］陶涛，刘雯莉．独生子女与非独生子女家庭老年人养老意愿及其影响因素研究［J］．人口学刊，2019（4）：72-83.

［53］田艳芳．中国中老年人的健康状况对劳动参与的影响［J］．山西财经大学学报，2010（3）：1-7.

［54］童玉芬，廖宇航．健康状况对中国老年人劳动参与决策的影响［J］．中国人口科学，2017（6）：105-116+128.

［55］万苹．城市低龄老年人再就业促进研究——基于上海市的调查［J］．社会科学研究，2013（6）：114-117.

［56］汪斌，郑家豪．城市老年人经济参与的影响因素研究——基

于多层 Logistic 回归模型［J］. 调研世界，2019（2）：60-65.

［57］汪斌．中国老年人口健康现状、变动趋势及其社会经济影响——基于“七普”数据的分析［J］. 云南民族大学学报（哲学社会科学版），2022（5）：68-75.

［58］汪和建．自我行动的逻辑：理解“新传统主义”与中国单位组织的真实的社会建构［J］. 社会，2006（3）：24-45+205-206.

［59］王兆萍，王典．社会保障、代际支持如何影响城镇老年人退而不休？［J］. 人口与经济，2017（3）：24-34.

［60］王建国．中国居民健康对劳动参与的影响——基于多维健康指标的实证分析［J］. 北京科技大学学报（人文社会科学版），2011（1）：104-110+119.

［61］王尚银，陈和．市场经济条件下的社会行动及其情境——以温州人“妙房”行动为视角［J］. 社科纵横，2011（5）：57-59.

［62］王树新，杨彦．老年人力资源开发的策略构想［J］. 人口研究，2005（3）：63-69.

［63］王思斌．多元嵌套结构下的情理行动——中国人社会行动模式研究［J］. 学海，2009（1）：54-61.

［64］王思斌．社会工作与乡村振兴中社会资本的协作再生产［J］. 社会工作，2021（4）：1-8+100-101.

［65］王文静，刘彤，李盛基．养老模式对我国农村老年人劳动供给的影响［J］. 南方人口，2015（3）：69-80.

［66］王潇，赵雯曦，王晓灿，任子昕，郭静一．编制内外环卫工人的劳动权益保障状况研究——以北京市海淀区为例［J］. 劳动保障世界，2016（27）：5-6+10.

［67］王晓军，赵明．寿命延长与延迟退休：国际比较与我国实证［J］. 数量经济技术经济研究，2015（3）：111-128.

[68] 武志伟，殷明．劳动雇佣关系中互惠的触发机制和影响因素探究——基于礼物交换实验结果的分析［J］．中央财经大学学报，2022（11）：89-101.

[69] 邬沧萍，彭青云．重新诠释“积极老龄化”的科学内涵［J］．中国社会工作，2018（17）：28-29.

[70] 徐成浩．环卫工人的体面劳动实现了吗？——基于15个副省级城市政策文本的分析［J］．社会政策研究，2018（3）：148-157.

[71] 许德娅，刘亭亭．强势弱关系与熟络陌生人：基于移动应用的社交研究［J］．新闻大学，2021（3）：49-61+119.

[72] 杨凡，潘越．非正规就业对流动人口职业流动意愿的影响［J］．人口研究，2019（4）：97-112.

[73] 阳义南，谢予昭．推迟退休年龄对青年失业率的影响——来自OECD国家的经验证据［J］．中国人口科学，2014（4）：46-57+127.

[74] 杨翠芬．受教育程度对中老年人劳动参与率的影响［J］．调研世界，2018（9）：39-44.

[75] 杨德敏．论劳动关系与劳务关系［J］．河北法学，2005（7）：140-143.

[76] 杨雪．欧盟国家人口老龄化及其对社会经济政策的影响［J］．人口学刊，2002（5）：52-55.

[77] 杨志海，麦尔旦·吐尔孙，王雅鹏．健康冲击对农村中老年人农业劳动供给的影响——基于CHARLS数据的实证分析［J］．中国农村观察，2015（3）：24-37.

[78] 杨宗传．再论老年人口的社会参与［J］．武汉大学学报（人文社会科学版），2000（1）：61-65.

[79] 殷俊，杨政怡．银发族缘何重返劳动领域？——城乡二元老年劳动参与研究［J］．西安财经学院学报，2016（3）：108-114.

［80］尤银燕．角色理论下农村退农老人角色转换困境及对策研究［J］．社会与公益，2020（10）：84-87.

［81］于丽，马丽媛，尹训东，Belton Fleisher．养老还是“啃老”？——基于中国城市老年人的再就业研究［J］．劳动经济研究，2016（5）：24-54.

［82］原新，刘士杰．日本公共养老保障体系的财政困境及对我国的启示［J］．现代日本经济，2010（3）：57-64.

［83］张文钰，徐梅焕，滕璐阳．政府道路保洁外包的问题及对策建议——以烟台市A道路为例［J］．中国管理信息化，2016（12）：72-73.

［84］张翼．受教育水平对退休老年人再就业的影响［J］．中国人口科学，1999（4）：8.

［85］张云鹏．试论吉登斯的结构化理论［J］．社会科学战线，2005（4）：274-277.

［86］张丽琴．克制如何可能——集体维权中确保行动理性的因素分析［J］．信访与社会矛盾问题研究，2017（3）：25-36.

［87］赵建国，王净净．“逆向反哺”、子女结构与老年人口劳动参与［J］．人口与发展，2021（2）：17-28.

［88］郑晓冬，杨园争，方向明．子女外出务工与农村老年人社会活动参与［J］．西北人口，2019（2）：81-93.

［89］周云波，曹荣荣．新农保对农村中老年人劳动供给行为的影响——基于PSM-DID方法的研究［J］．人口与经济，2017（5）：95-107.

［90］朱海龙，欧阳盼．中国人养老观念的转变与思考［J］．湖南师范大学社会科学学报，2015（1）：88-97.

［91］朱浩，易龙飞．社会保险对城乡低龄老年人再就业的影

响——基于 CHARLS 数据的实证分析［J］. 西北人口，2015（3）：53-58.

［92］朱晶．自我的整合与发展：老年期的一项重要任务［J］. 社会心理科学，2014（22）：21-25.

［93］诸艳霞，朱红兵．延迟退休年龄下隔代抚育与劳动参与的抉择——基于工资收入随机性假定的研究［J］. 经济理论与经济管理，2018（6）：15-27.

［94］赵晶晶，李放．养老金收入对农村老年人劳动供给的影响——基于 CHARLS 数据的实证分析［J］. 农业经济问题，2017（3）：63-71+111.

［95］赵娜，魏培昱．新农合如何影响农村中老年人口劳动供给——基于动态随机模型的分析［J］. 财经科学，2019（2）：74-90.

［96］Barrera M，Al inlay. The Structure of Social Support：A Conceptual and Empirical Analysis［J］. Journal of Community of Community Psychology，Vol. 11：107-122.

［97］Becker G S. Human Capital，Effort，and the Sexual Division of Labor［J］. Journal of Labor Economics，1985（13）：112-120.

［98］Becker G S. Investment in Human Capital：A Theoretical Anslysis［J］. Journal of Political Economy，1962（70）：79-86.

［99］Boskin M J. Social Security and Retirement Decisions［J］. Economic Inquiry，2010（15）：89-98.

［100］Burgess E W. Social Relations，Activities，and Personal Adjustment［J］. American Journal of Sociology，1954（59）：78-87.

［101］Burtless G，Moffitt R A. The Joint Choice of Retirement Age and Postretirement Hours of Work［J］. Journal of Labor Economics，1985（3）：103-122.

［102］ Cai L， Kalb G. Health Status and Labour Force Participation：Evidence from Australia ［J］. Health Economics， 2006 （15）： 56-70.

［103］ Chen F， Liu G. The Health Implications of Grandparents Caring for Grandchildren in China ［J］. Journals of Gerontology， 2012 （67）： 198-210.

［104］ Denham M. J. Productive Ageing： Conceptend Challenges ［J］. Age and Ageing， 2004 （3）： 68-75.

［105］ Derek Ross. Ageing and Work： an Overview ［J］. Occupational Medicine， 2010 （3）： 221-232.

［106］ Haveman R， Wolfe B， Kreider B. Market Work， Wages， and Men's Health ［J］. Journal of Health Economics， Vol. 13， 1994： 210-221.

［107］ Hilsen AI. Action Reserch Approach to Work： ability， Health and Well-being of Ageing Workers ［J］. International Congress Series， 2005 （2）： 156-166.

［108］ Hurd M D， Boskin M J. The Effect of Social Security on Early Retirement ［J］. Journal of Public Economics， 1978 （10）： 223-255.

［109］ Johannes Siegrist， Morten Wahrendorf. Participation in Socially Productive Activities and Quality of Life in Early Old Age Findings from SHARE ［J］. Journal of European Social Policy， 2009 （19）： 109-118.

［110］ Kalwij A， Vermeulen F. Health and Labour Force Participation of Older People in Europe： What Do Objective Health Indicators Add to the Analysis? ［J］. Health Economics， 2008 （17）： 186-193.

［111］ Kutner， Bernard， Fanshel， et al. Five Hundred Over Sixty ［J］. American Journal of Nursing， 1957 （57）： 223-230.

［112］ Laslett P. The Emergence of the Third Age ［J］. Ageing & Society, 1987 (7): 156-180.

[113] Lemon B W, Bengtson V L, Peterson J, et al. An Exploration of the Activity Theory of Aging: Activity Types and Life Satisfaction Among In-movers to a Retirement Community [J]. The Journals of Gerontology, 1972 (27): 235-241.

[114] Luft H S. The Impact of Poor Health on Earnings [J]. The Review of Economics and Statistics, 1975 (57): 104-112.

[115] Maddox, G. L. Activity and Morale: A Longitudinal Study of Selected Elderly Subjects [J]. Social Forces, 1963 (42): 241-249.

[116] Mastrobuoni G. Labor Supply Effects of the Recent Social Security Benefit Cuts: Empirical Estimates Using Cohort Discontinuities [J]. Journal of Public Economics, 2009 (93): 228-237.

[117] Mincer J. The Distribution of Labor Incomes: A Survey with Special Reference to the Human Capital Approach [J]. Journal of Economic Literature, 1970 (8): 268-273.

[118] Rob Ranzijn. The Potential of Older Adults to Enhance Community Quality of Life Links between Positive Psychology and Productive Aging [J]. Ageing International, 2002 (2): 221-230.

[119] Ross D. Ageing and Work: an Onerview [J]. Occupational Medicine, 2010 (3): 268-276.

[120] Rozario. Volunteering Among Current Cohorts of Older Adults and Baby Boomers [J]. Generations, 2006 (30): 256-268.

[121] Strauss J, Thomas D. Health Nutrition and Economic development [J]. Journal of Economic Literature, 1998 (36): 233-242.

[122] Tobin S S, Neugarten B L. Life Satisfaction and Social Interaction in the Aging [J]. The Journals of Gerontology, 1961 (16):

265-273.

［123］ Walker A. Active Aging in Employment：Its Meaning and Potential［J］. Asia-Pacific Review，2006（1）：258-267.

［124］ Walters，W. H. Place Characteristics and Later-Life Migration［J］. Research on Aging，2008（3）：263-275.

［125］ Wu Z Q，Sun L，Sun Y H，et al. Correlation between Loneliness and Social Relationship Among Empty Nest Elderly in Anhui Rural Area［J］. China Aging & Mental Health，2010（14）：298-305.

［126］ Yoshinaka M，Ikebe K，Uota M，et al. Age and Sex Differences in the Taste Sensitivity of Young Adult，Young-old and Old-old Japanese［J］. Geriatrics & Gerontology International，2016（16）：255-268.

三、学位论文

［1］ 陈曦．中国老年人再就业影响因素研究——基于 CHARLS 数据实证分析［D/OL］. 南京：南京财经大学，2016［2018-04-15］. https：//kns. cnki. net/kcms2/article/abstract？ v = 3uoqIhG8C475KOm _ zrgu4lQARvep2SAk-6BvX81hrs37AaEFpExs0MiXEawyfRqQCaNvp-tKYJFdtI0BXdgGfN4nxGf_ wVih&uniplatform=NZKPT.

［2］ 范成文．我国老年人体育服务社会支持系统研究［D/OL］. 长沙：湖南师范大学，2019［2020-01-15］. https：//kns. cnki. net/kcms2/article/abstract？ v = 3uoqIhG8C447WN1SO36whLpCgh0R0Z - iVBgRpfJBcb4JAybTo8M4lu5XYP5T939LHFzHG4sm9zuIB5QkLFlDqtMis0GzhSrk&uniplatform=NZKPT.

［3］ 方金铭．人工清扫街道的环卫工人作业疲劳研究［D/OL］. 北

京：首都经济贸易大学，2011 [2012-04-15]. https：//kns. cnki. net/kcms2/article/abstract？ v=3uoqIhG8C475KOm_ zrgu4lQARvep2SAkWGEmc0QetxDh64Dt3veMpzaho1yP3-i2lab9T2aIyYh1mRwsmUePWkRn3NwpGXos&uniplatform=NZKPT.

[4] 纪云公．论完善城市环卫工人的安全保障体系 [D/OL]. 长春：吉林大学，2009 [2009-10-15]. https：//kns. cnki. net/kcms2/article/abstract？ v=3uoqIhG8C475KOm_ zrgu4lQARvep2SAk6at-NE8M3PgrTsq96O6n6QktJWxqEtOY2XHZ065uDaqqdMzggp4y2Y-ZLhxdREXB&uniplatform=NZKPT.

[5] 李梅花．日本、韩国人口老龄化与老年人就业政策研究 [D/OL]. 长春：吉林大学，2014 [2015-03-15]. https：//kns. cnki. net/kcms2/article/abstract？ v=3uoqIhG8C447WN1SO36whLpCgh0R0Z-i4Lc0kcI_HPe7ZYqSOTP4QiJptdovHaaGsztYOciR0APXg0S1Y52E5GZO5WU89Eqh&uniplatform=NZKPT.

[6] 李美婷．环卫工人的社会认同研究 [D/OL]. 哈尔滨：黑龙江省社会科学院，2015 [2016-02-15]. https：//kns. cnki. net/kcms2/article/abstract？ v = 3uoqIhG8C475KOm_ zrgu4lQARvep2SAk6nr4r5tSd -_pTaPGgq4znIiyhnOgnKSkR1AkFMR3NOe3bL7m-FrTOCLvaDG5tvdy&uniplatform=NZKPT.

[7] 李娜．退休再就业法律问题研究 [D/OL]. 长春：吉林大学，2013 [2013-08-15]. https：//kns. cnki. net/kcms2/article/abstract？ v=3uoqIhG8C447WN1SO36whHG-SvTYjkCc7dJWN_ daf9c2-IbmsiYfKl1ymRQuF8aSoUh7I4artkmyVHXJuKhV2_ 1WQPGRh5eY&uniplatform=NZKPT.

[8] 刘欢．社会参与对城市退休老年人继续社会化的影响研究——基于湖南省 Y 市的实证研究 [D/OL]. 长沙：湖南师范大学，2011 [2011-12-15]. https：//kns. cnki. net/kcms2/article/abstract？ v=3uoqIhG8C475KO

m_ zrgu4lQARvep2SAkhskYGsHyiXksOA0FurgRFYcd4DbEugRVF7AWr-93kSSNsUoQOfQXvxTXhWguK9P_ &uniplatform=NZKPT.

[9] 李可安. 城市环卫农民工生存状况研究——以J市为例[D/OL]. 济南: 济南大学, 2016 [2017-03-15]. https: //kns. cnki. net/kcms2/article/abstract? v=3uoqIhG8C475KOm_ zrgu4lQARvep2SAkkyu7xrzFWukWIylgpWWcEiUBrIHXNaW_ nUk8I6lJ9Y33W3ZoDKHd6wp0dTqgpIKr&uniplatform=NZKPT.

[10] 彭鑫. 长沙市环卫工劳动保护问题研究[D/OL]. 长沙: 湖南师范大学, 2015 [2016-06-15]. https: //kns. cnki. net/kcms2/article/abstract? v=3uoqIhG8C475KOm_ zrgu4lQARvep2SAk6nr4r5tSd-_pTaPGgq4znDYNbWbQMM4yrUdVT1BSE2NVq_ w3YOozinbYwkYG0lWo&uniplatform=NZKPT.

[11] 田新华. 企业人力资源管理外包研究[D/OL]. 厦门: 厦门大学, 2009 [2009-12-15]. https: //kns. cnki. net/kcms2/article/abstract? v=3uoqIhG8C447WN1SO36whNHQvLEhcOy4v9J5uF5OhrkGID6XhvjmsK-LTIuch9PpIvJifLX9WdGlnMD4tD7MQqlWWsHdqOCP&uniplatform=NZKPT.

[12] 王沁宇. 我国劳动保障监察制度实施存在的问题及对策研究[D/OL]. 桂林: 广西师范大学, 2015 [2015-02-15]. https: //kns. cnki. net/kcms2/article/abstract? v=3uoqIhG8C475KOm_ zrgu4lQARvep2SAkbl4wwVeJ9RmnJRGnwiiNVqw05oFSBtJ4p2ryC3suMNoUPWmNo5DW3QC05yyM0MWv&uniplatform=NZKPT.

[13] 王惠. 中国家庭的"逆反哺"现象对老年人代际赡养的影响[D/OL]. 北京: 中国社会科学院研究生院, 2020 [2021-01-15]. https: //kns. cnki. net/kcms2/article/abstract? v=3uoqIhG8C475KOm_ zrgu4lQARvep2SAkyRJRH-nhEQBuKg4okgcHYkMjV5iw57Zf4gGhTI88IzxYk

g62h2mcXp6nAmAcIjZl&uniplatform=NZKPT.

［14］王嘉箐．新业态下劳动者灵活就业研究［D/OL］．大连：东北财经大学，2021［2023-01-15］．https：//kns. cnki. net/kcms2/article/abstract？v=3uoqIhG8C447WN1SO36whLpCgh0R0Z-i16_wNaYct1rCckkTLVqOrbGeo5LmsXqubq45EgaPulAlfmU7-Ark-SRvzOaR8wp5&uniplatform=NZKPT.

［15］于兰华：失地老人经济参与的行动逻辑分析——基于苏中N市Z社区的调查［D/OL］．上海：华东理工大学，2015［2016-05-15］．https：//kns. cnki. net/kcms2/article/abstract？v=3uoqIhG8C447WN1SO36whLpCgh0R0Z-iv9r0YoQXiId4v9BfOE9rDtRo42FkAnh_CUUYKS6KZv5oI2oBYTcdqNMqkHiejVGM&uniplatform=NZKPT.

［16］姚景苏．北京市环卫工人生存现状及社工介入策略研究［D/OL］．北京：北京建筑大学，2018［2018-12-15］．https：//kns. cnki. net/kcms2/article/abstract？v=3uoqIhG8C475KOm_zrgu4lQARvep2SAkZIGkvqfmUZglMdu7fCR483NSfw32s2LlAfHrE6QY-rk6czgWeY0jVGJUpq8lkJBN&uniplatform=NZKPT.

［17］严娇．环卫工人何以年龄老化——以T保洁公司为例的分析［D/OL］．武汉：华中师范大学，2021［2023-03-15］．https：//kns. cnki. net/kcms2/article/abstract？v=3uoqIhG8C475KOm_zrgu4lQARvep2SAkaWjBDt8_rTOnKA7PWSN5MLhA11iqP6qgcvDlgxdqCSzLzyfvdRUHR9WjQJlDHDa6&uniplatform=NZKPT.

［18］姚景苏．北京市环卫工人生存现状及社工介入策略研究［D/OL］．北京：北京建筑大学，2018［2018-12-15］．https：//kns. cnki. net/kcms2/article/abstract？v=3uoqIhG8C475KOm_zrgu4lQARvep2SAkZIGkvqfmUZglMdu7fCR483NSfw32s2LlAfHrE6QY-rlPlfxrZIIbn_oqoP91YabU&uniplatform=NZKPT.

［19］战弋．环卫工人权利保护研究——以大连市市内四区为例［D/OL］．大连：东北财经大学，2015［2015－06－15］．https：//kns. cnki. net/kcms2/article/abstract？v＝3uoqIhG8C475KOm_ zrgu4lQARvep2SAkbl4wwVeJ9RmnJRGnwiiNVrh1lTNK4QgUP8fQ8hTtLOuoK8N68jfbiqKpdGT7Xpf6&uniplatform＝NZKPT.

［20］朱艳婷．城乡对比视角下养老保障、子女特征对中国老年人劳动参与的影响研究［D/OL］．南京：南京大学，2020［2021-09-15］．https：//kns. cnki. net/kcms2/article/abstract？v＝3uoqIhG8C447WN1SO36whLpCgh0R0Z-ia63qwICAcC3-s4XdRlECrayVG59QJgXGkm4S65MdufHZOmYIp9DREQzs3owkxSkj&uniplatform＝NZKPT.

［21］周欣．健康对中老年人非农劳动参与及工资率的影响研究［D/OL］．北京：对外经济贸易大学，2017［2017-09-16］．https：//kns. cnki. net/kcms2/article/abstract？v＝3uoqIhG8C447WN1SO36whLpCgh0R0Z-ifBI1L3ks338rpyhinzvy7F1R3AgYvgAepsseVQVATgwWV_ bb0-c0ZhCO2BPSkGEm&uniplatform＝NZKPT.

［22］张爱．天津市环卫工人劳动权益保障研究［D/OL］．天津：天津财经大学，2018［2019－07－15］．https：//kns. cnki. net/kcms2/article/abstract？v＝3uoqIhG8C475KOm_ zrgu4lQARvep2SAkOsSuGHvNoCRcTRpJSuXuqemC7Zt34ePoBndqQHZlEww2kjoTzDj3WdnUEKtyjGiY&uniplatform＝NZKPT.

［23］张惠娟．在正规性与非正规性之间——上海外来环卫工的工作与生活状况研究［D/OL］．上海：华东师范大学，2020［2020-11-16］．https：//kns. cnki. net/kcms2/article/abstract？v＝3uoqIhG8C475KOm_ zrgu4lQARvep2SAkHr3ADhkADnVu66WViDP_ 3ErnSr627bhYnv6D2ccgNa2JMar9P7gD4NSpPin6-Fge&uniplatform＝NZKPT.

［24］张雪．城市老年人社会角色调适研究［D/OL］．保定：河北

大学，2013［2013-11-16］. https：//kns. cnki. net/kcms2/article/abstract？v=3uoqIhG8C475KOm_zrgu4lQARvep2SAk9z9MrcM-rOU4mSkGl_LWf6RUzioOE8m8hnqO0AaeqmbmaZtZNk-EVJJLkfvl9kLe&uniplatform=NZKPT.

［25］张爱．天津市环卫工人劳动权益保障研究［D/OL］．天津：天津财经大学，2018［2019-06-16］. https：//kns. cnki. net/kcms2/article/abstract？v=3uoqIhG8C475KOm_zrgu4lQARvep2SAkOsSuGHvNoCRcTRpJSuXuqemC7Zt34ePoBndqQHZlEwwaBiHmJyoWkLGodmlTV2jn&uniplatform=NZKPT.

［26］周清茨．我国低龄老年人劳动参与及影响因素研究［D/OL］．上海：华东政法大学，2019［2020-03-15］. https：//kns. cnki. net/kcms2/article/abstract？v=3uoqIhG8C475KOm_zrgu4lQARvep2SAkEcTGK3Qt5VuzQzk0e7M1zx0sP60z-eetFj6JeZjKHqdPcIkY0mFylQFh4LVUkw8Z&uniplatform=NZKPT.

四、网页类

［1］国务院．国务院关于印发“十三五”国家老龄事业发展和养老体系建设规划的通知［EB/OL］.（2017-02-27）［2017-03-06］. http：//www. gov. cn/zhengce/content/2017-03/06/content_5173930. htm.

［2］中华人民共和国人力资源和社会保障部．人力资源社会保障部 财政部关于建立城乡居民基本养老保险待遇确定和基础养老金正常调整机制的指导意见［EB/OL］.［2018-03-26］. http：//www. mohrss. gov. cn/SYrlzyhshbzb/ldbk/shehuibaozhang/yanglao/201501/t20150114_148917.

［3］中华全国总工会．最高人民法院关于审理劳动争议案件适用法律若干问题的解释（三）［EB/OL］.［2020-12-29］.

http：//www. acftu. org/template/10041/file. jsp？ aid=96830.

［4］国家统计局．第七次全国人口普查公报（第五号）［EB/OL］．［2021 - 05 - 11］：http：//www. stats. gov. cn/tjsj/tjgb/rkpcgb/qgrkpcgb/202106/t20210628_ 1818824. html.

［5］李小聪，徐柳平．南昌环卫工老龄化严重平均 57 岁［EB/OL］．南昌新闻中心，［2015-02-16］．https：//nc. jxnews. com. cn/system/2015/02/16/013632541. shtml.

［6］中华人民共和国人力资源和社会保障部．2021 年度人力资源和社会保障事业发展统计公报［EB/OL］．［2022-06-07］．http：//www. mohrss. gov. cn/xxgk2020/fdzdgknr/ghtj/tj/ndtj/202206/t20220607 _ 452104. html.

［7］新浪网．2019 中国年轻人负债状况报告［EB/OB］．［2019-11- 18］．http：//vr. sina. com. cn/news/hot/2019 - 11 - 18/doc - iihnzhfy9948302. shtml.

附　录

访谈编号：

一、基本情况

年龄：　　　　　性别：　　　　　文化程度：　　　　　居住地：

身体状况：

二、访谈内容

访谈对象：老年保洁工

1. 您的户籍地在哪里？现居住哪里？是否与子女同居？来现居住地的原因是什么？

2. 您的收入来源有哪些？每月有多少收入？您目前是否有养老金？子女是否给予一些生活费？

3. 您的花费主要在哪些方面？每月的收入与支出情况怎么样？

4. 您外出上班的原因是什么？

5. 您为什么要从事保洁工作？

6. 您认为保洁服务工作怎么样？

7. 您在从事保洁工作之前做什么工作？

8. 您的子女是否支持您出来工作？您的兄弟姐妹、亲戚朋友是否支持您出来工作？

9. 您是通过什么方式进入这个公司的？

10. 您进入公司时是否签有劳动合同或劳务协议？

11. 您是否被公司恶意辞退过？被辞退的原因是什么？

12. 您是通过什么方式来获取工作？

13. 在劳动的过程中是否与公司管理人员、老板有过矛盾？如何化解这些矛盾？

14. 您在劳动过程中是否有不公正待遇？这些不公正待遇都有哪些？如何解决的？

15. 您是否适应目前这个工作？用了多久的时间？

16. 您与同事、管理人员之间的关系怎样？如何与同事、管理人员相处？

17. 您如何看待“养儿防老”这句话？

18. 您如何看待老年人外出上班？

19. 如果政府发的养老金增多了，您还想着去工作吗？

20. 目前在工作中遇到过什么困难？政府应该给予你们哪些帮助？社会应该给予哪些帮助？家庭又应该给予哪些帮助？

21. 从工作中您获取了什么？

访谈对象：老年保洁工子女访谈提纲

1. 您与父母共同生活吗？如何看待子女与父母共同生活？

2. 如果与老年人发生争执，您通常会怎么解决？

3. 您是否支持父母外出做保洁工？为什么？

4. 您如何看待老年人的就业问题？

5. 您觉得老人最需要什么？您是如何满足他们的？

6. 您是否帮助过父母处理劳务纠纷？通过什么方式解决？

7. 您如何看待“养儿防老”这句话？

8. 您觉得老年人外出工作的难点在哪里？

9. 化解当前老年保洁工面临的问题，需要从哪些方面着手？

10. 父母外出工作的好处有哪些？坏处有哪些？

访谈对象：保洁公司管理人员访谈提纲

1. 您如何看待老人外出工作？

2. 您觉得老年人适不适合做保洁工作？

3. 你们为什么要雇用老年人？

4. 与其他年轻人相比较，老年人有什么特点？

5. 公司是否与老年人签订劳动合同或协议？

6. 雇用老年人是否有风险？主要有哪些风险？

7. 作为公司想规避哪些风险？你们如何规避这些风险？

8. 雇用老年人是否可以降低用工成本？

9. 是否与老年人有劳务纠纷？如何化解？

10. 国家应该在哪些方面完善老年就业制度？

附录1　访谈对象一览表

编号	受访人	性别	年龄（岁）	访谈时间	雇佣公司名称（简称）	备注
HX01	WSJ	女	61	2021年4月12日	DW镇DL物业公司	
HX02	SLL	女	65	2021年4月12日	DW镇DL物业公司	
HX03	TSF	男	67	2021年4月13日	DW镇DL物业公司	
HX04	QSH	男	62	2021年4月13日	DW镇DL物业公司	
HX05	SLF	女	58	2021年4月21日	HX区MD物业公司	
HX06	HGY	女	55	2021年4月21日	HX区MD物业公司	
HX07	WHY	女	60	2021年4月21日	HX区MD物业公司	
HX08	CJZ	女	59	2021年4月22日	HX区MD物业公司	
HX09	DHL	女	64	2021年4月22日	HX区MD物业公司	
HX10	HYY	女	66	2021年4月28日	HX区MD物业公司	
HX11	LHY	女	61	2021年4月28日	HX区MD物业公司	
HX12	FH	男	68	2021年4月29日	HX区CQHB保洁公司	
HX13	DL	男	67	2021年5月5日	HX区CQHB保洁公司	
HX14	HFL	男	64	2021年4月5日	HX区CQHB保洁公司	
HX15	ZHY	女	62	2021年5月6日	HX区CQHB保洁公司	
HX16	ZQ	男	58	2021年5月11日	HX区CQHB保洁公司	
HX17	HYY	男	61	2021年5月11日	HX区CQHB保洁公司	
HX18	TST	男	64	2021年5月14日	HX区CQHB保洁公司	
HX19	RYT	女	67	2021年5月14日	HX区CQHB保洁公司	
HX20	HYQ	男	71	2021年5月18日	HX区CQHB保洁公司	
HX21	TY	女	59	2021年5月19日	HX区CQHB保洁公司	
HX22	TJQ	男	73	2021年5月26日	HX区CQHB保洁公司	

续表

编号	受访人	性别	年龄（岁）	访谈时间	雇佣公司名称（简称）	备注
HX23	ZHL	女	65	2021年6月4日	GP乡GS物业服务公司	
HX24	QW	男	61	2021年6月4日	GP乡GS物业服务公司	
HX25	QS	男	60	2021年6月4日	GP乡GS物业服务公司	
HX26	THJ	女	59	2021年6月13日	HX区HB物业公司	
HX27	TYF	男	62	2021年6月13日	HX区HB物业公司	
HX28	WSH	男	63	2021年6月15日	HX区HB物业公司	
HX29	WFT	女	61	2021年6月15日	HX区HB物业公司	
HX30	WX	女	63	2021年6月20日	HX区DW物业公司	
HX31	SX	男	64	2021年6月24日	HX区DW物业公司	
HX32	XHW	女	65	2021年6月24日	HX区DW物业公司	
HX33	DSW	女	63	2021年7月12日	HX区DW物业公司	
NM01	WTY	女	63	2021年7月14日	NM区HGY物业公司	
NM02	WXS	女	65	2021年7月16日	NM区HGY物业公司	
NM03	QH	女	60	2021年7月16日	NM区HGY物业公司	
NM04	GW	男	66	2021年7月17日	NM区HGY物业公司	
NM05	DQ	男	67	2021年7月19日	NM区HGY物业公司	
NM06	HYT	女	62	2021年7月19日	NM区HGY物业公司	
NM07	THS	男	65	2021年7月24日	NM区HGY物业公司	
NM08	GTH	女	60	2021年8月10日	NM区HGY物业公司	
NM09	FT	女	65	2021年8月11日	NM区HGY物业公司	
NM10	TX	男	67	2021年8月15日	NM区HGY物业公司	
NM11	RYH	女	60	2021年8月19日	NM区HGY物业公司	
NM12	THT	男	61	2021年8月20日	NM区BW物业服务公司	
NM13	LPG	女	60	2021年8月21日	NM区BW物业服务公司	
NM14	YH	男	62	2021年8月21日	NM区BW物业服务公司	

续表

编号	受访人	性别	年龄（岁）	访谈时间	雇佣公司名称（简称）	备注
YY01	TYH	女	58	2021 年 10 月 18 日	YY 区 WK 物业公司	
YY02	RTH	男	63	2021 年 10 月 19 日	YY 区 WK 物业公司	
YY03	YRY	女	61	2021 年 10 月 20 日	YY 区 WK 物业公司	
YY04	TY	女	60	2021 年 11 月 2 日	YY 区 WK 物业公司	
YY05	WL	女	59	2021 年 11 月 2 日	YY 区 DF 物业服务公司	
YY06	HY	男	61	2021 年 11 月 8 日	YY 区 DF 物业服务公司	
YY07	GWC	男	63	2021 年 11 月 9 日	YY 区 DF 物业服务公司	
HX33	WDX	女	54	2021 年 11 月 16 日	HX 区 JW 保洁公司	
HX34	GMY	男	60	2021 年 11 月 16 日	HX 区 JW 保洁公司	
XW01	BN	女	63	2022 年 11 月 20 日	XW 县 BTL 保洁公司	
XW02	CMY	女	62	2022 年 11 月 20 日	XW 县 BTL 保洁公司	
XW03	CYH	男	65	2022 年 11 月 22 日	XW 县 YTR 物业公司	
XW04	WCL	男	67	2022 年 11 月 22 日	XW 县 YTR 物业公司	
XW05	WTY	女	61	2022 年 11 月 22 日	XW 县 YTR 物业公司	
GA01	WSL	女	60	2022 年 11 月 24 日	GA 新区 HW 公司	
GA02	QSG	男	64	2022 年 11 月 24 日	GA 新区 HW 公司	
GA03	TYH	女	63	2022 年 11 月 25 日	GA 新区 FSK 公司	
GA04	WLJ	女	65	2022 年 11 月 25 日	GA 新区 FSK 公司	
Q01	WCL	男	42	2021 年 12 月 1 日	NM 区 HGY 物业服务公司	公司管理人员
Q02	LCY	男	45	2021 年 12 月 1 日	NM 区 HGY 物业服务公司	公司管理人员
Q03	LWH	男	51	2021 年 12 月 1 日	HX 区 CQHB 保洁公司	公司管理人员
Q04	WYH	男	39	2021 年 12 月 3 日	HX 区劳动局	工作人员
Q05	CLY	男	29	2021 年 12 月 3 日	YY 区劳动局	工作人员
Q06	WG	男	44	2021 年 12 月 3 日	YY 区劳动监察大队	工作人员
Q07	DFL	女	36	2021 年 12 月 4 日	HX 区法律援助中心	工作人员

附录2　劳务（聘用）协议

甲方（雇佣方）：________________________________

住所地：____________________________________

乙方（受雇方）：________________　身份证：________

联系地址：________________　联系电话：__________

甲乙双方经平等协商，就下列事项达成一致协议：

一、用工性质

1. 乙方□退休（退休单位______________________）、□年龄、□实习生、□其他（____________________）。

2. 基于以上事实，甲方与乙方通过签订协议，建立劳务（聘用）关系。

二、用工期限：自________年________月________日至__________年__________月_________日止。

三、工作岗位与工作内容

1. 甲方安排乙方从事________________________工作，乙方应保质保量完成工作任务。

2. 若甲方生产经营状况发生变化，甲方可调整乙方工作岗位或工作内容，乙方愿意服从。

3. 在从事和完成本职工作的同时，乙方可按照甲方的安排从事其他临时性工作任务。

四、工作时间：乙方应自觉遵守考勤制度，按时上下班，上班前自行进入单位，下班后自行延迟离开单位的时间不计算为工作时间。

五、劳动报酬：甲方每月________日前后支付给乙方，解除协议当月按天结算。

六、变更、解除与终止

1. 经双方协商一致可变更本协议约定的有关事项。

2. 双方均可提前 3 天书面或口头通知对方解除本协议。

3. 乙方严重违反劳动纪律或单位规章制度的，甲方有权提前终止本协议，乙方违纪违规行为给甲方造成经济损失的，乙方愿意按实际经济损失承担赔偿责任。

4. 本协议期满即行终止，双方同意续延的，应当另行签订协议。

七、其他事项

1. 乙方的用工性质、常住地址发生变化的，应当在发生变化之日起七天内告知甲方，否则，甲方按乙方在本合同预留的联系地址寄出的文件，一旦寄出，10 日内即为送达。

2. 乙方在聘用期间发生的因其个人原因造成的意外事故，包括因自身疾病，擅离岗位，不遵守工作规程和规章制度等所造成的伤害，由此所造成的一切经济损失均由乙方个人承担。

3. 本协议未尽事项，双方可以参照相关政策规定协商处理。

4. 本协议一式两份，双方各执一份。

5. 本协议自双方签字盖章之日起生效。

甲方：（盖章）　　　　　　　　　　　　　　乙方：（盖章）

年　　月　　日　　　　　　　　　　　　　　年　　月　　日

后　记

写到后记，意味着博士研究生的学习生涯即将画上句号。回首来时的路，充满了各种艰辛，但又是那么的幸运，这些已化成了我人生中的重要记忆。

在撰写本书期间，经历了三年的新冠疫情，也见证了祖国的繁荣昌盛，我国宣布全国建成小康社会。我也收获了来自博士研究生期间的学习经验和成果。现在依然清晰地记得，到民族学与社会学学院报到的那一天秋高气爽、丹桂飘香，我带着梦想开始了博士生学习生涯。入学的第一课令我印象深刻，石开忠教授、杨昌儒教授、董强教授、陈玉平教授等分享了他们的科研之路，他们的故事激励着我不断向前。在每周的周会上，石开忠教授、杨昌儒教授、董强教授始终强调我们是一个学术共同体。他们不仅这样说，而且也身体力行。在科研中遇到困难和问题，他们总是耐心教导。这充分展现了导师组对我们下一代的关爱和期待。

论文能够顺利完成，要感谢的人实在太多。首先要感谢我的导师石开忠教授，他对论文的付出太多，从论文的选题、田野调查、资料分析、框架结构，到遣词用句都给予很多帮助。他温文尔雅、和蔼可亲，对我的学习和生活给予了父亲般的关爱。他教我如何为人处世，教我如何做学问。感谢我的导师黄勇研究员，他平易近人，为人低调。在论文的撰写过程中，他给予了我很多帮助，他能一针见血地指出论文存在的问题，并提出宝贵的意见，我从他身上学到了很多。感谢陈静同学、朱德琼同学在撰写论文过程中的帮助，感谢龙立军、陈文娇、夏雍、龙海峰、王庆明同学，感谢陈祥师兄、秦杰、王砂砂师妹的帮助。感谢在学习、生活和工作中帮助过我的每一个人，在大家的帮助下顺利完成了学位论文。

能有读博研修的机会，非常感谢我的母亲袁金娄女士，是在她的鼓励和帮助下我才完成了论文，她不仅要负责我们一家人的一日三餐，还要帮我们照看小孩，给予我太多的帮助。也要感谢我的父亲，在读博期间给予物质和精神上的帮助。

感谢我的妻子何路艳，她为家庭分担了太多，有时候还要默默承受我由于各种压力导致的坏脾气。没有这些亲人的帮助，可能就不会有继续学习的机会，更不可能完成学位论文。

最终本书得以顺利出版，要衷心感谢经济日报出版社的陈芬老师、李晓红老师及各位编辑老师。本书还有很多不足，有些观点还不成熟，还请读者批评指正。